国家软科学项目资助研究成果

Changzhutan Quyu Chuangxin Jixiao Pingjia Yu
Tizhi Jizhi Youhua Yanjiu

长株潭区域创新绩效评价与体制机制优化研究

盛明科 朱玉梅 等著

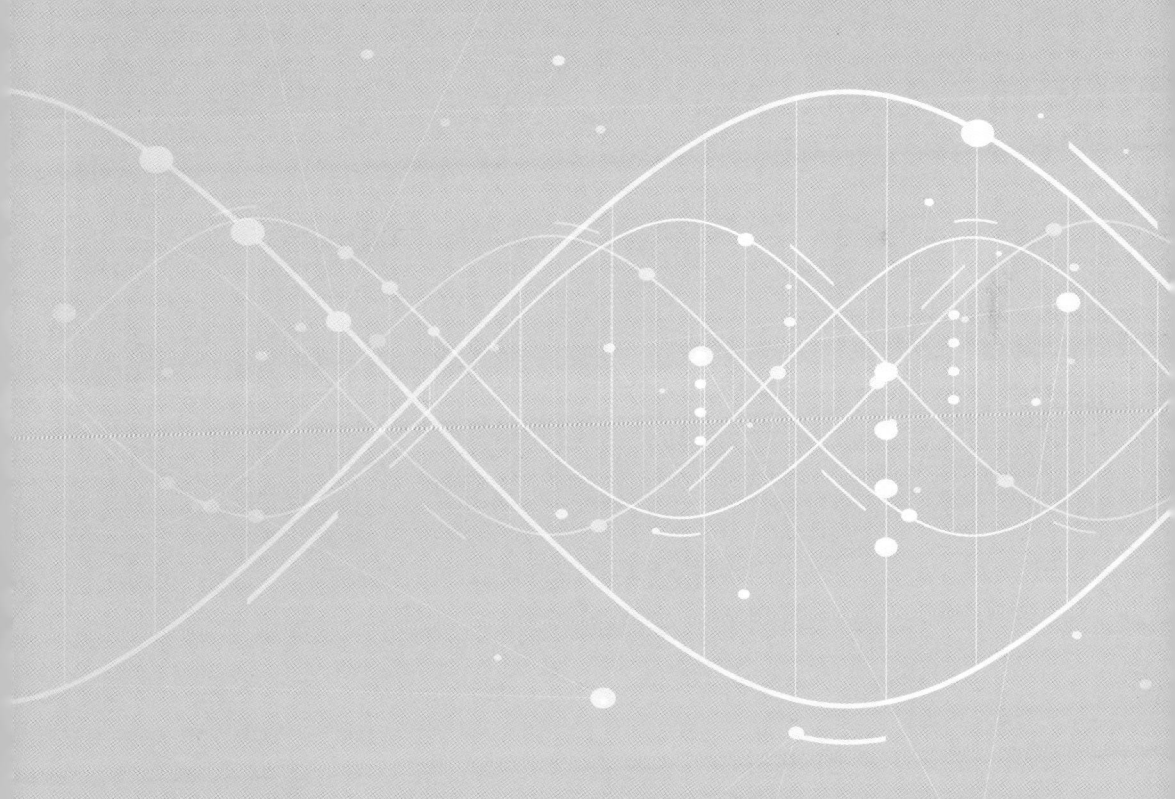

中国社会科学出版社

图书在版编目(CIP)数据

长株潭区域创新绩效评价与体制机制优化研究 / 盛明科等著. —北京：中国社会科学出版社，2017.12

ISBN 978-7-5203-2053-5

Ⅰ.①长… Ⅱ.①盛… Ⅲ.①城市群—区域经济发展—研究—湖南 Ⅳ.①F299.276.4

中国版本图书馆 CIP 数据核字(2018)第 024387 号

出 版 人	赵剑英
责任编辑	韩国茹
责任校对	张爱华
责任印制	张雪娇

出　　版	中国社会科学出版社
社　　址	北京鼓楼西大街甲 158 号
邮　　编	100720
网　　址	http://www.csspw.cn
发 行 部	010-84083685
门 市 部	010-84029450
经　　销	新华书店及其他书店
印　　刷	北京君升印刷有限公司
装　　订	廊坊市广阳区广增装订厂
版　　次	2017 年 12 月第 1 版
印　　次	2017 年 12 月第 1 次印刷
开　　本	710×1000　1/16
印　　张	15.25
插　　页	2
字　　数	248 千字
定　　价	68.00 元

凡购买中国社会科学出版社图书，如有质量问题请与本社营销中心联系调换
电话：010-84083683
版权所有　侵权必究

大力实施创新引领战略
破解创新体制机制难题
（代前言）

党的十九大报告提出："创新是引领发展的第一动力，是建设现代化经济体系的战略支撑。"近年来，党和国家对贯彻落实创新、协调、绿色、开放、共享的新发展理念作了全面系统部署，把创新摆在国家发展全局的核心位置，发挥科技创新在全面创新中的引领作用，形成了"创新是引领发展的第一动力"的实践链条和逻辑体系。湖南省第十一次党代会提出"实施创新引领、开放崛起战略"，这是推进湖南供给侧结构性改革、推动发展动能转换、实现转型升级的重要内生动力，也是重塑经济空间、厚植发展优势、奋力走在中部崛起前列，实现"五个强省"建设的重要着力点。长株潭区域作为湖南经济发展的排头兵和核心区，破解其现存的难题及疏浚相关阻滞障碍，提升其自主创新能力与绩效，激发科技创新要素活力，关键在于从体制机制层面实现改革创新，这是推进国家自主创新示范区建设的重要着力点，亦是国家治理体系现代化在区域创新领域的重要体现。

一 基本现状

近年来，长株潭区域科技创新取得了丰硕成果，重大创新成果引领产业高端化发展，取得了整列装载永磁牵引系统列车、可变径硬岩隧道掘进机、深海采矿设备、超级杂交水稻、异种胰岛移植技术等一批重大科技成果。中信湘雅生殖与遗传专科医院诞生了世界上首批经全基因测序出生的试管婴儿、中国首例"无癌宝宝"，建立国内第一株人类胚胎干细胞系，成为世界上最大的胚胎干细胞库。新增3家国家级科技企业孵化器、30

家国家级众创空间和26家国家级"星创天地"。长株潭区域在科技体制机制改革上进行了诸多有益尝试,早在2014年,湖南省科技厅就印发了《湖南省科学技术厅深化科技体制改革推进创新型湖南建设的实施意见》和相关配套政策,在探索院所转制和军民融合创新、资金管理、科技项目管理、财政资金投入等方面"先行先试"。

一是探索院所转制和军民融合创新。依托科研所转制内生培育出中联重科、南车时代、海利化工、隆平高科、红太阳光电等一批具有国际竞争力的高新技术企业。中联重科在20年间实现了从研究院到国有企业、股份制公司、全球化公司的"三级跳",开始向混合所有制经济迈进。据统计,长株潭区域72家科研机构(其中中央驻湘单位20家),目前已有39家转制为企业(其中中央驻湘单位18家)。2013年,39家科研院所转制企业中已有1家主营业务收入过900亿元、1家过140亿元、5家过10亿元。院所转制企业成为产出成果与成果转化的重要力量。近五年,转制企业取得应用类科技成果3850项、转化成果2690项、产生专利4160项、应用专利2430项,制定国家标准150个,研发形成重点新产品1600个。近五年转制企业高新技术产品产值年均增速达35%以上,专利申请和授权量年均增速超过40%。积极探索军民融合发展模式。2012年,省政府依托国防科技大学创立湖南省军民融合协同创新研究院,建设军民融合科技创新产业园,设立军民融合创新科技产业基金。株洲依托中航动力机械研究所和中国南方航空工业集团建设军民融合产业基地,建设了南方宇航非航产业园、中航湖南通用航空发动机产业园、山河智能通用航空产业园等军民融合产业园。

二是改革科技创新资金管理制度。为了更好地为科研人员"松绑",激励科研人员,省委办公厅、省人民政府办公厅联合印发《关于完善省级科研项目资金管理激发创新活力的若干政策措施》,通过深化改革和创新科研经费使用与管理方式,加大简政放权和激励力度,通过"放管服",做好"加法与减法",破解科研项目资金管理难题,增强了科研人员的成就感和获得感。为科研人员潜心研究创造了良好的制度环境,有利于多出成果、多出人才,有利于进一步提升财政科技资金使用效益。扩大科研单位资金管理自主权。把科研项目资金支出权限下放,通过扩大预算编制和调剂自主权、简化经费报销程序、改进项目资金结算方式让科研项目承担单位及负责人拥有更多的资金支配权、调剂权和使用权。进一步规范管理，提高科研资金使用效率。通过强化项目承担单位的职责、强化项目主管部门职责、强化资金使用绩效评价来确保权力下放安全。

三是创新科技规划项目管理方式。首先是整合科技规划项目。湖南省原来共有大大小小41类科技计划（专项、基金等），分属于不同部门和层次，为了发挥"握指成拳"的效益，41类科技计划被优化整合成5个类别。其中，省重点研发计划以产业链串起创新链，围绕创新链完善资金链和人才链，所有项目均落于产业转型升级和民生科技发展。其次是创新项目管理方式。开展网上常年征集技术创新难题和各类科技计划项目，定期或不定期评审，建立技术需求库和备选项目库。面向企业技术需求编制项目指南，吸纳企业参与重大项目顶层设计和项目评审，鼓励和支持省级以上产业技术创新战略联盟牵头根据产业链部署创新链，集成技术创新体系，参与重大项目和平台建设。实行计划项目和经费全过程痕迹化管理，建立各类科技计划项目的绩效评估、动态调整、项目终止和考核问责机制。再次是实行科技项目公告制。对所有立项和结题验收进行网上公示，提高了科技项目的透明度，有利于实施过程管理与监控，督促项目按计划推进。

四是完善财政资金投入机制。改革财政科技资金投入方式。对基础性、前沿性、战略性、公益性、共性技术类项目，主要实行前资助方式支持；对科技成果工程化产业化项目、科技创新平台的建设等，主要实行后补助方式支持；对科技公共服务平台、科技中介服务机构，主要实行政府购买服务方式支持。加大财政科技资金统筹使用力度。在省科技厅部门预算管理的科技专项资金中，集中70%以上资金，用于支持重大科技攻关和成果转化项目、重大科技创新平台和优秀创新团队的建设。改革科技专项资金统筹配置方式，每年选择4—6条重点产业链部署创新链，实行技术创新体系集成支持机制，采取竞争择优、公开招投标等形式确定承担单位，建立健全会商机制，加强与有关部门、市州和高校、科研院所对科技创新资源的统筹协调，着力突破产业发展各环节的共性关键技术，实现项目、人才、基地平台和产业的结合。改革省自然科学基金分配方式。开展高校服务科技创新创业绩效考评，鼓励高校组织科技人才服务科技创新创业。从2015年起，省自然科学基金每年安排不低于50%的资金分配给创新创业绩效考评结果前七名的高校，主要面向省重点产业发展前沿的知识创新、技术创新需求，对服务产业成效明显的杰出人才和创新团队给予滚动支持。

二 主要问题

当前，长株潭区域科技创新体制机制改革仍然存在问题，企业创新主体地位尚未完全确立、创新资源共享机制不健全、协同创新机制没有完全建立、投融资机制不健全、科技人才激励评价机制不完善等制约了科技创新能力的培养和发挥。

企业创新主体地位尚未完全确立。在市场经济条件下创新的主体是企业（企业家），还包括政府以及非政府组织，考察企业是不是发挥了主体作用，就是要看企业是不是成为研发投入的主体，是不是成为创新活动的主体，是不是成为创新成果转化、应用的主体。创新驱动就是要让企业家在广阔的市场中去探索、去试验，去把自己的创意变成实实在在的产品，然后获得经济效益。政府退出市场，回归到能够发挥自己比较优势的领域，在创新驱动发展阶段，政府的职责就是创造良好的创新环境和竞争环境，但就目前来看，政府在推进科技创新过程中依然发挥着主导作用，从科研立项到成果转化政府管得依旧很多。从企业主体来看，研发方面，三一重工股份有限公司营业收入的 5.18% 作为研发投入，山河智能装备股份有限公司将销售收入的 6% 投入研发，中联重科股份有限公司将年收入的 5% 用于研发，中国铁建集团将营业额的 6.3% 投入科研。这些大型企业的研发投入虽然高于全国平均水平，但是众多中小企业的研发投入还很低，还有很大一部分企业没有专利和自主知识产权，科技创新依然要靠政府推动和财政资金支持，企业的主体地位没有完全确立。

创新资源共享机制不健全。长株潭区域虽然出台了财政投入、项目资金管理、人才发展、税收优惠等方面的激励政策，但是强调竞争的结果是忽略了共享，缺乏与科技创新体制机制改革相配套的共享法制保障，导致创新资源分散在多个部门，科技、发改、经信委、教育、科协、卫生、农业、人社等部门都有科技计划。长株潭区域有省级以上科技创新平台200多家，其中23家国家级工程（技术）研究中心、重点实验室绝大多数落户在长株潭地区，在长株潭高新区拥有国家级生产力促进中心及企业孵化器13家，占到全省总量的70%，长株潭三市专利申请量和授权量分别占全省的61%和65%，6家高新区共实现高新技术增加值2134.06亿元，占全省总量的31.1%，与其他市州共享较少、辐射小。政府投入高校、科研院所、大型国企的科技资源，由于缺乏共享的法制规定，各类创新资源为某些部门、单位甚至课题组所有，社会共享程度低，这些创新资源"马太效应"的负面影响日益凸显，造成新的发展失衡，区域差距扩大不利于整个创新型湖南的实现。

协同创新机制没有完全建立。政府部门间的面向创新的统筹协调机制缺失，在创新活动组织、创新资源配置和创新制度供给等方面缺乏有效的宏观调控和战略协同机制。缺乏区域协同创新机制。湖南省科技创新资源绝大多数集中在长株潭核心城区，长沙、株洲、湘潭三市以占全省1/7的面积、1/3的人口，集聚了全省70%以上的科研机构、70%以上的创业创新平台、60%以上的高新技术企业，创造了全省70%的科技成果，缺乏区域协同长效机制导致其他区域创新资源缺乏和不均。产业协同机制不完善。在装备制造、轨道交通、新材料、生物医药、矿山运输与设备等领域，与其他产业的协同创新力度还有待增强。部门协同创新机制不健全。除了科技厅（局）外，发改委、经信委、教育、科协、卫生、农业、人社等市级相关部门均拥有财政科技经费，设有相对独立的科技计划。由于部门的条块分割，缺乏有效的统筹及战略协同，导致部分科技政策难以落实到位，有限的科技经费分散，资金投入强度不够、重复投入和缺乏有效管理现象突出，部门统筹推进科技创新的合力并未完全形成。此外各县市区之间的协调发展机制没有建立，以体制机制创新有效整合创新资源和空间资源，构筑良性互动多方共赢格局的局面还没有形成。

多元投融资机制不健全。尽管长株潭区域科技金融工作不断创新，投融资机构绝大多数位于长沙、株洲、湘潭的高新区，但对周边地区企业的辐射作用有限。从现实来看，多元化的投融资体系仍没有有效建立，财政资金的杠杆效应难以有效发挥，距离实现创新驱动转型发展的要求还有一定距离。主要体现在：一是融资体系对前端和早期科技企业发展支持力度不够。天使投资尚处于起步阶段，科技企业融资担保机制不畅、效率不高，制约了科技型中小企业成长。二是科技创新投资补偿机制没有充分调动创新投资者的积极性。科技创新有风险、投入高，由于科技风险评估机构缺失，风险投资补偿回报机制尚未建立在一定程度上影响了民间资本主动参与的意愿。三是科技金融创新力度不够，缺乏整体性的制度创新，没有形成系统的科技金融体系。

科技人才激励评价机制不完善。人才是创新发展的根本。从长株潭区域创新型人才的开发机制建设方面看，政府引导、市场配置和企业自主的人才开发机制尚未真正建立。一是表现在人才分布的失衡。大量的高端研发人才分布在长株潭区域的高校、科研机构，很多重大专项也都集中在高校、科研院所的学术带头人手里，没有形成有利于创新型人才集聚企业的引导机制，除少数大型企业拥有自己专门的研发部门外，大部分企业科研人才缺乏，导致科技创新人才配置错位，需要科技成果转化的企业往往缺乏创新型人才，高校和科研院所有丰富的人才资源却很少进行成果转化。二是表现在人才激励措施不到位。企业靠"事业"留人的机制没有建立，股权、期权激励等在大部分企业难以真正落实到位，基于创新能力提高和创新成果转化的人才激励引导机制还没有形成。三是表现在高校人才评价体系导向偏失。目前高校人才评价机制仍侧重课题经费数、纵向课题数（国家社科/自科基金项目最有分量）、高级别论文数、专利数、获奖成果数的考核，对横向课题以及成果转化的经济效益、社会效益重视不够，使得科技评价导向与市场需求导向错轨甚至脱轨，使科研变成了短期和利益驱动的任务，失去了科技成果转化的动力。

三 对策探讨

推进科技创新，必须与科技体制机制创新"两个轮子"一起转，才能走得稳走得远。科技计划管理改革是科技体制改革的突破口，就是要改变科技管理"碎片化"、科技资源"不聚焦"等现象，完善制度体系，做好机制设计，激发企业创新潜能，推进科研与经济发展的深度融合，使长株潭区域科技创新实现跨越式发展。

1. 管理创新：激发企业创新潜能。激发企业创新潜能需要做好规划，引导合适的人干合适的事，政府不能代替政府成为科技创新的主体。一是推动科技创新规划管理改革。要通过系统的配套政策完善科技创新环境，让企业走向科技创新的前台，成为科技创新的中流砥柱。要围绕创新型湖南建设和科技强省实施及意见和"十三五"科技规划制定责任分工方案，协同发改委、财政、编办、人社、财税、国土、房管、金融保险等部门，出台相应的配套细则和具体措施，并加强对政策协调配套、政策执行情况、规划实施情况进行动态监控、全过程质量管理、多元评估。根据湖南省科技创新基础对《湖南省科学技术奖励办法》及《实施细则》进行修订，对厅属各单位进行全面改革，厘清职能，整合分散在各单位的创新资源，通过管理创新理顺各主体间关系，激发企业创新潜能。二是深化科研院所转企改制。以产权为纽带加快建立现代企业制度，以经济效益和社会效益为导向，深化科研开发与管理体制。加强转制院所创新能力建设，建设一批产业共性技术创新基地。探索实施多种方式的股权和分红等市场化激励机制。三是推动军民融合发展改革。加强军民两用技术联合攻关，扩大民间科研机构和科技型企业对军用技术研发的承接范围。推进军民标准深度合作，建立有机衔接、军民兼容的标准体系。立足航空、航天、特种材料、工程机械等领域，对接国家重大军工项目布局，加快建设军民融合特色产业园。积极推进"民参军"，创新军地供应采购合作机制，建立"民参军"市场进入服务体系，提高军用技术民用化转化能力。

2. 动力挖掘：健全科技成果转化机制。促进科技成果转化的关键就是要有持续转化的动力，要开展高等院校、科研机构科技成果处置权管理改革。落实高等院校、科研机构科技成果转化所获收益可按不少于70%比例的政策。探索市场化的科技成果定价机制，鼓励高等院校、科研机构建立技术转移专门机构，鼓励设立技术转移经纪人岗位。一是建立知识产权保护与转移交易制度。努力保护现有知识产权，要运用法律、经济和行政手段，在科技、经济、文化工作等日常工作中，加强对相关知识产权的保护力度，打击"投机倒把"行为，保护知识产权所有者的合法利益，维护良好的竞争环境。同时要适时转让或许可他人实施相关专利产权，进一步规范专利产权转让交易市场，营造一个健康有活力的知识产权交易市场环境，通过引进他人的专利技术进行成果转化或消化吸收再创新，获得发展空间。二是深化科技成果转移转化收入分配和激励制度。严格执行《关于完善省级科研项目资金管理激发创新活力的若干政策措施》和《湖南省科学技术厅深化科技体制改革推进创新型湖南建设的实施意见》，加快下放科技成果使用、收益和处置权，提高科研人员成果转化收益比例和税收优惠。加大科研人员股权激励力度，鼓励各类企业通过股权、期权、分红等激励方式，调动科研人员创新积极性。三是健全科技创新风险分担机制。为了降低风险和减少损失，在进行创新的过程中，政府要积极引导，加大政策支持力度，引导或建立多类型的风险专项基金，完善风险补偿机制，商业银行、投资基金进行风险分摊，帮助中小企业降低科技创新成果转化风险。

3. 协同共创：完善协同创新机制。实现"创新引领"战略急需实施跨部门、跨行业、跨学科的"大兵团"协同创新，调动政府、企业和科研院所等多方力量和资源，提升创新效率。一是完善区域协同创新机制。立足长株潭区域内资源禀赋、产业基础、发展水平的不同实际，坚持分类指导、分类实施，有针对性地配置科技资源，将长株潭区域与其他市州和其他省份的创新要素优化组合，同时引导省内的创新型企业与国内发达地区、发达国家相关行业进行协同创新，建立跨区域创新驱动发展机制。二是完善产业协同创新机制。将创新要素和能力由单一环节引向产业整链、由单一产业引向产业集群、由单一业态引向关联业态，形成全方位、广覆盖、宽领域、多层次的立体式创新模式，增强创新的整体效应。优先支持大企业牵头重大产业技术攻关项目，带动配套的中小企业开展创新，通过新工艺改造传统企业，促使传统产业转型升级。同时推动业态创新，促进新兴企业与其他相关产业有机结合，催生一批新业态、新企业，形成新的经济增长点。三是完善部门协同创新机制。属于全省范围内的协同，就需要从省级层面形成高规格的议事协调机构（如成立湖南省科技创新委员会），统筹协调各市（州）、各省直部门的资源；需要在同一市州里面协同的，就需要组建市级协同议事管理机构，并做好与省级议事协调机构的有效对接。同时抓住县域科技创新这一薄弱环节，建立省、市、县三级协同创新机制，增强县域科技创新服务和创新能力；加强院校与科研院所之间的协同，通过院校之间的协同加强科研攻关实力；加强校企协同。大学的专业强项可以通过校企协同迅速转化为急需工业产品，实现科技成果的转化和双赢。

4. 资金保障：健全多元投融资机制。一个完善的科技创新投融资平台可推动科技资源与金融资源有效衔接，要以金融企业为主体，充分发挥资本市场对创新创业的支持作用，促进科技金融结合。一是制定金融支持长株潭区域科技创新行动方案。明确金融支持科技创新的导向目录，出台鼓励创业投资发展的激励政策，合理规划各类金融机构的角色定位，建立既相互竞争又互有协同的金融格局。二是推进科技金融服务体系建设。推动形成包括银行贷款、企业上市、发行债券、信用担保和再担保、创业投资、股权基金、小额贷款公司等在内的中小企业融资服务体系。三是合理布局与发展科技金融专营机构。充分发挥开发性、政策性金融机构大额、中长期高能资金的杠杆及引导作用，形成以开发性、政策性金融机构为主，商业性金融机构为补充的金融支持体系。四是完善银政企多方合作机制。建立科技管理部门与银行的合作机制，鼓励银行加大对科技型企业及企业创新活动的信贷投放力度，还要推进科技担保体系建设，促使有科研成果没有转化资金者能够通过担保获得转化贷款或获得资助，实现创新成果产业化。五是积极推进科技型企业融资方式的创新。充分发挥财政资金的引导和杠杆撬动功能。扩大科技贷款贴息、科技保险补贴覆盖面。建立财政资金牵头、多种资本参与的支持科技创新的专项基金和支持科技型中小企业融资的专项担保机构。设立支持科技创新型中小企业专项保证基金和实施财政科技投入后补助制度，解决创新型中小企业资金问题。

  5. 人才支撑：完善人才考核评价与激励机制。一是推进高校和科研院所面向区域经济建设的考核评价体系建设。要加强以应用和产业化为导向的评价考核，逐步引导高校在现有评价体系中增加专利、技术转让、成果产业化等职称评定要素的比重，将产学研合作情况作为评价高校和科研院所科技工作成绩的重要依据，将其作为项目立项和验收、职称评定、工资待遇增长的重要评价标准，引导高校、科研院所将科技创新的指导思想从"以出成果为目的"转变为"以解决问题为目的"，促使高校和科研院所将锁在柜子里的科研成果和发明专利实现商业化、市场化。二是推进高校科研考核激励机制分类改革。对于高校教师分类、分工进行分类改革，比如按照教学型教师、研究型教师、教学科研综合型教师进行分类，其工作职责和方向各有侧重。研究型的教师也因从事基础研究和应用研究而进行不同标准的考核，不能因为要实现科技成果转化而忽视基础学科的发展。同时，对不同类型学科的教师，也应该建立不同类型的评价体系，相应设立不同的评价指标。三是建立多元利益分配机制。除了科研成果经费和竞赛获奖外，也要对科技成果转化者进行奖励，严格落实湖南"两个70%"的激励政策，鼓励企业通过股权、期权、分红、奖励等方式激励科技人才，通过多种利益分配激励创新人才将创新成果做强做优并实现转化。

正值项目研究过程中，长株潭国家自主创新示范区被国务院批复为国家级自主创新示范区。破解长株潭区域自主创新难题和相关阻滞障碍，提升其自主创新能力与绩效，关键在于从体制机制层面实现改革创新。作为中国中部首个以城市群为基本单元的国家自主创新示范区，长株潭国家自主创新示范区如何按照具有全球影响力的"一带一部"创新创业中心的战略目标，如何坚持"创新驱动、产业集聚、军民融合、协同发展"的总体思路，促进自主创新能力和产业竞争力的提升，更是值得进一步研究的理论与实践课题。就长株潭区域自身而言，其在地理区位、创新资源、创新成果数量等方面有着较为明显的优势，然而亦面临着创新能力薄弱、创新动力不足、创新成果质量较低、创新需求供给滞后等困境。建立符合市场经济和创新运动规律的长株潭区域自主创新体系，需要从深化现代企业改革、推动科技体制创新、提升科研院所创新水平、实现政府职能及公共政策创新等多维度着手，不仅要在微观上激发科技人才的创新积极性，而且要在中观层面创新企业主体培育机制，更要从宏观上强化自主创新的市场导向及政策保障。

目 录

大力实施创新引领战略 破解创新体制机制难题（代前言） ……（1）
第一章 导 论 ……………………………………………………（1）
　第一节 选题背景与意义 ……………………………………（1）
　　一 长株潭区域自主创新亟待政策总结与理论研究 ………（1）
　　二 长株潭区域经济发展方式亟待自主创新来突破 ………（2）
　　三 国家自主创新战略亟待深化体制机制改革 ……………（3）
　第二节 国内外文献述评 ……………………………………（3）
　　一 区域自主创新及创新系统研究 …………………………（3）
　　二 产业组织和企业自主创新研究 …………………………（5）
　　三 区域自主创新能力及其评价研究 ………………………（6）
　　四 区域自主创新系统与产业结构优化研究 ………………（8）
　　五 自主创新体制机制及公共政策研究 ……………………（9）
　　六 简要评述 …………………………………………………（11）
　第三节 研究方法、技术线路与创新点 ……………………（12）
　　一 研究方法 …………………………………………………（12）
　　二 技术线路 …………………………………………………（12）
　　三 创新点 ……………………………………………………（13）
第二章 区域创新系统视域下"自主创新长株潭现象"阐释 …（16）
　第一节 区域自主创新系统的理论分析 ……………………（16）
　　一 区域自主创新系统的概念 ………………………………（16）
　　二 区域自主创新系统的结构 ………………………………（17）
　　三 区域自主创新系统的功能 ………………………………（18）
　第二节 "自主创新长株潭现象"特征描述 …………………（18）

一　科技创新资源聚集程度高 …………………………………（19）
　　二　科技创新成果水平提升显著 ……………………………（20）
　　三　创新型企业和产业集群成长快 …………………………（21）
　　四　创新驱动辐射带动作用强 ………………………………（22）
第三节　区域自主创新系统视域下"自主创新长株潭现象"
　　　　成因分析 …………………………………………………（23）
　　一　创新体制机制改革的深化 ………………………………（23）
　　二　创新环境和创新文化的支撑 ……………………………（24）
　　三　创新主体的共同努力和推动 ……………………………（25）

第三章　长株潭区域自主创新绩效与能力实证测评 ……………（27）
第一节　区域自主创新效率及其影响因素的理论分析 …………（27）
　　一　区域自主创新效率的界定 ………………………………（27）
　　二　区域自主创新效率测评的理论阐述 ……………………（30）
　　三　区域自主创新效率影响因素分析的理论基础 …………（32）
第二节　长株潭区域自主创新效率的测评 ………………………（34）
　　一　长株潭区域自主创新的基本描述 ………………………（34）
　　二　长株潭区域自主创新效率测评体系设计 ………………（36）
　　三　长株潭区域自主创新效率综合测评 ……………………（40）
第三节　长株潭区域自主创新效率影响因素剖析 ………………（46）
　　一　长株潭区域自主创新效率影响因素的分析模型 ………（46）
　　二　长株潭区域自主创新效率影响因素的计量分析 ………（51）
　　三　与武汉东湖示范区、中关村示范区、苏南示范区
　　　　影响因素的比较 …………………………………………（54）
第四节　提升长株潭区域自主创新效率的对策分析 ……………（57）
　　一　加大对长株潭区域自主创新的投入 ……………………（57）
　　二　扩大长株潭区域外商直接投资的开放程度 ……………（59）
　　三　创造长株潭区域自主创新的制度环境 …………………（61）

第四章　长株潭区域自主创新体制机制改革的动因与实践探索 ……（63）
第一节　长株潭区域自主创新体制机制改革的动因探析 ………（64）
　　一　国家创新能力在国际关系中的重要作用 ………………（64）

二　新常态下自主创新在国家建设中的功能 …………（65）
　　三　长株潭区域自主创新实践面临结构困境 …………（65）
　第二节　长株潭区域自主创新体制机制改革的意义阐释 ……（66）
　　一　从体制机制上保障区域自主创新活动的展开 ……（67）
　　二　以优良的环境支撑区域企业创新能力的提升 ……（67）
　　三　为我国其他区域的机制创新提供结构蓝本 ………（68）
　第三节　长株潭区域自主创新体制机制改革实践的理路思考 ……（68）
　　一　从结构功能角度明确创新体制改革的公共价值 …（69）
　　二　以系统理论引领创新体制改革的整体协调推进 …（69）
　　三　在治理理论的视域下提升创新体制的改革绩效 …（70）

第五章　长株潭区域自主创新体制机制存在的主要问题 …………（71）
　第一节　体制因素与地区壁垒制约创新资源流动与共享 ……（72）
　　一　体制机制阻滞创新资源多主体间灵活流动 ………（72）
　　二　地区壁垒阻隔创新资源无缝隙整合与共享 ………（73）
　第二节　支持创新的投融资体制欠发达 ………………………（73）
　　一　创新投入总量不足 …………………………………（74）
　　二　创新投入结构不合理 ………………………………（74）
　　三　创新融资渠道单一 …………………………………（75）
　　四　创新活动的民间资本投入匮乏 ……………………（75）
　第三节　科研管理体制束缚着创新能量释放 …………………（75）
　　一　人才管理受传统教育观念的影响导致价值观偏离 ……（76）
　　二　科研管理"条""块"分割导致创新资源缺乏共享 …（77）
　　三　院校分割制约了创新能量发挥 ……………………（77）
　第四节　面向区域自主创新的生态环境尚未真正形成 ………（78）
　　一　政府科技研发投入总量不足与均量不够并存 ……（78）
　　二　政府科技研发政策法规不健全 ……………………（80）
　　三　自主创新社会服务体系建设滞后 …………………（80）

第六章　深化长株潭区域自主创新体制机制改革的对策建议 ……（82）
　第一节　建立健全现代企业主体培育机制 ……………………（83）
　　一　围绕提升技术创新能力深化企业制度改革 ………（83）

二　创建提升重点产业创新能力的多主体合作联盟 ………（84）
　　三　培育促进创新企业发展的良好环境 ……………………（84）
第二节　加快长株潭区域科技体制改革创新 ……………………（85）
　　一　构建科技资源开放共享机制 ……………………………（85）
　　二　创新科技成果转化机制 …………………………………（86）
　　三　建立健全科技协同创新机制 ……………………………（86）
第三节　提升长株潭区域科研院所创新水平 ……………………（87）
　　一　构建科技人才的交流、共享及激励机制 ………………（87）
　　二　加强产学研用一体化的科研平台建设 …………………（88）
　　三　构建科学的创新人才评价机制 …………………………（89）
第四节　实现政府管理制度与公共政策创新 ……………………（89）
　　一　健全鼓励自主创新的政策体系 …………………………（90）
　　二　完善自主创新的科研管理制度 …………………………（90）
　　三　加大自主创新的法制保障力度 …………………………（91）

第七章　长株潭区域科技自主创新资源优化配置研究 …………（92）
　第一节　区域自主创新和科技资源配置的理论阐释 ……………（93）
　　一　区域自主创新的界定 ……………………………………（93）
　　二　科技资源配置的界定 ……………………………………（94）
　　三　区域自主创新与科技资源优化配置的理论基础 ………（97）
　第二节　面向区域自主创新的长株潭区域科技资源配置
　　　　　现状分析 …………………………………………………（100）
　　一　长株潭区域科技资源配置的基本情况 …………………（100）
　　二　区域自主创新能力提升对长株潭区域科技资源
　　　　配置的内在要求 …………………………………………（106）
　　三　面向区域自主创新的长株潭区域科技资源配置存在的
　　　　问题 ………………………………………………………（109）
　第三节　长株潭区域科技资源配置存在问题的成因分析 ………（113）
　　一　科技资源配置体制的影响 ………………………………（113）
　　二　科技资源配置机制的制约 ………………………………（116）
　　三　科技资源配置环境的影响 ………………………………（119）

第四节 面向区域自主创新的长株潭区域科技资源优化
　　　　配置路径 …………………………………………………… (121)
　　一　以区域自主创新需求为导向优化长株潭区域科技
　　　　资源配置 …………………………………………………… (121)
　　二　健全长株潭区域科技资源优化配置的制度支撑体系 … (124)
　　三　优化长株潭区域科技资源开放共享机制 ………………… (125)
　　四　健全长株潭区域科技资源配置监测评估机制 …………… (128)
　　五　完善长株潭区域科技资源配置配套机制 ………………… (129)

第八章　面向自主创新的长株潭科技政策区域协同治理研究 …… (131)
　第一节　科技政策区域协同治理的理论分析 ……………………… (131)
　　一　科技政策构成要素及政策协同的界定 …………………… (131)
　　二　科技政策区域协同治理的结构维度 ……………………… (134)
　　三　科技政策区域协同对区域自主创新的功能体现 ………… (136)
　第二节　基于SWOT模型的长株潭科技政策区域协同治理
　　　　现状分析 …………………………………………………… (139)
　　一　优势：长株潭科技政策区域协同治理的成效 …………… (139)
　　二　劣势：长株潭科技政策区域协同治理存在的不足 ……… (146)
　　三　机遇：长株潭科技政策区域协同治理面临的
　　　　外部环境 …………………………………………………… (150)
　　四　挑战：长株潭科技政策区域协同治理面临的
　　　　主要困境 …………………………………………………… (152)
　第三节　国内相关区域科技政策协同治理的主要经验及启示 …… (155)
　　一　国内相关区域科技政策协同治理的典型案例 …………… (155)
　　二　国内相关区域科技政策协同治理的主要经验 …………… (158)
　　三　国内相关区域科技政策协同治理的启示 ………………… (161)
　第四节　面向自主创新的长株潭科技政策区域协同治理
　　　　优化路径 …………………………………………………… (164)
　　一　构建科技政策区域协同治理多元主体之间的伙伴
　　　　关系 ………………………………………………………… (164)
　　二　完善科技政策区域协同治理信息共享网络 ……………… (169)

三　健全科技政策区域协同治理保障机制 …………………（171）

第九章　长江中游城市群自主创新绩效测度与影响因素分析 ……（174）

第一节　长江中游城市群自主创新绩效测评模型构建与指
　　　　标遴选 ……………………………………………………（175）
　　一　自主创新绩效的概念界定 ………………………………（175）
　　二　自主创新绩效的测评模型 ………………………………（175）
　　三　自主创新绩效的测评方法 ………………………………（176）

第二节　长江中游城市群自主创新绩效测评的实证分析 …（178）
　　一　样本与数据选取 …………………………………………（178）
　　二　创新投入—产出测评结果分析 …………………………（179）
　　三　创新产出—效益测评结果分析 …………………………（181）
　　四　创新效率综合评价及影响因素 Tobit 回归分析 ………（184）

第三节　提升长江中游城市群自主创新绩效的建议与对策 …（187）
　　一　创新无效城市提升自主创新绩效的建议 ………………（187）
　　二　创新有效城市提升自主创新绩效的对策 ………………（188）
　　三　高创新效率城市提升自主创新绩效的路径 ……………（188）
　　四　长江中游城市群整体提升自主创新绩效的对策 ………（189）

附录　长株潭国家自主创新示范区发展规划纲要（2015—
　　　　2025 年）………………………………………………（190）
　　前　言 …………………………………………………………（190）
　　一　基础和形势 ………………………………………………（190）
　　二　总体发展战略 ……………………………………………（193）
　　三　重点任务 …………………………………………………（196）
　　四　保障措施 …………………………………………………（214）

参考文献 …………………………………………………………（218）

后　记 ……………………………………………………………（224）

第一章 导　论

第一节　选题背景与意义

当今世界：科学技术发展突飞猛进，地区间的竞争越来越取决于以科技进步为核心的全面自主创新。世界范围内国家和地区通过自主创新，特别是原始创新和集成创新，提升区域核心竞争力的态势日趋明显。区域作为连接微观企业和宏观国家的纽带，其自主创新能力对于凝聚生产要素、汇聚创新资源、提升核心竞争力、调整优化产业结构，具有十分重要的联动和牵引作用。当前，尽管长株潭区域自主创新能力得到大幅提升，体制机制建设取得了较好成效，但仍存在一些制约自主创新的体制机制性要素，如社会研发投入不足、企业创新能力薄弱、科研体制束缚创新能量释放、行政体制壁垒阻碍创新资源流动等。进一步提升长株潭区域自主创新能力，深化对长株潭区域实现自主创新的体制机制、推动经济发展的内在机理及过程的研究，从体制机制创新入手消除各种体制机制性障碍，加快建立与市场经济体制相适应的科技管理体制与机制，有助于激活各类科技创新资源，形成科技创新整体合力。

一　长株潭区域自主创新亟待政策总结与理论研究

自获批"两型"社会建设综合配套改革试验区以来，长株潭区域大力推动产学研结合、试行成果转化产权激励、探索产业创新联盟搭建，区域自主创新能力不断增强，涌现出中国首台千万亿次超级计算机系统"天河一号"、世界最大功率的六轴电力机车、超级杂交稻育种等一批重大科技成果，产生了一大批自主创新成果和创新型企业，成为湖南和中部区域科技创新的"富矿"。前美国总统奥巴马发表过国情咨文谈及中国科技创新案例，提及两项长株潭区域高科技产品；全国政协副主席、科技部部长万钢则称之为"自主创新长株潭现象"。那究竟是什么体制要素促成长株潭区域科技创新与产业发展形成良性横向联合体？是什么机制激励区域科技自主创新能力的持续提升？长株潭区域自主创新背后的体制活力与机制推力是否具有独特性、典型性？对这些问题的回答，亟待加强对长株潭区域自主创新能力、自主创新体制机制的系统研究。认真总结长株潭区域自主创新体制机制改革经验，深入研究长株潭区域自主创新背后的体制机制性规律，既是国家对于"两型"社会建设综合配套改革体制机制政策经验探索的客观要求，更是进一步推进长株潭区域创新驱动发展、推动产业结构优化升级、提升自主创新能力建设的前提。

二 长株潭区域经济发展方式亟待自主创新来突破

经济增长的内涵是产业结构升级，结构升级是经济持续增长的重要原因。长期以来，长株潭区域保持较快经济增长的原因是多方面的，然而抢占未来发展的制高点，必须靠进一步转变发展方式和优化产业结构。加快转变发展方式和优化产业结构，一个要靠改革开放，另一个就是要靠自主创新。近年来，湖南把实施创新驱动战略放在更加突出的位置，逐年加大科技投入、不断完善体制机制，自主创新能力大幅增强，但区域科技与经济结合不够紧密、科技对经济社会发展贡献率低、企业自主创新能力与自觉性不高、科技成果转化率低等问题仍然比较突出，提升区域自主创新能力的任务仍然十分艰巨。长株潭区域作为中部地区未来经济和科技发展的一个重要增长极，应该紧紧抓住"两型"社会建设综合配套改革试验区和国家促进中部崛起的重大战略机遇，抓住科技与经济社会发展紧密结合这一关键环节，坚持强化改革开放和自主创新两个动力支撑，加快经济发展和社会发展两个转型，通过自主创新和成果转化引领发展和转型。要大力提升长株潭区域自主创新能力，助推长株潭区域经济发展方式转变和竞争力提升，就必须系统研究长株潭区域自主创新的行为机制，分析制约长株潭区域自主创新的深层体制机制因素，有针对性地提出推进长株潭区域自主创新体制优化与机制创新的政策建议。

三 国家自主创新战略亟待深化体制机制改革

国家层面的自主创新对于保障国家安全、摆脱技术受制于人、保护资源环境、促进经济社会协调发展等方面的重要性不言而喻。随着中国创新型国家战略和自主创新发展战略的实施，以高新技术开发区、产业集群地以及跨区域协作创新为特征的区域创新模式，在促进企业创新效应集聚与扩散、产业结构升级过程中发挥了重要作用。区域自主创新是国家自主创新战略的深化、实现国家战略目标的基础。当前国家自主创新还处于探索和完善阶段，区域作为国家重要组成部分，是国家自主创新战略实施的基础，集中体现了国家自主创新的层次性。区域自主创新要兼顾区域发展目标和国家整体利益，为国家自主创新发展战略服务。改革开放后，中国经济发展区域化格局悄然形成，形成了珠江三角洲、长江三角洲和京津地区三大创新极，为中国经济发展和区域创新作出了重要贡献。随着全球化进程的加快、国际竞争的加剧和分工的深化，长株潭区域如何在新形势下，进一步提升区域自主创新能力，转变经济发展方式，提高区域综合竞争力，分担国家自主创新战略目标与任务，是当前亟待深入研究的重要课题。

第二节 国内外文献述评

学术界对于自主创新的相关研究，最早可以追溯到内生经济增长理论的相关研究。Arrow 最先将技术进步作为经济增长的内在因素纳入经济增长模型中进行分析。但"自主创新"这个概念最早是在中国提出的，国外只有相近的概念：内生创新（Endogenous Innovation）和集成创新（Integrated Innovation）。目前国内外学术界与本项目相关的研究及观点，主要有以下几个方面。

一 区域自主创新及创新系统研究

关于自主创新的内涵及创新系统的研究，国外学术界的成果主要集中在技术创新经济学及企业技术能力等文献之中。国外学者注重的是技术领先战略下技术创新及其微观行为的研究。[1] 一些学者分别以韩国、印度、中国香港、中国台湾、日本和新加坡为例，研究了技术进步机制以及技术引进转型路径。[2] 有学者研究了技术追赶者进行自主创新的重要性，并比较了技术追赶者与领先者在研发方式上的差异性。[3] 有学者研究了区域创新系统的内涵及其结构。[4] 国内学者在定义自主创新的内涵时，强调依靠自身力量寻求技术创新、研究开发中的自主学习以及核心技术上的突破[5]，研究了自主创新的五个阶段模式和全过程三个环节[6]，探讨国家创

---

[1] Abernathy W. J., Clark K. B., "Innovation: Mapping the Winds of Creative Destruction", *Research Policy*, Vol. 14, No. 1, 1985, pp. 3-22. Dosi G., Freeman C., Nelson R., etal, *Technical Change and Economic Theory*, London: Pinter Publishers, 1988. Utterback J. M., *Mastering the Dynamics of Innovation: How Companies can Seize Opportunities in the Face of Technological Change*, Cambridge MA: Harvard Business School Press, 1994. Klepper S., Entry, Exit, "Growth and Innovation over the Product Life Cycle", *The American Economic Review*, Vol. 86, No. 3, 1996, pp. 562-583. Fagerberg J., Mowery D. C., Nelson R. R., *The Oxford Handbook of Innovation*, London: Oxford University Press, 2006. Hall B. H., Rosenberg N., *Handbook of the Economics of Innovation*, Amsterdam: Elsevier, 2010.

[2] Linsu Kim, *Imitation to Innovation: The Dynamics of Korea's Technological Learning*, Cambridge MA: Harvard Business School Press, 1997. Lall S., *Learning to Industrialize: The Acquisition of Technological Capability by India*, Macmillan Press, 1987. Hobday M., *East Versus Southeast Asian Innovation Systems: Comparing OEM and TNC-LED Growth in Electronics*, *Technology, Learning and Innovation: Experiences of Newly Industrializing*, London: Cambridge University Press, 2000. ［日］山崎正胜：《日本科技政策的特征》，《科学学研究》2002年第4期。Pawan Sikka, "Analysis of In-House R&D Center of Innovative Firms in India", *Research Policy*, Vol. 27, 1998, pp. 79-90.

[3] Naushad Forbes, David Wield, "Managing R&D in Technology Followers", *Research Policy*, Vol. 29, 2000, pp. 47-53.

[4] Cooke P., "Regional Innovation Systems: Competitive Regulation in the New Europe", *Geoforum*, Vol. 23, No. 3, 1992, pp. 365-382. Wiig H., Wood M., "What Comprises a Regional System? An Empirical Study", *Regional Association Conference: Regional Futures: Past and Present, East and West*, Gothenburg, 1995 (5). Cookp, Hans-Joachim, Braczyk, Hjand, Heidenreichm. (eds.) *Regional Innovation System: The Role of Governance in the Globalized World*, London: UCL Press, 1996.

[5] 傅家骥、程源：《面对知识经济的挑战，该抓什么？——再论技术创新》，《中国软科学》1998年第7期。刘凤朝、潘雄锋、施定国：《基于集对分析法的区域自主创新能力评价研究》，《中国软科学》2005年第11期。

[6] 安同良、皮建才：《中国企业技术创新的方向选择研究》，《当代财经》2014年第3期。洪银兴：《自主创新投入的动力和协调机制研究》，《中国工业经济》2010年第8期。

新体系和技术创新体系①。普遍认为区域自主创新系统是由企业、大学和科研机构、中介服务机构和政府构成的创新网络系统②，也有学者强调区域各创新行为参与者相互合作③，以及区域自主创新系统制度要素的构成及其重要性④。

综合国内外学者对自主创新内涵以及创新系统的研究可以发现，区域自主创新是发生在区域层面，为解决区域内经济社会发展重要问题起到关键作用的创新活动，其以区域原始创新、集成创新和引进消化吸收再创新为表现形式，目的在于创造具有自主知识产权的新技术、新产品和新产业形态。上述关于区域自主创新及创新系统的研究，为本项目研究奠定了坚实的理论基础。

二 产业组织和企业自主创新研究

熊彼特及其追随者提出了有关市场结构与创新的假设：垄断性产业市场结构比竞争性产业市场结构更具创新的激励；大厂商比小厂商更具创新动力。在市场集中度因素中，竞争性环境会给企业创新研发带来更大的激励。⑤ 有学者从欧盟社会经济研究项目中的 11 个调查区，依据创新网络类型、重要性及企业的区域根植性程度，对这些地区企业的创新活动、地区间创新活动的差异以及企业创新中相互联系的各层面合作者类型等进行了分析和比较。⑥ 一些研究表明，产业组织和企业创新能力依赖于研发资

---

① 米建华：《基于创业投资的长三角技术创新体系研究》，《现代管理科学》2013 年第 8 期。林文杰、孙继凤：《基于技术创新体系建设研究》，《科学管理研究》2013 年第 4 期。

② 胡志坚、苏靖：《区域创新系统理论的提出与发展》，《中国科技论坛》1999 年第 6 期。王缉慈、童昕：《简论我国地方企业集群的研究意义》，《经济地理》2001 年第 5 期。

③ 林迎星：《中国区域创新系统研究综述》，《科技管理研究》2002 年第 5 期。

④ 涂成林：《关于国内区域创新体系不同模式的比较与借鉴》，《中国科技论坛》2007 年第 1 期。

⑤ Arrowk J., "The Economic Implications of Learning by Doing", *Reviews of Economic Studies*, Vol. 29, 1962, pp. 155 – 173.

⑥ Todtung Franze, Alexander Kaufmann, "How Effective is Innovation Support for Smes? Analysis of The Region of Upper Austria", *Technovation*, Vol. 22, 2002, pp. 147 – 159.

金存量、劳动力获得和人力资本教育质量。① 国内学者研究了影响企业自主创新研发活动的因素，包括企业规模、竞争压力、技术引进、出口导向、技术专有等②，探讨了企业规模、产业集中与自主创新能力之间的关系，普遍认为两者呈现反比关系。③ 有学者以江苏省制造业企业为样本，观测企业所处行业、企业规模以及企业所有制等三个因素对企业自主创新研发行为模式的影响，得出中国小公司、中型公司、大公司的 R&D 强度趋势存在着明确的倾斜 V 形结构关系结论。④ 还有课题组对钢铁等 9 个产业自主创新能力进行调研，分析影响其创新能力的主要因素，初步找出制约产业创新能力生成的主要问题⑤，提出了中国创新型企业的选择标准和企业创新的若干策略。⑥

综观上述关于产业组织和企业自主创新战略研究的文献可知，产业组织和企业是区域自主创新的直接执行者和实现者，其自主创新战略的实施与产业门类、企业规模及性质有着密切关联。然而，产业技术创新与企业知识管理是一个多层次系统化的协同运作，目前学术界缺乏对产业组织与企业自主创新支持系统结构功能、运行机制、作用机理深入具体的研究。

三 区域自主创新能力及其评价研究

有学者把区域自主创新能力定义为区域内不断地产生与商业相关联的

---

① Feldman M. P., Florida R., "The Geographic Sources of Innovation: Technological Infrastructure and Product Innovation in the United States", *Annals of American Geographer*, Vol. 84, No. 2, 1994, pp. 210 – 229. Anselin L., Varga A., Acs Z., "Local Geograghic Spillpovers between University Research and High Technology Innovations", *Journal of Urben Economics*, Vol. 42, 1997, pp. 422 – 448.

② 冯飞：《企业技术创新活动中影响 R&D 行为的几个基本因素》，《中国软科学》1995 年第 10 期。

③ 魏后凯：《企业规模、产业集中与技术创新能力》，《经济管理》2002 年第 4 期。唐要家、唐春晖：《竞争、所有权与中国工业行业技术创新效率》，《上海经济研究》2004 年第 6 期。闫冰、冯根福：《基于随机前沿生产函数的中国工业 R&D 效率分析》，《当代经济科学》2005 年第 6 期。

④ 安同良、王文翌、王磊：《中国自主创新研究文献综述》，《学海》2012 年第 2 期。

⑤ 丁明磊、张换兆、陈志：《从自主创新战略高度重视产业技术体系的顶层设计》，《科学管理研究》2013 年第 3 期。

⑥ 施敏、李小燕、黄丽萍：《基于自主创新战略的广西企业创新研究》，《广西社会科学》2013 年第 7 期。

创新的潜力[1]，认为一个区域的技术创新能力由生产一系列相关的创新产品的潜力确定，最重要的因素是 R&D 存量[2]。有学者指出不同区域创新间的明显差异与 R&D 活动的生产率有关，与从区域内其他创新主体的 R&D 活动所产生的 R&D 溢出有关。[3] 有学者通过对美国各州的实证分析发现，知识存量、工业研发投入、高技术人力资本和获得大学学位的人力资本数量，是影响美国技术创新能力的主要因素。[4] 还有学者提出了影响区域创新能力的因素，包括区域生产和创新环境、大学、公共管理部门和私营企业。[5] 大多数学者都从体现创新能力的若干方面，设计指标对自主创新能力进行综合评价。[6] 国内学者的研究分为两个层面：一是关于创新能力评价指标的研究，一般包括区域创新能力的投入、产出以及创新环境等因素[7]；二是关于创新能力评价方法的研究，有学者建立了基于 BP 神经网络算法、证据推理、EAHP 方法、灰关联、改进的 TOPSIS 法、

---

[1] Ridde L. M., Schwer R. K., "Regional in Ovative Capacity with Endogenous Employment: Empirical Evidence from the US", *The Review of Regional Studies*, Vol. 33, No. 1, 2003, pp. 73 – 84.

[2] Stern S., M. E. Porter, J. L. Furman, "The Determinants of National Innovative Capacity", *National Bureau of Economic Research Working Paper*, Cambridge MA, 2000.

[3] Michael Fritsch, Grit Franke, "Innovation, Regional Knowledge Spillovers and R&D Cooperation", *Research Policy*, Vol. 33, 2004, pp. 245 – 255.

[4] Ridde L. M., Schwer R. K., "Regional in Ovative Capacity with Endogenous Employment: Empirical Evidence from the US", *The Review of Regional Studies*, Vol. 33, No. 1, 2003, pp. 73 – 84.

[5] Mikel Buesa, Joost Heijs, Mo – Nica Marti – Nez Pellitero, Thomas Baumert, "Regional Systems of Innovation and the Knowledge Production Function: The Spanish Case", *Technovation*, Vol. 26, 2006, pp. 463 – 472.

[6] Rinaldo Evangelista, Simona Iammarino, Valeria Mastrostefano, Alberto Silvani, "Measuring the Regional Dimension of Innovation, Lessons from the Italian Innovation Survey", *Technovation*, Vol. 21, 2001, pp. 733 – 745. Hagedoorn J., Cloodt M., "Measuring innovative performance: is there an advantage in using multiple indicators?", *Research Policy*, Vol. 32, 2003, pp. 1365 – 1379. Archibugi D., A. Coco, "Is Europe Becoming the Most Dynamic Knowledge Economy in the World?", *Journal of Common Market Studies*, Vol. 43, 2005, pp. 433 – 459.

[7] 柳卸林、胡志坚：《中国区域创新能力的分布与成因》，《科学学研究》2002 年第 5 期。朱海就：《区域创新能力评估的指标体系研究》，《科研管理》2004 年第 3 期。邵云飞、唐小我：《中国区域技术创新能力的主成份实证研究》，《管理工程学报》2005 年第 3 期。崔晓露：《我国高新技术产业园区创新绩效评价研究》，《财经问题研究》2013 年第 8 期。

VIKOR 法、因子分析法的自主创新能力评价体系。[1]

综上所述，目前关于区域自主创新能力评价的研究，虽然学者们设计了系统合理的创新能力评价体系，构建了大量复杂的计量和数理统计方法，对于指导区域自主创新能力评价实践具有一定的指导意义。但大多指标体系都是从创新投入、产出方面构建的，没有深入区域自主创新能力形成机制的内在影响要素，忽略了对自主创新系统要素间互动关系的反映，导致评价体系科学性不足。

四 区域自主创新系统与产业结构优化研究

区域产业结构优化，自主创新所带来的技术进步是其中的一个关键性要素。有学者强调区域创新系统是创新系统的重要形式，比较了国家创新系统、区域创新系统与创新系统之间的关系。[2] 很多学者针对特定区域来研究区域创新系统，如对德国巴登—符腾堡和莱茵—阿尔卑斯地区、英格兰东北部、美国硅谷和波士顿 128 号公路等创新系统开展研究。[3] 有学者发现因技术创新推动单位劳动生产率而吸引更多生产要素的投入，是影响产业结构变动的主要因素[4]，产业结构和创新之间存在互相影响的关系，

---

[1] 倪明：《企业自主创新能力评价模型及评价方法研究》，《科技进步与对策》2009 年第 5 期。江兵、潘洁琴、方军：《基于证据推理的企业自主创新能力评价》，《系统管理学报》2009 年第 4 期。张目、周宗放：《我国高技术产业自主创新能力分行业动态评价研究》，《软科学》2010 年第 6 期。郭旅昊、陈福集：《企业自主创新能力的人工神经网络评价模型的研究》，《科技与经济》2011 年第 2 期。毕克新、王筱、高巍：《基于 VIKOR 法的科技型中小企业自主创新能力评价研究》，《科技进步与对策》2011 年第 1 期。

[2] Carlsson Bo, Jacobsson, Staffan A., Holmén, Magnus, Rickne, Annika, "Innovation Systems: Analytical and Methodological Issues", Paper for DRUID's Innovation Systems Conference, June 1999. Cassiolato, José Eduardo and Lastres, Helena M. M., Local, "National and Regional Systems of Innovation in the Mercosur", Paper for DRUID's Innovation Systems Conference, June 1999.

[3] 刘曙光、徐树建：《区域创新系统研究的国际进展综述》，《中国科技论坛》2002 年第 5 期。李微微：《基于演化理论的区域创新系统研究》，天津大学博士学位论文，2006 年，第 10 页。Asheim B. T., Isaksen A., Location, "Agglomeration and Innovation: Towards Regional Innovation Systems in Norway?", Europe Planning Studies, Vol. 5, No. 3, 1997, pp. 299–330. Cassiolato J. E., Lastres H. M. M., Local, National and Regional Systems of Innovation in The Mercosur, Rio De Janeiro: Fegeral University of Rio De Janeiro, 1999.

[4] Michael Peneder, "Industrial Structure and Aggregate Growth", Structural Change and Economic Dynamics, Vol. 14, 2003, pp. 427–448.

技术进步会影响特定地区的产业结构①。就中国的情况而言，有学者认为中国之所以能成为世界上主要的产品提供者，是因为技术创新改变产业水平②，创新系统提高了技术模仿和原始创新的能力，使产业竞争力提高③。提高自主创新能力，是推进增长方式转变和结构调整的关键环节。中国产业技术发展与产业结构升级可利用全球化机遇，引进先进技术推动产业结构调整④，产业结构优化升级的目标之一就是产业结构的高技术化⑤。自主创新对产业结构优化升级的影响，主要是促进传统产业采用新技术、新工艺和新装备，发明和利用新产品、新工艺、新材料，使产业结构逐步向高级化发展。

从上面的研究可以看出，目前国内外已有的研究对自主创新与产业结构优化升级的分析，主要集中在自主创新对区域产业结构优化升级的意义、影响程度，以及技术创新活动如何推进产业结构比重优化等方面。而目前学术界对于自主创新推动区域产业创新资源配置优化、区域产业科技一体化、支撑产业结构优化升级体制机制的研究还较少，这为本项目研究提供了空间。

五　自主创新体制机制及公共政策研究

自主创新成果具有公共产品的性质，研发活动如果完全交给市场，研发活动的资源投入就会表现不足。⑥ 很多学者研究了税收政策对于促

---

① L. Greunz, "Industrial Structure and Innovation Evidence From European Regions", *Journal of Evolutionary Economics*, Vol. 5, 2004, pp. 936 - 937.

② Kevin Z. Z., Caroline B. L., "How Does Strategic Orientation Matter In Chinese Firms?", *Asia Pacific Journal of Management*, Vol. 24, No. 4, 2007, pp. 447 - 466.

③ Tilman Altenburg, Hubert Schmitz, Andreas Stamm, "Breakthrough? China's and India's Transition from Production to Innovation", *World Development*, Vol. 36, No. 2, 2008, pp. 325 - 344.

④ 江小涓：《吸引外资对中国产业技术进步和研发能力提升的影响》，《国际经济评论》2004年第2期。

⑤ 邬义钧：《我国产业结构优化升级的目标和效益评价方法》，《中南财经政法大学学报》2006年第6期。

⑥ Arrow K. J., "The Economic Implications of Learning by Doing", *Reviews of Economic Studies*, Vol. 29, 1962, pp. 155 - 173.

进自主创新的效果。[1] 国内学者认为，在动态竞争环境中选择适合自身发展的创新方式已成为企业技术创新中面临的难题[2]，以中国汽车产业自主创新为对象，研究了政府战略协调下支持自主开发的科研体系[3]，并对如何加强自主创新提出了一些建议[4]。有学者研究现行税收优惠政策与企业研发投入、企业自主创新之间的关系[5]，探讨政府科技投入的挤出效应[6]，研究中国政府的创新研发投资效应以及政府资助企业自主创新研发的政策工具及效果[7]。有研究认为，政府的引导和支持在以企业为主体的技术创新体系建设中可以发挥重大作用，区域自主创新成功的关键，在于以企业为主体、产学研相结合的技术创新体系建设能否取得成功。[8] 学者普遍认为，目前中国企业自主知识产权核心技术太少，处于有

---

[1] Bernstein J.,"The Effect of Direct and Indirect Tax Incentives on Canadian Industrial R&D Expenditures", *Canadian Public Policy – Analyse De Politiques*, Vol. 12, 1986, pp. 438 – 448. Estache A., V. Gaspar, "Why Tax Incentives Do Not Promote Investment in Brail", in A. SHAH ed, *Fiscal Incentives for Investment and Innovation*, 1995, pp. 309 – 340. Hall B., Van Reenen J.,"How Effective Are Fiscal Incentives for R&D? A New Review of the Evidence", *Research Policy*, Vol. 9, 2002, pp. 449 – 469. Lach S., "Do R&D Subsidies Stimulate or Displace Private R&D, Evidence from Israel", *The Journal of Industrial Economics*, Vol. 4, 2002, pp. 369 – 390.

[2] 王一鸣、王君：《关于提高企业自主创新能力的几个问题》，《中国软科学》2005年第7期。赵更申、雷巧玲、陈金贤、李垣：《不同战略导向对自主创新与合作创新的影响研究》，《当代经济科学》2006年第2期。

[3] 赵晓庆：《中国汽车产业的自主创新——探析"以市场换技术"战略失败的体制根源》，《浙江大学学报》（人文社会科学版）2013年第3期。

[4] 孔令友：《增强自主创新能力关键在健全完善自主创新体制机制》，《南京社会科学》2006年第7期。魏杰、谭伟：《企业自主创新的几个关键问题》，《科学学与科学技术管理》2006年第4期。张景安：《发挥科技支撑作用　建设国家自主创新示范区核心区》，《中国科技产业》2009年第8期。

[5] 李丽青：《企业R&D投入与国家税收政策研究》，西北大学博士学位论文，2006年，第75页。孙彩虹、于辉、齐建国：《企业合作R&D中资源投入的机会主义行为》，《系统工程理论与实践》2010年第3期。

[6] 姚洋、章奇：《中国工业企业技术效率分析》，《经济研究》2001年第10期。

[7] 胡卫：《产业层面技术创新的系统失效及其政策含义》，《当代经济管理》2007年第5期。

[8] 徐冠华、梅永红、尤建新、吴霁虹、朱岩梅：《全球化竞争下我国创新型中小企业发展的挑战和对策》，《科学发展》2010年第1期。

制造无创造、有产权无知识的状态，必须深化自主创新体制机制改革。①还有学者从区域自主创新软环境的角度，提出了提升区域自主创新能力的对策。②

综上所述，推进中国区域自主创新能力提升，必须推进自主创新体制机制变革，构建一揽子基于创新能力提升的宏观微观政策体系，推动从"中国制造"向"中国创造"升级转型。目前相关研究从不同角度给出了区域自主创新体制机制改革建议，但这些建议只有结合具体区域实际、创新基础、社会文化场景，给出可操作性对策，才能避免落入自主创新对策构想千篇一律的陷阱。

六 简要评述

通过对项目国内外相关文献的梳理和分析发现，目前学术界对自主创新的理论与实证研究，大多集中在宏观国家层面或微观企业层面，对中观区域层面自主创新行为机制及绩效，特别是支撑自主创新长效发展体制机制的专门性研究较少。作为实施自主创新战略的特定层面，区域自主创新是一个多因素、多层次、多结构的复杂系统。而已有的相关研究大多集中在区域自主创新模式及能力评价方面，缺乏从区域科技创新资源配置、区域创新服务与人才支撑、区域创新法规政策体系、区域创业创新环境、社会文化与交往等体制机制层面，对区域自主创新系统及其关键体制机制要素做深度、生态、复杂性的研究，没有形成关于区域自主创新体制机制的共识性成果。长株潭区域作为全国"两型"社会建设综合配套改革试验区，近年来在产学研结合、成果转化产权激励、科技创新驱动发展、产业创新联盟搭建、创新创业环境营造、科技与产业一体化等方面，形成了独特的经验与成果。以区域层面的自主创新为研究视角，研究长株潭区域自主创新能力成长与体制机制建设的基本规律，挖掘制约长株潭区域自主创新的深层体制机制因素，有针对性地提

---

① 尚勇：《提高自主创新能力关键是加快体制机制创新》，《中国软科学》2008年第3期。肖智润：《推进企业自主创新的体制机制改革研究》，《生产力研究》2010年第9期。赵金龙：《面向自主创新的区域科技资源优化配置》，《学术交流》2012年第6期。

② 朱跃龙、丁长青：《区域科技创新何以自主？——当代中国区域科技自主创新的软环境政策》，《南京理工大学学报》（社会科学版）2010年第3期。

出长株潭区域自主创新体制优化与机制创新的政策建议，以深化区域自主创新系统理论研究，加快推进自主创新体制机制改革和创新环境营造，激发科技人才的创新激情与智慧，促进科技要素与其他经济要素有机互动，促成研究开发、产业化、市场化等创新链顺畅连接，提升长株潭区域创新系统的整体效率。

第三节 研究方法、技术线路与创新点

一 研究方法

文献分析法。在撰写的过程中充分利用文本与文献分析方法的优点，搜集和掌握大量有关区域自主创新的相关文献资料以及现有的研究成果，在大量有关区域自主创新效率文献资料的基础上，掌握国内外区域自主创新效率研究的发展动态，寻找该研究领域新的突破点。

案例剖析法。以长株潭区域自主创新为大样本，基于长株潭三个子区域，与武汉东湖区域、中关村区域、苏南示范区的五个子区域（南京市、镇江市、苏州市、无锡市、常州市），通过相关数据，对教育资源、财力资源、人才资源进行案例剖析，研究长株潭区域自主创新能力形成的体制机制路径与致因。

定量分析法。运用 DEA 数据包络分析法，研究长株潭区域自主创新能力实证测评，分析长株潭区域自主创新效率的动态演化趋势，进行区域自主创新能力障碍因素诊断。

比较分析法。与武汉东湖、中关村、苏南三个示范区域相比较，运用相对效率评价法，研究这些区域自主创新绩效水平，分析制约长株潭区域自主创新的深层体制机制因素，有针对性地提出体制优化与机制创新的政策建议。

二 技术线路

沿着理论研究→实证研究→对策研究的整体思路，以长株潭区域自主创新现象为研究对象，对长株潭区域自主创新绩效与体制机制的创新实践、综合效用、作用机理、现实困境、优化对策进行系统研究。

首先,在梳理国内外区域自主创新文献的基础上,对区域自主创新系统的内涵、本质与特征进行界定,运用技术创新经济理论、产业组织理论、政策分析理论、知识演化博弈理论等,研究区域自主创新体制机制的一般理论。其次,以长株潭区域为大样本,运用案例分析、多指标综合评价方法、因子分析法等,从技术创新、知识创新、创新服务、创新支撑等维度,对长株潭区域自主创新能力要素进行经验式研究,总结长株潭区域自主创新体制机制建设的典型、独特成功做法。在此基础上,从自主创新内部技术过程,包括创新主体互动关系、产学研一体化、创新要素流动以及外部经济过程,包括产业科技联合体、政策体系供给、软环境优化等视角,研究长株潭区域自主创新能力成长的体制基础与机制性因素。最后,基于比较的视角,选择长三角、珠三角、京津唐、合芜蚌等区域,运用基于柯布—道格拉斯生产函数的复合 DEA 模型,分析制约长株潭区域自主创新的深层体制机制因素,有针对性地提出推进长株潭区域自主创新体制优化与机制创新的政策建议。研究技术路线如图 1—1 所示。

三 创新点

近年来,长株潭区域在区位优势、科研投入等资源优势不明显的情况下,取得了多项世界领先的创新成果,涌现了一批创新能力强的优秀企业,带动了区域自主创新能力和创新绩效的快速提升,催生出广受瞩目的"自主创新长株潭现象"。究竟是什么体制要素促成区域科技创新与产业发展形成良性横向联合体?是什么机制激励区域科技自主创新能力持续提升?长株潭区域自主创新背后的体制活力与机制推力是否具有独特性、典型性、规律性?本成果以创新型国家建设为背景,以长株潭区域自主创新绩效与行为为研究对象,重点研究三个问题:①研究长株潭区域自主创新能力的发育与成长,从技术创新、知识创新、创新服务、创新支撑等维度对创新能力进行总体测量;②研究长株潭区域自主创新的体制机制,从创新驱动发展政策激励、重点产业创新联盟搭建、企业创新创业环境营造、提高原始创新能力的科研改革、湖湘创新文化培育等视角,研究长株潭区域自主创新体制要素,从自主创新的动力系统、条件系统、过程系统、调控系统及其相互联系与相互作用,研究长

```
┌─────────────────────────────┐
│ 区域自主创新能力与创新      │
│ 体制机制文献综述            │
└─────────────────────────────┘
```

┌──────────────────┐   ┌──────────────────┐   ┌──────────────────┐
│区域经济、产业组织、│   │区域自主创新系统与体│   │访谈、调研获取具有代│
│政策分析、知识演化博│   │制机制的理论研究 │   │表性的资料、数据 │
│弈理论归纳与推演 │   └──────────────────┘   └──────────────────┘
└──────────────────┘   │
                        ┌──────────────────┐
┌──────────────────┐   │长株潭区域自主创新绩│
│因子分析、多变量回归│   │效评价及体制机制规律│
│分析与复合 DEA 模型│   └──────────────────┘
│量化   │   │
└──────────────────┘   ┌──────────────────┐   ┌──────────────────┐
                        │长株潭区域自主创新体│   │样本选择、数据采集│
                        │制机制建设存在的问题│   │实证分析和途径研究│
┌──────────────────┐   └──────────────────┘   └──────────────────┘
│公共政策分析、系统比│   │
│较研究、复杂网络协同│   ┌──────────────────┐   ┌──────────────────┐
│法   │   │推进长株潭区域自主创│   │政策析出、形成政策│
└──────────────────┘   │新体制机制创新对策研│   │建议   │
                        │究   │   └──────────────────┘
                        └──────────────────┘

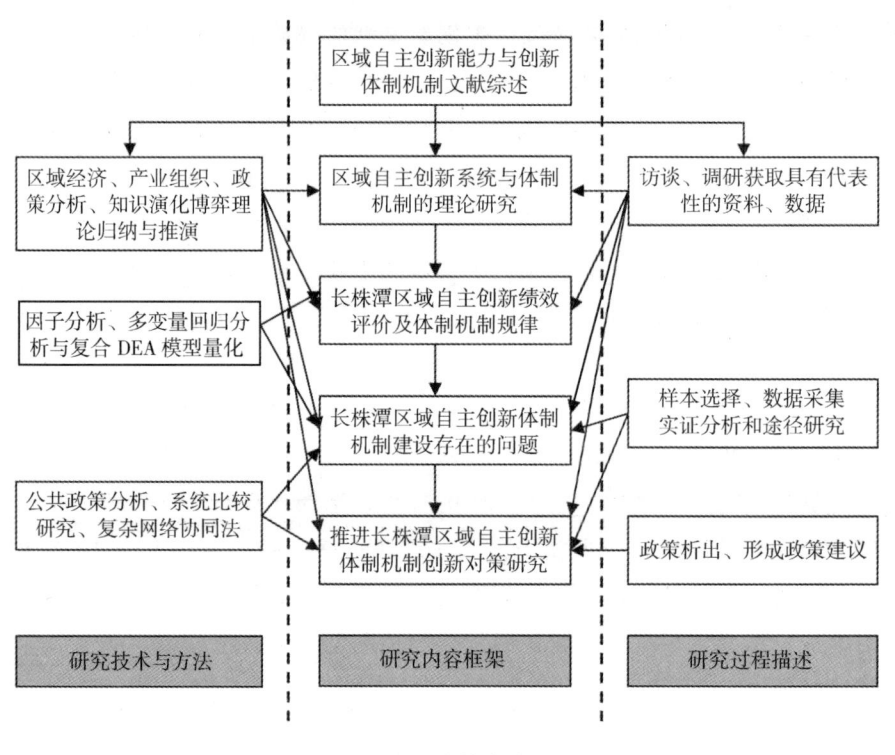

   研究技术与方法   研究内容框架   研究过程描述

图 1—1 研究技术路线图

株潭区域自主创新实现机理；③与长三角、珠三角、京津唐、合芜蚌区域比较，运用相对效率评价法分析制约长株潭区域自主创新的深层体制机制因素，有针对性地提出推进长株潭区域自主创新体制优化与机制创新的政策建议。具体的观点创新如下：

一是突破目前国内现有研究大多集中在国家宏观层面和企业微观层面的拘囿，着眼于中观区域层面，以长株潭区域为研究对象，研究长株潭区域自主创新能力生成的独特性、典型性、综合性因素，总结区域自主创新绩效的内在体制机制性条件，从而概括形成区域自主创新体制机制创新的基本规律。

二是将长株潭区域自主创新过程，界定为技术子过程和经济子过程两个维度，超越传统研究仅仅停留于技术创新过程，注重将区域自主创新体制机制放在经济过程中考察，更有助于发现现行体制条件下制约区域自主创新的因素，推进产业与科技创新紧密结合，谋求实现区域创新驱动发展。

三是对长株潭区域自主创新绩效进行评价，指标设计不仅强调以企业为主体的技术创新能力、以高校科研院所为主体的知识创新能力、以科技中介服务机构为主体的创新服务能力，同时更加注重对以政府为主导的区域创新环境支撑绩效进行综合评价。

第二章 区域创新系统视域下"自主创新长株潭现象"阐释

近年来,长株潭区域在区位优势、科研投入等资源不很突出的情况下,取得了多项世界领先的创新成果,涌现了一批创新能力强的优秀企业,带动了区域自主创新能力和创新绩效快速提升,催生出广受瞩目的"自主创新长株潭现象"。以区域自主创新系统为视角来分析"自主创新长株潭现象",既能全面梳理和把握当前长株潭区域新涌现的一批重大科技成果,也有助于更好地理解和把握"自主创新长株潭现象"产生的原因和机理。基于此,本章在介绍区域自主创新系统理论的基础上,分析区域自主创新系统视域下的"自主创新长株潭现象"及其特点,以期为了解"自主创新长株潭现象"的产生机理和原因奠定基础。

第一节 区域自主创新系统的理论分析

一 区域自主创新系统的概念

国内外大量研究表明,创新活动具有明显的区域性特征。在一定区域范围内,企业、大学和科研机构、中介服务机构以及政府等创新主体相互关联与合作,并通过互动与结合构成具有创新结构和功能特征的有机整体,由此,形成区域性的创新系统。区域创新系统这一概念最先由英国的库克教授提出,他认为区域创新系统是由相互分工与关联的生产企业、研究机构和高等院校等构成的支持和产生创新的区域性组织体系。[1] 在此之

---

[1] Cooke P., "Regional Innovation Systems: Institutional and Organizational Dimensions", *Research Policy*, Vol. 26, 1997, pp. 275–289.

后，国内外学者对区域创新系统进行了进一步的研究。如 Asheim 通过研究认为，区域创新系统是由区域产业集群中的企业、支撑企业的基础结构两大主体及它们间的关系构成。[1] 就国内相关学者而言，普遍认为区域自主创新系统是由企业、大学和科研机构、中介服务机构和政府构成的创新网络系统，也有学者强调区域各创新行为参与者相互合作，以及区域自主创新系统制度要素的构成及其重要性。笔者在充分吸收上述学者观点的基础上，将区域自主创新系统界定为：在一定区域范围内，由企业、大学和科研机构、中介服务机构以及政府等创新主体组成的，为创造、储备和转让知识、技能及新产品而相互作用的自主创新网络系统。

二 区域自主创新系统的结构

区域自主创新系统是由自主创新主体、创新资源、创新环境和创新体制机制等相互关联、相互作用的部分组成。[2] 区域自主创新系统的运行实质上是在一定的创新环境和创新运行机制下，各创新主体通过有效分配和使用创新资源，创造科技成果并影响区域经济社会发展的过程。就区域创新资源而言，主要包括创新人力资源、创新财力资源、创新物力资源以及创新知识资源。就区域自主创新活动而言，每一类别的资源都有其特有的效用，具有不可替代性。就区域自主创新主体而言，主要由企业、高校与科研机构、地方政府以及自主创新服务机构等构成。每一主体在区域自主创新过程中都承载着特有的使命，只有各主体共同努力与合作，才能有效推动区域自主创新能力和水平的提升。就区域自主创新环境而言，主要是指对区域自主创新产生影响的区域政治、经济、文化、自然环境等。就区域自主创新机制而言，它是保证区域创新系统有效运转的关键因素，主要包括调控机制、市场机制以及服务机制等。以上每一要素、每一维度于区域自主创新系统而言都是必不可少的，正是在以上要素的支撑和保障下，区域自主创新系统才能良好运行，区域自主创新系统的功能才能有效发挥。

---

[1] Asheim B. T., *European Planning Studies*, London: Routledge, 2006.
[2] 曲然：《区域创新系统内创新资源配置研究》，吉林大学博士学位论文，2005年，第22—23页。

三 区域自主创新系统的功能

区域自主创新系统基于一定区域范围内各创新主体间的相互关联与结合而形成，在相关制度安排下，在区域政治、经济、文化、自然环境的共同作用下按照一定运行机制而运行。区域自主创新系统，作为与创新主体、创新活动等有着密切关系的网络系统，不仅能促进创新资源、创新要素等在区域内有序流动，使创新资源得到有效利用，还能促进区域自主创新能力和水平的提升，使区域竞争力得到大幅提升。具体来说，区域自主创新系统的功能主要体现为：其一，优化资源配置。区域自主创新系统的良好运行，离不开创新资源的合理分配，而区域自主创新系统在相关制度和机制的约束下，能根据区域现实情况和各主体的创新需求，引导创新资源流向区域重点领域和优势行业，实现区域创新资源的有效使用和优化配置。其二，促进区域自主创新能力提升。区域自主创新系统的形成，不仅能够促进资源的最大化使用，为创新主体开展自主创新活动奠定基础，还能有效增强区域内各创新主体间的合作与互动，使各创新主体的优势得到充分彰显，有效推动区域整体自主创新能力的提升。其三，推动区域竞争力的提升。当前，国家与国家之间的竞争、地区与地区之间的竞争，越来越取决于以自主创新能力为核心的科技实力的竞争，诚然，区域之间的竞争也不例外，而区域自主创新系统的存在，不仅能促进区域创新水平和创新能力的提升，还能带动区域产业结构的转型升级，推动区域经济的跨越式发展，进而促进区域竞争力的提升。

第二节 "自主创新长株潭现象"特征描述

长株潭区域作为湖南省区域自主创新的高地，集聚了全省60%以上的创新资源，包括了全省70%以上的科研机构和创新创业平台、60%以上的高新技术企业、65%的高等院校、70%以上的R&D人员、65%的R&D经费支出，创造了全省75%以上的创新成果。[1] 从某种意义上来说，

---

[1] 卞鹰：《新愿景 新战略 新湖南：2017年湖南发展研究报告》，社会科学文献出版社2017年版，第314页。

长株潭区域本身便是一个区域自主创新系统。"自主创新长株潭现象"的出现正是该系统中的企业、大学和科研机构、地方政府等创新主体在区域自主创新体制机制、区域创新环境的影响和作用下共同努力与奋斗的成果。正如"自主创新长株潭现象"是长株潭区域内各行业、各创新主体共同努力的结果一样,"自主创新长株潭现象"的呈现也是多领域、多方面的。总的来说,"自主创新长株潭现象"的特征可以概括为"两高一快一强",即科技创新资源聚集程度高,科技创新成果水平提升显著,创新型企业和产业集群成长快,创新驱动辐射带动作用强。[①]

一 科技创新资源聚集程度高

作为湖南省自主创新的高地,长株潭区域集聚了全省60%以上的科技创新资源。高聚集的科技创新资源,不仅是催生"自主创新长株潭现象"的重要条件和基础,同时也是"自主创新长株潭现象"的重要特征之一。

其一,科技创新人才聚集程度高。人才是创新创业的基础和关键,为吸引海内外优秀创新人才,长株潭区域先后实施了"科技领军人才培养计划"、"省引进海外高层次人才百人计划"、百名高层次创新创业人才聚集工程等覆盖全面、重点突出、梯次递进的科技人才计划体系,创新构建了"项目+基地+人才"三位一体的育才、引才和励才模式,吸引了一大批海内外高端创新人才向长株潭区域集聚。截至2015年,长株潭三市拥有"两院"院士63名,国家"千人计划"专家91人(团队)。且长沙高新区被中组部授予"国家海外高层次人才创新创业基地",被教育部、科技部授予"全国大学生科技创业见习基地"、"国家创新人才培养示范基地"。其二,创新创业平台密集度中部领先。长株潭区域拥有国防科大、中南大学、湖南大学、湘潭大学、湖南师范大学等高等院校69所,省级及以上科研机构1000余家。全省80%的国家级和省级重点实验室、国家工程(技术)研究中心分布在长株潭区域,其中,长株潭高新区占全省总量的60%以上。国家超级计算长沙中心、国家碳/碳复合材料工程

---

① 守拙:《智慧引领未来——"自主创新长株潭现象"全扫描》,2013年8月,株洲新闻网(http://www.zznews.gov.cn/news/2013/0819/article_100782_2.html)。

技术研究中心、国家变流技术工程研究中心、国家粉末冶金重点实验室、国家重金属污染防治工程技术研究中心、中意设计创新中心（湖南）等一批世界级、国家级研发中心和重点实验室落户三市；岳麓山国家大学科技园、长沙高新区创业服务中心、株洲高新区创业服务中心等国家级科技企业孵化器孵化、加速载体面积300万平方米，在孵企业2000余家。科技部先后批复长沙高新区建设国家创新型科技园区、株洲高新区建设创新型特色园区，国家发改委批复长株潭建立综合性高技术产业基地，工信部批复长株潭高新区为国家新型工业化产业示范基地。

二 科技创新成果水平提升显著

自2007年长株潭区域成为全国"两型"社会建设综合配套改革试验区以来，长株潭区域便紧紧抓住科学技术这一纽带，以前所未有的创新思维和创新手段，加大自主创新投入，加快自主创新发展步伐。2014年，长株潭国家自主创新示范区获批成立，之后，长株潭将示范区作为实施创新驱动发展战略的"试验田"，更加注重区域自主创新水平和创新能力的提升，由此，促进了一大批高水平、令人瞩目的科技创新成果的不断涌现，使得长株潭区域的创新成果水平得到了显著提升。

在国家高新区的支撑带动下，长株潭区域以占全省1/7的面积、1/3的人口，创造了全省70%的科技成果。其一，世界级创新成果不断涌现。近年来，长株潭区域通过对区域自主创新的重视和行动上的努力，先后取得世界运算速度最快的"天河二号"亿亿次超级计算机、世界大面积亩产最高的超级杂交稻、全球首台长距离大坡度煤矿斜井TBM（全断面隧道掘进机）、世界运行速度最快列车的牵引电传动系统、世界最大功率六轴电力机车、世界臂架最长的泵车、世界功率最强的海上风力发电机、世界起重能力最强的履带起重机、世界人工干预最短的无人驾驶车、碳/碳航空制动材料等多项世界领先的科研成果。其二，国内高新成果不断涌现。近年来，长株潭区域紧紧抓住建设国家自主创新示范区的新机遇，以创新发展为主线，促进了一大批国内领先的科研成果不断涌现。国内首台激光烧结3D打印机、国内首条中低速磁悬浮快线、国内首条8英寸IGBT（绝缘栅双极型晶体管）专业芯片生产线、国内首个整列装载永磁牵引系统列车等一大批国内领先的科技成果都产生于长株潭区域，不断打破国外在相关技术领域的垄断地位。同时，还有"海牛"深海钻机、新一代大容量石墨烯超级电容、常导短定子中低速磁悬浮列车、异种胰岛移植技术实现新突破、"神十"用传感器和特种电缆、"蛟龙"号"岩芯取样器"等高新成果也不断在长株潭区域涌现，推动和见证着长株潭区域自主创新水平的不断提升。

三 创新型企业和产业集群成长快

企业作为区域自主创新系统中的重要创新主体，在区域自主创新过程中发挥着重要作用。区域自主创新能力的提升，离不开创新型企业和产业集群的成长和发展。近年来，在湖南深化科技体制改革、推进创新型湖南建设的大背景下，长株潭区域内的创新型企业和产业集群迅速发展，不仅为大量高新科技创新成果的涌现创造了条件，同时也是长株潭区域自主创新发展过程中的又一特色和亮点。

其一，创新型企业成长速度快。在区域自主创新战略、区域自主创新政策、知识产权保护政策等的支持和推动下，一大批高新技术企业、科技型中小企业在长株潭区域内快速成长与发展。如先进制造领域的中联重科、三一重工、山河智能、铁建重工、南车时代等企业通过将产业与科技相结合，迅速成长为具有国际竞争力的高新技术企业。新材料领域的博云新材、时代新材、株洲钻石切削等企业通过自主创新与发展，也快速在全国市场上处于领先地位。还有电子信息领域的御家汇集团、蓝思科技、拓维信息、长城信息等企业，以及新能源、生物医药、农业等领域的红太阳光电、三诺生物、隆平高科、海利化工等也迅速成长，成为长株潭区域自主创新发展的重要支柱和力量。其二，产业集群发展迅速。为推进长株潭区域自主创新水平的提升，长株潭区域不仅在培育和发展创新型企业上给予了众多支持，同时也十分注重创新型产业集群的培育和壮大。近年来，长株潭区域重点围绕"长沙·麓谷创新谷"、"株洲·中国动力谷"和"湘潭智造谷"的发展定位和产业布局，加快打造"研发+制造+服务"全产业链的核心产业集群。[①] 目前，支持和培育了"株洲轨道交通产业集

---

① 湖南省科技厅：《湖南科技体制改革改什么怎么改？》（http：//www.hnst.gov.cn/xxgk/gzdt/yw/201603/t20160309_2927815.html）。

群""湘潭先进矿山运输及安全装备产业集群"以及"长沙电力智能控制与设备产业集群"等3个国家级、17家省级创新型产业集群建设试点,为促进长株潭区域自主创新能力建设,推动长株潭区域经济转型升级奠定了基础。

四 创新驱动辐射带动作用强

区域自主创新系统存在的重要意义之一便是推进区域自主创新水平和创新能力的提升,以区域自主创新带动区域经济社会又快又好发展。因此,区域自主创新视域下"自主创新长株潭现象"的特征,除了指创新资源聚集程度高、创新成果水平提升显著以及创新型企业成长迅速外,还包括自主创新对区域经济社会发展的强辐射带动作用。通过梳理分析发现,自主创新对长株潭区域的经济社会发展、竞争力提升等有着强劲的辐射带动作用,不仅证明了科技自主创新的重要性,还再一次让人们关注和了解了"自主创新长株潭现象"。这种辐射带动作用具体主要体现为以下几个方面。

其一,带动湖南创新能力和创新绩效的提升,推动创新型湖南建设的深化和拓展。在区域创新系统各创新主体的共同协作和努力下,在国家高新区的支撑带动下,长株潭区域内的创新型企业快速成长、科研创新成果不断涌现,不仅促进了长株潭区域自主创新能力和创新水平的逐步提升,同时,也是带动湖南创新能力和创新绩效提升的重要动力。近年来,长株潭区域在创新政策、创新环境等的支撑下,以高聚集的创新资源创造了全省70%的科技成果,实现了全省60%以上的高新技术产业增加值,有力推动了全省综合创新能力从2007年的全国第16位上升到2015年的第11位。同时,还有效带动了全省科技水平的进步,使得湖南2015年综合科技进步水平指数为54.29%,增幅位居全国首位,且到2015年,湖南省获得的国家级科技成果奖励数跻身全国第7位。其二,自主创新成为长株潭区域经济增长和社会发展的重要动力源。在创新驱动发展战略的指引下,长株潭国家高新区高新技术产业发展迅速。高新技术产业的快速发展,既能带动区域内传统产业的转型升级,实现区域经济增长发展的转变,也能带动全省经济增速的提升。同时,还能大量吸纳就业人口,推动长株潭区域的稳定发展。根据相关统计资料可知,近5年,长株潭国家高新区高新技术产业增加值年均增长 36% 以上，带动全省年均增速达到 33.6%，位居全国第一，2012 年吸纳就业人数增长率居全国第一。[①] 也由此可见，区域自主创新是有效推动区域经济社会发展的重要动力源。

第三节　区域自主创新系统视域下"自主创新长株潭现象"成因分析

"自主创新长株潭现象"是湖南吸引全国乃至全世界目光的闪亮名片，但"自主创新长株潭现象"不是自发形成的，它的出现是多方力量共同努力的结果，它的形成是多种因素共同作用和影响的结果。以区域自主创新系统为视角，探析"自主创新长株潭现象"形成背后的推动因素，有助于更好地把握长株潭区域自主创新示范区建设的着力点，更好地促进新的"自主创新长株潭现象"的催生，进而带动长株潭区域自主创新水平和能力的有效提升。基于此，笔者以区域自主创新系统为视角，对"自主创新长株潭现象"的形成原因进行了探讨与分析，以期为长株潭区域更好地贯彻落实创新驱动发展战略，建设创新型湖南提供参考。通过梳理分析发现，推动"自主创新长株潭现象"形成的因素主要有以下几方面。

一　创新体制机制改革的深化

区域自主创新系统的持续良好运行与功能发挥，离不开创新管理体制、创新投入机制、创新成果转化机制等相关体制机制的不断调整与改革。长株潭作为区域自主创新高地，集聚了相对多的创新资源，创造了诸多令人瞩目的科技成果，从某种意义上来说，长株潭区域本身便是一个区域自主创新系统。当前，这一系统内"自主创新长株潭现象"的涌现和催生，与系统内相关制度的支撑以及相关体制机制的改革深化有着紧密的关联性。正是长株潭区域自主创新体制机制改革的深化，才为区域自主创新提供了政策、人才、资金、环境等方面的保障和支持，才有效推动了区域内创新型企业的快速成长和科技创新成果的不断涌现。

[①] 杨杰妮：《国家示范区为何选中长株潭》（http://hn.rednet.cn/c/2014/12/04/3539875.htm）。

近年来，湖南把实施创新区域发展战略放在更加突出的位置，逐年加大科技创新投入，不断深化科技体制改革。以建设创新型湖南为背景，以建设国家自主创新示范区为目标，以湖南省深化科技体制改革思路为指引，长株潭区域也不断推进区域自主创新体制机制改革走向深化。其一，探索创新科研人才管理体制。人才是自主创新的根本，为吸引和留住优秀人才，长株潭区域不断深化科研人才管理体制改革，既先后实施了覆盖全面、重点突出、梯次递进的科技人才计划体系，也创新构建了"项目+基地+人才"三位一体的育才、引才和励才模式，为区域自主创新提供了人才支撑。其二，探索创新财政资金的科技投入方式。科研投入是影响区域自主创新能力的重要因素，为实现科研投入来源的多元化，长株潭区域不断深化科研投入体制改革，创新财政资金的科技投入方式，在全国最早一批成立国有独资创投机构，为实现科研投入的多元化创造了条件。其三，改革了科技项目立项、管理和奖励评价机制，创新了科研成果转化机制，通过"知识资本化、成果股份化"，促进了长株潭区域科技成果转化率的提升。同时，还在长株潭区域内大力推行产学研结合、科技与金融结合、探索产业创新联盟等。这一系列有关区域自主创新体制机制改革的举措，既见证了长株潭区域科技体制机制改革的深化，也推动了"自主创新长株潭现象"的出现和催生。

二 创新环境和创新文化的支撑

"自主创新长株潭现象"的形成，与长株潭区域自主创新系统的良好运行以及功能的有效发挥不无关系，而系统功能的充分彰显离不开外界环境的作用与支撑。从区域自主创新系统理论可知，区域自主创新系统的外界环境，既包括区域内的政治、经济、文化、自然环境，也包括区域外的政治、经济、文化环境等。只有具备了良好的外界环境，区域自主创新系统内的各创新主体才能良好协作，各要素才能有序组合、循环利用。而"自主创新长株潭现象"的出现，正是长株潭区域自主创新系统自组织与外界环境共同作用的结果。

其一，良好的区域自主创新政治环境是推动"自主创新长株潭现象"出现的重要保障。从宏观层面来说，当前，为提高国家综合竞争力，国家十分注重自主创新能力的提升和创新型国家的建设。党的十八大不仅明确了科技创新在提高社会生产力和综合国力中的重要地位，还强调要坚持走中国特色自主创新道路、实施创新区域发展战略。国家层面的重视，不仅为长株潭实施区域自主创新战略提供了方向指引，也为长株潭提升区域自主创新能力提供了强有力的保障。从中观层面和微观层面来说，湖南省和长株潭区域也十分重视自主创新水平和能力的提升，颁布了一系列有助于推进创新型湖南建设和长株潭自主创新示范区建设的政策，如《湖南省科学技术厅深化科技体制改革推进创新型湖南建设的实施意见》、《湖南省发展众创空间推进大众创新创业实施方案》等。省级层面和长株潭区域层面的重视、相关政策的颁布与实施为长株潭推进区域自主创新提供了良好的政治环境，不仅增强了区域各创新主体开展自主创新活动的动力和积极性，也助推了"自主创新长株潭现象"的出现。其二，良好的区域自主创新经济环境是推动"自主创新长株潭现象"出现的重要前提。近年来，为适应经济发展新常态，湖南省大力促进"三量齐升"，全面推进"四化两型"，发展方式转变初见成效。在此背景下，长株潭区域经济获得了较快发展，为长株潭推进区域自主创新提供了资金、人才等方面的支撑。但长株潭区域经济的进一步发展以及发展方式的转型升级同样也需要科学技术的进步和自主创新的支撑，这就对区域自主创新能力提出了更高的要求。正是在这样的经济环境支撑下和市场需求的刺激下，长株潭区域内的科技与产业结合度才能不断提升，各种令人瞩目的科技创新成果才会不断涌现，区域自主创新能力才能不断得以提升。其三，良好的区域自主创新文化，是推动"自主创新长株潭现象"出现的重要支撑。以心忧天下、敢为人先、经世致用、兼容并蓄的湖湘文化为底蕴的长株潭地区，形成了敢为人先的创新创业文化氛围与"鼓励创新，包容失败"的创新文化。在这种创新文化的渗透和影响下，区域内企业、大学和科研机构、中介服务机构以及地方政府等创新主体积极主动开展创新活动、参与创新实践，共同推动"自主创新长株潭现象"的形成与区域自主创新能力的提升。

三 创新主体的共同努力和推动

区域自主创新系统是在一定区域范围内，由企业、大学和科研机构、中介服务机构、地方政府等创新主体组成的创新网络系统。区域自主创新系统的功能彰显，离不开各创新主体的相互协作与共同努力。"自主创新长株潭现象"的出现也并非偶然，它是系统内地方政府、企业、高校、科研机构、金融资本、科技服务机构等多主体共同努力和推动的结果。[①]其中，地方政府在这一过程中主要发挥了统筹引导作用，通过制定创新激励政策、统筹推进长株潭区域自主创新体制机制各项改革、优化区域自主创新环境等措施，将区域内各方面的力量汇聚成支撑引领经济社会发展的创新驱动力。而企业作为重要的创新主体，直面市场，创新需求敏感，具有其他创新主体无法替代的优势和地位，在长株潭区域自主创新过程中发挥着主体作用。长株潭区域通过建立以企业为主体的产学研合作机制，确保了企业在协同创新中的主体地位；通过完善和落实激励企业创新的财税、金融、产业等优惠政策，让企业真正成为了技术创新决策、研发投入、科研组织和成果转化的主体。[②] 同时，"自主创新长株潭现象"的形成，与区域内高校和科研机构的努力和推动也是密不可分的。高校和科研机构作为知识传播和知识创新的重要主体，不仅培育了大量区域自主创新需要的创新人才，同时也创造了诸多科研成果，是推动长株潭区域自主创新水平提升的重要力量。总之，正是区域内企业、高校和科研机构、中介服务机构和地方政府等创新主体的共同努力和推动，"自主创新长株潭现象"才能形成，区域自主创新能力和水平才能不断提高。

---

① 胡宇芬：《湖南省科技厅厅长彭国甫：创新驱动科学发展》（http://zt.rednet.cn/c/2013/08/19/3116629.htm）。

② 科技部：《湖南：积极探索长株潭自主创新的新模式新路径》（http://www.most.gov.cn/ztzl/qgkjgzhy/2014/2014jlcl/201401/t20140108_111299.htm）。

第三章 长株潭区域自主创新绩效与能力实证测评

当前,长株潭区域正处于适应新常态、加快转变经济发展方式的关键期,发展方式的转型升级亟须区域自主创新与科技创新的力量支撑,而测评长株潭区域自主创新绩效,了解长株潭当前区域自主创新效率,是提升长株潭区域自主创新能力的重要基础和前提。基于此,本章主要运用定性和定量相结合的方法对长株潭区域自主创新效率进行综合分析,对其自主创新能力进行评价,运用 DEAP2.1 软件对长株潭区域自主创新效率空间分布的动态演变趋势进行分析,在此基础上对长株潭区域自主创新效率的影响因素进行分析和梳理。

第一节 区域自主创新效率及其影响因素的理论分析

一 区域自主创新效率的界定

(一)区域自主创新效率

Farrell 首次给出了微观意义上的技术效率定义,是指决策单元固定产出量所需的最小成本和理论成本之间的比例。[①] 经济学家曼昆认为"效率是资源合理配置,最大化所有社会成员得到的总剩余时体现出的性质",考虑的是全社会生产的总效率。[②] 一般意义上的经济效率可以分解为投入产出效率和配置效率。投入产出效率,又被称为生产效率,指一个经济系

[①] Farrell J., "Intergration and Independent Innovation Waves and Economic Growth", *Structural Change and Economic Dynamics*, Vol. 16, No. 4, 2005, pp. 522 – 539.

[②] [美] N. 格里高利·曼昆:《经济学原理》,梁小民译,机械工业出版社 2003 年版。

统在一定的可能范围内，投入固定单位的生产要素与产出创造产品之间的关系，衡量经济个体在产出量、成本、收入，或是利润等目标下的绩效。投入产出效率越高，表明在固定的投入情况下，经济系统获得产出效益越大，或在固定产出效益下经济系统投入的生产要素越小。配置效率，又称为帕累托效率，是指在资源得到充分利用的情况下，利润最大化的组合。区域自主创新效率是经济效率的子集，其理论定义可以以经济效率的定义为基础，引申为一个区域内经济系统在自主创新活动中投入与产出科技成果之间的比率。区域自主创新效率是指现有自主创新资源与科技成果之间的转化率，既可以反映生产要素资源利用率，也可以反映自主创新规模以及要素投入利用率的合理性。

（二）区域自主创新效率的影响因素

近年来，长株潭区域在区位优势、科研投入等资源不很突出的情况下，取得了多项世界领先的创新成果，涌现了一批创新能力强的优秀企业，带动了区域自主创新能力和创新绩效快速提升，催生出广受瞩目的"自主创新长株潭现象"。自获批"两型"社会建设综合配套改革试验区以来，长株潭区域大力推动产学研结合、试行成果转化产权激励、探索产业创新联盟搭建，区域自主创新能力不断增强。究竟是哪些因素导致长株潭区域自主创新效率不断增强，下面将具体论述各个方面因素与区域自主创新效率之间的关系。

区域经济因素。经济基础是保障区域自主创新发展的基础条件。区域自主创新成本主要包括财力资源成本、人力资源成本、机器设备费、技术引进费等，自主创新研究从研究投入到科技成果的转化过程较长，且产生效益的不确定性高，因此，区域自主创新能力的发展需要依靠经济发展水平为支撑。随着经济的不断发展和收入水平的提高，企业和高校、科研机构经费投入不断增加，科研技术环境不断改善，区域自主创新效率得到快速提升。经济发展为自主创新发展提供了强大的经济基础，推动科技创新规模的不断扩大，而且提高了企业和高校、科研机构的科技含量，推动了技术不断进步。作为发展中国家，我国各个区域更迫切地需要经济、合理、高效地配置有限的科技资源，以有限的财力和人力，争取尽可能多的产出。[①] 因而，经济发展水平

---

① 徐林明：《基于改进理想解法的区域自主创新效率评价研究》，《科技和产业》2012年第11期。

提高，能够促进区域自主创新效率提升，基于此，我们提出如下假设：

假设 H1：经济发展水平越高，区域自主创新效率越高。

研发经费投入。自主创新活动开展需要一定的基础，包括技术设备引进、原材料供应、人才引进、技术研发等因素，区域自主创新活动开展需要以研发经费为支撑。加大研发经费投入可以改善科研机构硬件设施环境，吸引优秀科研人员参与研发，促进科技成果转化。企业在改进科技技术水平、消化吸收新技术、折旧技术设施过程中需要充足的研发经费投入，才能促进科技成果快速转化。在基础研究、应用研究中可以积极通过科技招商等方式引进科技战略投资，鼓励、支持企业及其他组织自发建立科技创业投资基金，对科技成果转化和产业化进行投资，从而可以提高科研经费投入，加快推动科学技术发展。研发经费投入，可以加快科技成果向现实生产力转化，通过技术创新可以促进经济增长，提升国家竞争力。我们基于以上观点提出如下假设：

H2：研发经费投入强度越大，区域自主创新效率越高。

研发人力投入。财力资源与人力资本的投入是开展自主创新活动不可缺少的因素。人力资本作为区域自主创新的投入要素，直接参与科技成果生产过程，科技人才是区域自主创新活动中最关键、最活跃的因素。区域自主创新发展中的基础研究、应用研究、试验发展，需要大量高科技人才运用人类文化和社会知识去创造新的应用，进行系统的创造性活动。科技人力资源是指从事或有潜力从事系统性科学和技术知识的生产、促进、传播和应用活动的人力资源，高素质、创新型的科技人力资源推动区域自主创新能力发展，对科技人才资源越重视，科技成果越多，自主创新能力就越高。因此，我们提出如下假设：

H3：研发人力投入越多，区域自主创新效率越高。

外商直接投资。改革开放以来，我国积极吸引外商直接投资，同时引进了大量先进适用技术，促进了我国技术进步，有助于推动产业结构调整。我国区域自主创新的进步主要是依靠技术外溢效应作用的结果。外商直接投资的技术外溢效应，是指外商直接投资对东道国相关产业或企业的产品开发技术、生产技术、管理技术、营销技术等方面产生的一系列影响。外商直接投资在华研发以及与中国研究机构的合作，既有利于缩短中国由消化吸收成熟技术向研发先进技术的过程，也有利于提高本国本土研发机构的科研水平，为国家培养和储备大量科技人才。外商直接投资在一定程度上可以提高科研经费投入，推动区域自主创新活动的发展。因此，我们提出如下假设：

H4：外商直接投资对区域自主创新活动有显著的正向影响。

政府支出。区域自主创新活动的发展需要政府大力支持。政府支持主要体现在对科研机构资金投入方面。随着我国经济快速发展，我国政府用于地区科技活动经费、研究与发展（R&D）经费的投入力度不断增大，地方财政科技拨款占财政支出的比例也越来越大，反映了政府对区域自主创新越来越重视。另外，政府在制定自主创新相关政策方面为区域自主创新提供大力支持，例如政府对高新技术企业实施税收减免政策以及给予一些优惠补贴，促进高新技术企业的发展，以此带动区域自主创新活动的普遍开展。因此，我们提出如下假设：

H5：政府扶持对区域自主创新活动有显著的正向影响。

二　区域自主创新效率测评的理论阐述

（一）区域自主创新效率的测度指标

运用何种方法、何种指标测评区域自主创新效率，是国内外学者近年来研究的热点。刘凤朝等从资源能力、载体能力、环境能力、成果能力和品牌能力五个方面建立新的评价体系，对我国区域自主创新效率进行综合测评。[①] 徐铁林从区域自主创新投入效率、区域自主创新产出效率、区域技术转移（扩散）效率、区域自主创新支撑效率四个方面建立了区域自主创新效率评价指标体系，利用改进理想解法对2010年中国大陆31个省、市、自治区区域自主创新效率进行评价。[②] 范秋芳等从区域自主创新投入和区域自主创新产出两个方面，建立由四大要素即财力投入、人力投入、经济效益、科技成果，以及8个二级指标构成的区域自主创新效率评价指标体系。[③] 李美娟

[①] 刘凤朝、潘雄锋、施定国：《基于集对分析法的区域自主创新能力评价研究》，《中国软科学》2005年第11期。

[②] 徐林明：《基于改进理想解法的区域自主创新效率评价研究》，《科技和产业》2012年第11期。

[③] 范秋芳、陈潇：《创新驱动战略下山东省区域自主创新效率评价研究》，《河南科学》2014年第9期。

选取了投入效率、创新扩散（转移）效率、产出效率和支撑效率等4个二级指标，15个三级指标，比较全面地构建区域自主创新效率评价指标体系。[①]

在对区域自主创新效率的测评中，许多专家学者都将自主创新投入和创新产出作为评价自主创新效率的重要指标。区域自主创新效率评价体系是一项用来描述区域自主创新资源在创新活动中的配置状况，检测资源配置在区域自主创新活动过程中存在的矛盾和问题，由多个相互作用、相互依存的指标构成的指标体系。科学合理的区域自主创新效率评价指标体系，是制定企业、科研机构、政府之间的发展规划、调整政策，以及预测未来科技创新发展必不可少的量化评估根据，对促进区域经济增长、技术进步、合理利用科技资源均有重大实践意义。

（二）区域自主创新能力与创新效率的关系

区域自主创新能力与创新效率既相互区别，又相互联系、相互制约。区域自主创新能力与创新效率在本质上是一脉相承的关系。区域自主创新效率是以区域自主创新能力发展为基础，衡量区域自主创新能力向科技成果转化的一种测评手段。

区域自主创新能力与创新效率是相辅相成的。区域自主创新能力的概念可以界定为：在区域层面，为解决区域内经济社会发展重要问题而起到关键作用的创新活动，其以区域原始创新、集成创新和引进消化吸收再创新为表现形式，目的在于创造具有自主知识产权的新技术、新产品和新产业形态。从创新的过程和要素角度来看，区域自主创新能力是由知识创造能力、知识流动能力、企业技术创新能力、创新环境和创新的经济绩效五部分构成。[②] 区域自主创新能力与创新效率的主体主要是由政府机构、金融机构、企业、高校与科研机构等构成，两者都是由创新系统演变而来的。根据阶段性特征，区域自主创新能力与创新效率都包括知识创造、知识流动、设计制造、成果转化4个主要阶段，而且区域自主创新效率是区域自主创新能力的动态演变阶段。区域自主创新能力与创新效率的作用和

[①] 李美娟：《基于理想解的区域自主创新效率动态评价研究》，《科学学与科学技术管理》2014年第2期。

[②] 焦少飞、刘延松等：《区域自主创新能力的内涵解析与模式分析》，《科技进步与对策》2009年第6期。

目的是基本一致的，都是为了促进经济增长水平，加快产业结构的优化升级，提高区域的发展竞争力。

区域自主创新能力与创新效率是对立统一的。区域自主创新效率研究的是经济单元生产要素投入产出的相对效率，如何在一定投入的条件下实现产出最大化，或在产出固定条件下实现生产要素投入最小化是其主要目标；而区域自主创新能力研究的是创新主体利用科技创新资源，将创新投入转化为科技成果的综合能力。区域自主创新效率从量和质两方面研究区域科技创新活动科技成果转化能力；而区域自主创新能力仅仅是从量的方面考察区域自主创新活动。自主创新能力发展与创新效率并无确定的关系，自主创新能力高的区域，其创新效率不一定高；自主创新能力低的区域，创新效率也有可能高。若经济系统只重视创新能力提高或只改善创新效率，都不利于创造良好的经济效益，也不利于经济单元的长远发展，只有两者同时改善，区域自主创新竞争力才会大幅度提升。

三　区域自主创新效率影响因素分析的理论基础

（一）熊彼特创新理论

"创新"一词由美国经济学家熊彼特最早提出，阐述于1912年出版的《经济发展理论》一书中。随后，他在其另外的著作中进一步阐发和丰富了创新理论，熊彼特创新体系也由此形成。在熊彼特看来，所谓创新就是要"建立一种新的生产函数"，即"生产函数的重新组合"，就是要把一种从来没有的关于生产函数和生产条件的"新组合"引进生产体系中去，以实现对生产要素或生产条件的"新组合"。同时，在他看来，创新主要包括发现新原料或半成品、使用新生产方法、开发新产品、发现新市场、创建新产业组织等五种情况。伴随着创新理论的不断发展，熊彼特创新理论也逐渐渗透到社会、管理、文化、教育等领域，对各领域的发展与创新产生了重要影响。

熊彼特认为，创新的过程是一个不断破坏旧结构、创造新结构的过程，是一个破坏性的创造构成，是实现对生产要素或生产条件的"新组合"。熊彼特的创新理论揭示了经济发展的本质在于创新，通过创造"新组合"以获取最大限度"超额利润"的过程。创新过程创造性与破坏性的非均衡性，形成了经济发展周期的升降、起伏和波动。在熊彼特看来，创新并不是在任何社会经济条件下都有可能发生的,只有当社会经济发展到一定阶段时,创新行为才能应运而生。因为,市场经济良好运转是实现创新的基础,经济增长是实现创新的社会环境和社会条件。

(二) 创新扩散理论

创新扩散理论,于 20 世纪 60 年代由美国学者埃弗雷特·罗杰斯 (E. M. Rogers) 提出,这是关于劝服人们接受新事物、新观念的一个重要理论。创新扩散理论主要讲述思想前卫的一部分人群,在接触新技术新事物时,能够寻求到相关知识流,结合自身要求考虑,是否接纳创新事物。创新扩散传播形态犹如一条"S"形曲线,在扩散开始阶段,采纳创新信息者少,进展速度较慢;但当信息采纳者增加到一定数量时,创新传播扩散进展迅速加快,曲线一直上升,直到大部分人采纳接受新事物;当接近饱和点时,创新信息扩散速度逐渐减缓,呈"S"形规律变化。

罗杰斯认为,创新扩散总是借助一定的社会网络进行的,在创新向社会推广和扩散的过程中,信息技术能够有效地提供相关的知识和信息,但在说服人们接受和使用创新方面,人际交流则显得更为直接和有效。罗杰斯把创新的采用者分为革新者、早期采纳者、早期追随者、晚期追随者和滞后者五类,把创新推广过程分为获知阶段、说服阶段、决策阶段、实施阶段和确认阶段五个阶段。罗杰斯的创新扩散理论揭示了影响创新扩散速度的因素,主要是相对优势、相容性、复杂性、可试性、可观察性,且很好地解释了影响新技术传播普及的基本要素。

(三) 内生增长理论

20 世纪 80 年代,西方宏观经济增长理论衍生了一个分支理论,即内生增长理论 (The Theory of Endogenous Growth),这一理论揭示了经济增长率差异存在的原因和解释经济持续增长的可能。内生是相较于新古典经济增长理论将技术、知识等因素视为外生给定而言的,内生增长理论将技术进步、人力资本等诸因素内生化,将其对产出的影响以某种形式置于生产函数内部加以讨论。内生增长理论分为两个阶段,早期的内生增长理论阶段和完全内生增长理论阶段。

第一个阶段是早期的内生增长理论阶段。1962 年,阿罗 (Kenneth J. Arrow) 在经典论文《干中学的经济含义》中,提出了"干中学"的概念,"干中学"的含义是指企业增加其物质资本的同时也学会了如何更有效率地生产的经验，这种经验对生产率产生影响。阿罗分析了知识来源与投资过程，在他看来，知识是一种公共产品，具有溢出效应。在阿罗的干中学和知识外溢这两个假定的基础上，保罗·罗默（Paul M. Romer）1986年发表了《收益递增与长期增长》，成为了内生增长理论的起点。罗默认为知识积累和技术进步是经济增长的源泉，知识具有正向的外溢效应，并且将人力资本引入了内在增长模型，人力资本可以用受教育程度来衡量，人力资本是促进经济增长的重要因素。

第二个阶段是完全内生增长理论阶段。1988年，卢卡斯（Robert E. Lucas）在《论经济发展的机制》中提出了一个以人力资本的外部效应为核心的内生增长模型，即"专业化人力资本积累增长"模型，他认为，人力资本增值与部门经济之间具有正相关关系，人力资本增值是一个产业经济增值的动力，且产业经济增长依赖于人力资本增值。1991年，杨小凯和博兰德将熟能生巧和交易成本概念引入经济增长动态均衡模型中，强调了技术进步对比较优势转换的作用和"干中学"的经验积累效应，以及分析表明了分工的自发演变机制能够产生内生增长，分工机制演变可以提高每个人的生产率。博兰德理论证明了，人力资本积累、人均收入增长、贸易依存度的增大、市场扩大、内生比较利益的增加、专业贸易部门的扩大和生产的集中程度、市场产品的多样化程度、经济一体化程度以及市场结构的变化等都将影响劳动分工内生演进进度。

第二节　长株潭区域自主创新效率的测评

一　长株潭区域自主创新的基本描述

湖南省在2013年6月6日首次提出要在长株潭高新区建立国家自主创新示范区。湖南省政府与科技部于2014年8月向国务院提出设立长株潭国家自主创新示范区的申请。2014年12月11日，国务院宣布建立长株潭国家自主创新示范区，并印发《关于同意支持长株潭国家高新区建设国家自主创新示范区的批复》文件。自此，长株潭高新技术示范区成为继深圳后又一获批的全国第五个自主创新示范区。近年来，长株潭地区充分发挥区域优势，推动经济转型发展和科技发展，取得了较为显著的成效。三市聚集了全省70%以上的科研机构和创业创新平台，拥有的高新技术企业占全省60%以上，创造的科技成果占全省70%以上，实现了占全省57.2%的高新技术增加值，成为湖南省的高新技术产业集聚区和创新驱动发展增长极。长株潭区域在超级计算机、超级杂交水稻、重金属废水生物处理技术、海上风力发电机等研究领域实现了重大突破，对区域创新实践产生了广泛而深远的影响。

长株潭区域是湖南省产业技术自主创新的聚集区。从图3—1长株潭区域专利申请量和授权量可知，2007年至2014年，长株潭地区的专利申请量和授权量逐年增加。到2014年底，长株潭区域专利部门已累计受理国内专利申请26453件、授权16638件，较上年同期分别增加2296件和1593件，同比增长9.50%和10.59%。长株潭区域的专利事业取得的进步，既反映了长株潭自主创新区域知识产权保护环境的明显改善，也体现了长株潭区域创新能力和水平的逐步提升。

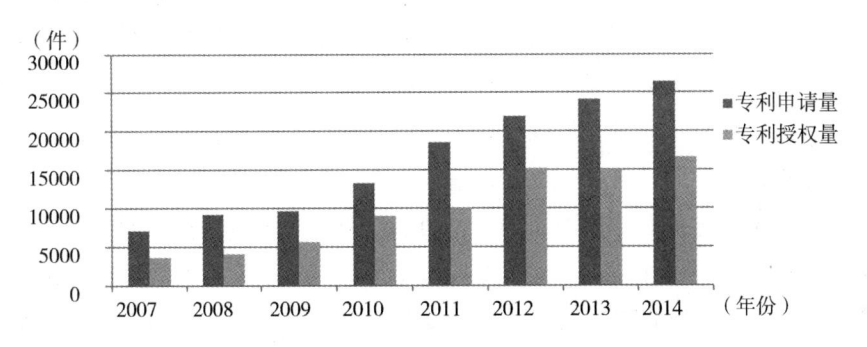

图3—1 2007—2014年长株潭区域专利申请量和授权量

资料来源：湖南省知识产权局统计数据。

2012年10月19日，湖南省科技创新大会发布了《长株潭国家高新技术产业开发区企业股权和分红激励试点实施办法》，这一实施办法的适用范围包括长沙、株洲、湘潭三个国家高新技术产业开发区内的国有及国有控股的高新技术企业、省级以上创新型企业、院所转制企业，高等院校、科研院所、以科技成果作价入股的企业以及其他科技创新企业。该实施办法明确规定要对长株潭高新区创新型企业科技人员实行股权和分红激励机制，明确激励对象主要是科技人员，它的发布有效推动了科技人才、科技平台、科技项目等创新要素向企业聚集，引领了创新人才和团队建设，加强了企业创新平台的建设。2015年9月，湖南省颁布了《长株潭国家自主创新示范区发展规划纲要（2015—2025年）》《关于建设长株潭国家自主创新示范区的若干政策意见》，制定了具有长株潭特色的自主创新示范区建设实施方案，规定要按年度、按进度细化实施方案，把各项规划任务落实到长株潭三市、落实到部门、落实到项目、落实到人，一项一项、一步一步抓到位，意见中明确制度建设长株潭自主创新示范区的目标和规划任务，以及出台一系列绩效考核指标。[①]

二 长株潭区域自主创新效率测评体系设计

（一）测评体系构建的基本原则

科学性与可操作性原则相结合。指标体系的设计必须建立在科学与实用的基础上。区域自主创新效率测评指标的设计与选取，既要遵循科学性原则，使测评指标切实反映长株潭区域自主创新效率的客观实际情况，还要遵循可操作性原则，使效率测评体系适应长株潭区域自主创新水平。因此，要尽可能选取含义明确、口径一致的统计指标，尽量采用现行统计制度中易得到且可以量化的统计指标，以及利用现有最新的统计资料，构建可操作性与时效性兼具的指标体系。

动态性与静态性原则相结合。动态性原则要求对评估对象的演变状态进行评价，揭示评估对象动态发展演变过程。选取具有发展动态变化的指标构建评价指标体系，可以客观地反映区域自主创新效率的未来动态变化趋势。区域自主创新效率是一个动态积累的过程，既需要有反映区域自主创新活动的过程指标，也需要有能测度区域自主创新活动的现实指标，即静态指标。静态性原则要求在构建区域自主创新效率评价指标体系时，要设置能反映评估对象现实状态的指标，体现自主创新发展的静态情况。

系统性与层次性原则相结合。区域自主创新效率评价体系，可以综合反映区域内自主创新整体情况，是一个系统性概念。区域自主创新投入效率阶段、区域自主创新产出效率阶段是测量区域自主创新效率的主要阶段，涉及区域自主创新效率的科技人力资源投入、财力资源投入、文化等方面。因而，对区域自主创新效率总体情况的描述，不能单一地从经济指

[①] 唐婷：《审议长株潭国家自主创新示范区发展的〈规划纲要〉和〈政策意见〉》，《湖南日报》2015年9月11日第1版。

标分析，而应该从不同环节和不同层次构建一套覆盖面较广的指标体系。根据区域自主创新整体结构特点，从不同维度考察评估对象发展变化情况，逐个层次分析评估体系的子系统，遵循同一目标级和同一维度相一致的原则，对区域自主创新效率子系统进行评价。

(二) 测评指标体系的遴选

从区域自主创新效率指标的"投入—产出"系统模式和选取评价指标的原则两个角度考虑，建立起与本研究主题相切合的区域自主创新效率研究体系，主要从投入效率、产出效率两个维度来构建长株潭区域自主创新效率指标体系。根据这两个准则层，综合考虑统计数据和统计资料的可获得性和权威性，设置了两个领域层和五个指标层，力求较为全面地反映现阶段长株潭区域自主创新效率的情况。

区域自主创新投入效率。区域自主创新投入效率主要涵盖了两个领域层，即人力资源投入和财力资源投入。区域自主创新效率的实施是以人力资源、财力资源为基础。人力资源投入主要以科技活动人员、R&D 人员加以衡量，反映了科技活动中投入的人员数量及结构情况。科技活动人员是指在科技活动过程中，为科研结构研发提供服务的人员。R&D 人员指单位内部从事基础研究、应用研究和试验发展三类活动的人员，是开展区域自主创新活动的基础，也是衡量一个地区自主创新效率的重要指标。财力资源投入主要以科技活动经费支出额加以衡量，反映了区域自主创新活动中使用的经费数量及结构情况。科技经费支出额指研究和试验发展阶段与科技活动有关的人、财、物、时间、信息等资源投入科技经费的总量，不包括产业化阶段的投入，反映了一个地区科学研究与试验发展、科技教育与培训及相关科技服务等全部科技活动的支出情况，衡量政府科技投入的重要指标，体现了一个区域政府对自主创新的重视程度和科技投入力度。

区域自主创新效率产出。区域自主创新效率产出主要涵盖了两个领域层，即科技成果产出和经济效益产出。专利反映了区域自主创新效率活动的产出状况，也测度了该区域的科技质量，专利申请数和专利授权数是衡量科技成果产出情况的两项重要指标，已被世界公认。高新技术产业规模以上产业产值是评价制造业产业结构转型升级的分析指标，也是区域内基本实现现代化指标体系中的九大核心指标之一，能直接反映该区域自主创新的经济效益产出情况。经济效益与科技成果相结合可以直观地体现区域自主创新效率发展水平。因而，选取专利申请数和高新技术产业产值衡量区域自主创新效率产出情况，具有极强的可操作性与重要的现实意义。

（三）测评方法与模型

测度区域自主创新效率的方法划分为两大类：非参数方法和参数方法。非参数方法主要包括数据包络分析法（DEA）和指数法。根据对前沿分析法中技术无效率项和随机误差项分布函数设定的不同，参数法可以进一步分为随机前沿法（SFA）、自由分步法（DFA）、后边界分析法（TFA）和递归后边界法（RTFA）等。池仁勇、虞晓芬、李正卫利用DEA方法，对我国30个省区市的技术创新效率进行测定。[①] 白敏怡运用共同前沿函数法，研究我国东部、东北部、中部、西部创新效率实证测评，以及评估区域之间技术差距比重，研究发现我国区域创新效率不平衡现象显著。[②] 王犁、张焕明运用数据包络分析Malmquist指数方法，对2000—2007年中国31个省区市的科技自主创新效率进行综合评价分析。[③] 李美娟、徐林明采用纵横向拉开档次法和改进二次加权法，将"十五"、"十一五"期间创新效率划分为稳步型、波动型、跳跃型三大区域类型。李美娟运用基于理想解法的动态评价方法，对2006—2010年中国31个省区市区域自主创新效率进行综合评价分析。[④] 欧忠辉、朱祖平将总体离差平方和最大的思想，应用到创新效率评价分析中，动态性评估东中西部创新效率。[⑤] 在此，参照以往关于区域自主创新效率评价方法，根据评估体系的特点，主要运用Malmquist－DEA方法对长株潭区域自主创新效率进行综合测评。

[①] 池仁勇、虞晓芬、李正卫：《我国东西部地区技术创新效率差异及其原因分析》，《中国软科学》2004年第8期。

[②] 白敏怡：《基于共同前沿函数法的中国区域创新体系效率的评估》，《上海管理科学》2007年第3期。

[③] 王犁、张焕明：《区域科技自主创新效率及其收敛性研究》，《云南财经大学学报》2009年第6期。

[④] 李美娟：《基于理想解的区域自主创新效率动态评价研究》，《科学学与科学技术管理》2014年第2期。

[⑤] 欧忠辉、朱祖平：《区域自主创新效率动态研究——基于总体离差平方和最大的动态评价方法》，《中国管理科学》2014年第S1期。

1978 年，A. Charnes 和 W. W. Copper 等首次提出了数据包络分析（Data Envelopment Analysis，简称 DEA）概念。C^2R 模型是 DEA 方法的第一个模型，DEA 模型还包含 BC^2 模型、规模报酬不变模型（CRS 模型）、规模报酬可变模型（VRS 模型）、Malmquist 指数 DEA 模型等。其中 C^2R 模型和 BC^2 模型是 DEA 静态模型，Malmquist 模型是 DEA 动态模型，DEA 静态模型只能研究短期内的区域自主创新效率高低，而 Malmquist 指数模型可以分析跨时期区域全要素生产率的动态变化。我们主要运用 Malmquist – DEA 方法对长株潭三市 2008—2013 年的区域自主创新效率进行研究，计算各区域自主创新效率的全要素生产率（Tfpch）、纯技术效率指数（Pech）、技术进步指数（Techch）、规模效率指数（Sech）。

1953 年瑞典的经济学家、统计学家 Malmquist 在消费分析的过程中首次提出 Malmquist 指数。1994 年，Fare 对投入产出模型中 Malmquist 指数进行了改进，考察多个区域多个时期样本的技术效率变化指数和技术进步指数的动态变化情况。从 t 时期到 $(t+1)$ 时期，Malmquist 指数可以表示为：

$$M(x^{t+1}, y^{t+1}, x^t, y^t) = \left[\frac{D^t(x^{t+1}, y^{t+1})}{D^t(x^t, y^t)} \cdot \frac{D^{t+1}(x^{t+1}, y^{t+1})}{D^{t+1}(x^t, y^t)}\right]^{1/2}$$

式中，(x^t, y^t) 和 (x^{t+1}, y^{t+1}) 分别表示 t 时期和 $(t+1)$ 时期的投入和产出向量；$D^t(\cdot)$ 和 $D^{t+1}(\cdot)$ 分别表示以 t 时期技术为参照，t 时期和 $(t+1)$ 时期的距离函数。

Malmquist 全要素生产率（Tfpch）指数的距离函数可以进一步分解为效率变化指数（Effch）和技术进步指数（Techch）。在规模效益不变（CRS）的前提下，Malmquist 生产率指数表达式为：

$$M(x^{t+1}, y^{t+1}, x^t, y^t)$$
$$= \frac{D^{t+1}(x^{t+1}, y^{t+1})}{D^t(x^t, y^t)} \left[\frac{D^t(x^{t+1}, y^{t+1})}{D^{t+1}(x^{t+1}, y^{t+1})} \cdot \frac{D^t(x^t, y^t)}{D^{t+1}(x^t, y^t)}\right]^{1/2}$$
$$= EC \cdot TC$$

$EC = \dfrac{D^{t+1}(x^{t+1}, y^{t+1})}{D^t(x^t, y^t)}$，$EC$ 表示从 t 时期到 $(t+1)$ 时期的相对技术效率的变化程度，即技术效率变动指数，又称作"追赶效应"。$EC > 1$

表示 DMU 在 $(t+1)$ 时期与 $(t+1)$ 时期前沿面的距离相对于在 t 时期与 t 时期的前沿面的距离相近，相对技术效率提高；$EC=1$ 表示技术效率不变；$EC<1$ 表示技术效率下降。

$$TC = \left[\frac{D^t(x^{t+1}, y^{t+1})}{D^{t+1}(x^{t+1}, y^{t+1})} \cdot \frac{D^t(x^t, y^t)}{D^{t+1}(x^t, y^t)} \right]^{1/2}$$

，TC 表示从 t 时期到 $(t+1)$ 时期的技术生产边界的推移程度，又称作"前沿面移动效应"。$TC>1$ 表示技术进步；$TC=1$ 表示技术不变；$TC<1$ 表示技术衰退。

在规模报酬收益可变（VRS）模型中，技术效率变动指数 EC 的表达式为：$EC = PEC \cdot SEC$，其中 PEC 表示纯技术效率，SEC 表示规模效率。

$$PEC = \frac{D^{t+1}(x^{t+1}, y^{t+1} \mid VRS)}{D^t(x^t, y^t \mid VRS)}$$

，纯技术效率变化指数 PEC 是通过计算各期在规定报酬可变条件下本期距离函数的比率而得到的。$PEC<1$ 表示效率发生改变是由于经营管理的改善。

$$SEC = \frac{D^t(x^{t+1}, y^{t+1} \mid VRS)}{D^{t+1}(x^{t+1}, y^{t+1} \mid CRS)} \cdot \frac{D^t(x^t, y^t \mid CRS)}{D^{t+1}(x^t, y^t \mid VRS)}$$

。$SEC>1$ 表示经营规模最优化；$SEC=1$ 表示经营规模不变；$SEC<1$ 表示经营规模恶化。

三 长株潭区域自主创新效率综合测评

（一）效率测评指标数据来源与方法

我们将对长株潭区域三个子区域（长沙市、株洲市、湘潭市）自主创新效率进行综合评价，通过长株潭区域与武汉东湖示范区、中关村示范区、苏南示范区五个子区域（南京市、镇江市、苏州市、无锡市、常州市）自主创新效率进行对比分析，考察长株潭区域三个子区域自主创新效率的动态演化趋势。运用 Malmquist 指数方法，对长株潭区域三个子区域自主创新效率进行跨时期动态分析。考察样本为 2008—2013 年长株潭区域三个子区域（长沙市、株洲市、湘潭市），根据前面章节构建的指标体系，为了确保各指标数据的科学性、权威性、口径一致性，采用的指标数据均来自 2009—2014 年的《湖南统计年鉴》《武汉科技统计年鉴》《湖南年鉴》《武汉统计年鉴》《武汉东湖高新区统计年鉴》《北京统计年鉴》《湖南科技统计年鉴》《中关村指数报告》《江苏统计年鉴》《湖南科技年鉴》和各城市政府网报道和年度统计公报。

运用 Malmquist 指数对 2008—2013 年长株潭区域、武汉东湖示范区、中关村示范区、苏南示范区时间序列进行实证分析。根据长株潭区域三个子区域（长沙市、株洲市、湘潭市）、武汉东湖示范区、中关村示范区、苏南示范区五个子区域（南京市、镇江市、苏州市、无锡市、常州市）的统计数据，运用 DEAP2.1 软件，选择投入型 DEA 模型，在规模报酬可变（VRS）的基础上测算各个子区域的全要素生产率（TFC）。

（二）四个区域综合技术效率的总体特征比较分析

运用 DEAP2.1 软件，选择投入型的 DEA 模型，在规模报酬可变（VRS）的基础上测算 2008—2013 年长株潭区域与武汉东湖示范区、中关村示范区、苏南示范区四个区域历年的全要素生产率。计算四个区域年度平均自主创新效率全要素生产率——Malmquist 指数及其分解，从总体时序的阶段性与区域性对区域综合技术效率进行研究分析。

表 3—1　四个区域 2008—2013 年平均 Malmquist 指数及其分解情况

年份 （year）	综合技术效率 （EC）	技术进步 （TC）	纯技术效率 （PEC）	规模效率 （SEC）	全要素生产率 （TFC）
2008—2009	0.941	1.235	1.120	0.840	1.162
2009—2010	0.913	0.832	0.964	0.947	0.759
2010—2011	0.752	1.573	1.000	0.752	1.183
2011—2012	1.129	1.102	0.97	1.164	1.244
2012—2013	1.211	1.163	1.283	0.944	1.409
mean	0.975	1.157	1.061	0.919	1.129

表 3—1 中的数据显示，2008—2013 年这六年期间全要素生产率平均每年增长 12.9 个百分点，长株潭区域、武汉东湖示范区、中关村示范区、苏南示范区四个区域的自主创新全要素生产率整体趋势呈现上升趋势。自主创新全要素分解为技术进步效率和综合技术效率，自主创新全要素的提高是二者综合变化的结果，可从数据中判断出二者的贡献方向和贡献程度。技术进步效率的正贡献率是 15.7%，综合技术效率的负贡献率是 2.5%。所以，四个区域的自主创新全要素生产率的增长主要是由于技术

进步的提高，自主创新效率的提高主要是源于技术的不断进步。整体而言，综合技术效率并未对区域自主创新生产率产生贡献，将其分解为纯技术效率（PEC）和规模效率（SEC），纯技术效率（PEC）为1.061，规模效率（SEC）为0.919，纯技术效率正向贡献率为6.1%，规模效率负向贡献率为8.1%。数据表明，规模效率对综合技术效率的负向贡献超过了纯技术效率对综合技术效率的正向贡献。因此，可以得到如下结论：影响区域技术效率变化的主要原因是纯技术效率和规模效率的变化，但规模效率恶化对技术效率衰退的作用更大。

2008—2013年，长株潭区域、武汉东湖示范区、中关村示范区和苏南示范区四个区域自主创新效率的全要素生产率呈现波浪式变化特征。年均自主创新全要素生产率的增长率在15%以上的有2009年、2011年、2012年和2013年，其中2013年的自主创新全要素生产率达到了最高点40.9%。随着经济快速转型以及科技体制改革，实施创新驱动发展战略是我国现阶段建设创新型国家的重大战略，我国越来越重视科技创新能力，所以，区域自主创新效率逐年增长，在2013年达到最大值。2008—2009年四个区域的区域自主创新全要素生产率呈增长趋势，全要素生产率指数（TFC）为1.162。2009—2010年呈缩小趋势，全要素生产率指数（TFC）未超过1，2010年相对于上一年度的全要素生产率增长为六年中最低，仅为0.759，其中技术进步效率年均下降17.3%，综合技术效率年均下降了1.49%，技术进步效率下降程度远远大于综合技术效率下降程度，说明2010年引起整体区域自主创新效率指数下降的主要原因是技术进步指数下降。2010—2011年、2011—2012年和2012—2013年期间区域全要素生产率变化均有所增长，全要素生产率指数（TFC）增长为1.409，而其中技术进步指数（TC）由0.832增至1.163，综合技术效率指数（EC）由0.913增至1.211，技术进步指数（TC）变化程度高于综合技术效率指数（EC）增长程度，说明全要素生产率上升主要依赖于技术进步。而且综合技术效率指数（EC）中规模效率指数（SEC）呈现微小变化，由0.947下降至0.944，纯技术效率指数（PEC）由0.964增加到1.283。由此可见，综合技术效率指数增长得益于纯技术效率的改善，充分说明我国自主创新政策对发展自主创新、产学研相结合起到了巨大作用，所以，我国政府应加快引进新技术，加大科技创新力度，努力提高科研管理水平。

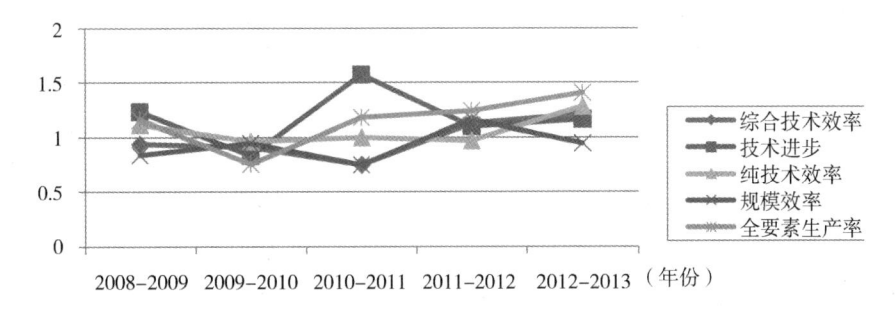

图 3—2　四个区域 2008—2013 年平均 Malmquist 指数及分解趋势

从图 3—2 四个区域平均 Malmquist 指数及其分解趋势可知，2008—2013 年间，全要素生产率（TFC）曲线与技术进步指数（TC）曲线的波动趋势几乎相一致，全要素生产率（TFC）都在 2008—2009 年下降相对最多，而在 2009—2010 年增长相对最快，体现科技创新对各个区域自主创新效率的重要性较为突出。而综合技术效率指数（EC）曲线的变化趋势只有在 2010 年与 TFC 曲线变数趋势不一致，在其他的年份都相一致。进一步表明，2008—2013 年间，技术进步改善是提高区域自主创新要素的主要原因，不断提高技术水平，才能实现区域自主创新全要素生产率的高速增长。随着大数据时代的来临，科技创新占领着竞争优势，技术进步成为区域自主创新效率提高的决定性因素。综合技术效率可以分解为规模效率（SEC）和纯技术效率（PEC）。由图 3—2 可知，纯技术效率（PEC）曲线的波动相对稳定，规模效率（SEC）曲线的波动相对大些，说明了在这六年期间，规模效应的变动拉动了综合技术效率的变动。因此，我国应从根本上加强区域自主创新建设，注重完善自主创新制度，合理规划技术发展规模，提升自主研发效率水平和组织管理水平，提高技术进步能力。

（三）四个区域自主创新效率动态对比分析

分析 2008—2013 年长株潭区域三个子区域（长沙市、株洲市、湘潭市）、武汉东湖示范区、中关村示范区和苏南示范区五个子区域（南京市、镇江市、苏州市、无锡市、常州市）各个区域 Malmquist 指数及其分解情况，如表 3—2 所示。

表 3—2　四个区域 2008—2013 年各区域 Malmquist 指数及分解情况

区域 region	市州 city	综合技术效率（EC）	技术进步（TC）	纯技术效率（PEC）	规模效率（SEC）	全要素生产率（TFC）	排名
长株潭区域	长沙	0.953	1.148	1.142	0.835	1.095	6
	株洲	1.109	1.182	1.239	0.895	1.311	3
	湘潭	0.875	1.087	1.166	0.750	0.951	10
	mean	0.973	1.138	1.182	0.825	1.109	
武汉东湖示范区		0.936	1.183	1.005	0.931	1.107	5
中关村示范区		1.255	1.137	1.244	1.009	1.427	1
苏南示范区	南京	0.940	1.177	0.937	1.003	1.107	4
	镇江	0.953	1.097	1.000	0.953	1.046	9
	苏州	0.916	1.188	1.000	0.916	1.088	7
	无锡	0.964	1.189	1.005	0.960	1.147	2
	常州	0.907	1.186	0.930	0.975	1.076	8
	mean	0.936	1.167	0.974	0.961	1.092	
	mean	0.975	1.157	1.061	0.919	1.129	

从表 3—2 可知，长株潭区域、武汉东湖示范区、中关村示范区、苏南示范区的区域自主创新全要素生产率指数（TFC）均大于1，说明这四个区域在 2008—2013 年间自主创新效率有一定的提高。

长株潭区域自主创新全要素生产率（TFC）为 1.109，年均自主创新效率增长率为 10.9%。从 Malmquist 指数分解要素来看，技术进步（TC）为 1.138，年均增长了 13.8 个百分点，纯技术效率（PEC）为 1.182，规模效率（SEC）为 0.825，规模效率年均变化小于1，表明生产规模的缩小对自主创新效率的提高起到阻碍作用，但技术进步对效率增长的影响较规模作用而言则相对显著。从长株潭区域的子区域来看，长沙市和株洲市的全要素生产率均高于1，其中株洲市的年均自主创新效率增长率较高，达到 31.1%，并且高于平均值 20.2 个百分点，这主要得益于技术的进步和技术管理水平的提高，而生产规模并没有对株洲自主创新效率的提高发挥积极影响。长沙市的年均自主创新效率增长率偏低，年均为 9.5%，这主要受制于技术进步缓慢和技术管理水平的滞后。但湘潭市的年均自主创新效率有所下降，下降了4.9%，其中技术进步（TC）为1.087，增长8.7个百分点，纯技术效率（PEC）为1.166，规模效率（SEC）为0.750，技术进步（TC）、纯技术效率（PEC）均大于1，规模效率（SEC）小于1。由此可见，生产规模的缩小可以抵消技术进步和技术能力水平提高对全要素生产率的促进作用，湘潭市的年均自主创新效率下降主要由于生产规模的缩小。通过以上分析可知，长株潭各个子区域应努力依靠技术进步、技术水平的提高和生产规模的扩大，来提高区域自主创新效率。

武汉东湖示范区的自主创新全要素生产率（TFC）为1.107，年均增长效率为10.7%，比长株潭区域的全要素生产率低了0.2个百分点，其中技术进步年均增长率为18.3%，纯技术效率年均增长率为0.5%，规模效率年均下降6.9%。这说明武汉东湖示范区自主创新效率的增长是技术进步和技术管理水平提高共同作用的结果，而生产规模却阻碍了武汉东湖示范区自主创新效率的提高。

中关村自主创新示范区，作为中国高科技自主创新的发源地，是中国第一个国家级高新技术产业开发区，是我国科教智力和人才资源最为密集的区域。中关村示范区自主创新全要素生产率居四个区域之首，规模效率（SEC）为1.009，年均自主创新效率高达42.7%，远远高于平均值，说明在2008—2013年间，中关村自主创新示范区的创新效率明显得到提高。从Malmquist指数分解要素来看，技术进步年均增长率为13.7%，纯技术效率年均增长率为24.4%，规模效率年均增长率为0.9%，中关村示范区自主创新效率的高速增长，主要是技术进步、技术管理水平提高和规模效率的扩大三重效应的结果。

从全要素生产率（TFC）来看，苏南示范区各个子区域的年均自主创新效率大于1，年均自主创新效率为1.129，比长株潭区域的全要素生产率高了2%，从Malmquist指数分解要素来看，纯技术效率（PEC）为1.061，规模效率（SEC）为0.919，技术进步（TC）、纯技术效率（PEC）均大于1，规模效率（SEC）小于1，技术进步效率的正贡献率是6.1%，综合技术效率的负贡献率是8.1%。由此可见，苏南示范区自主创新效率的增长是技术进步和技术管理水平提高共同作用的结果，而生产规模阻碍了苏南示范区自主创新效率的提高，但是技术进步对提高自主创新效率发挥主要积极作用。从苏南示范区各个子区域分析来看，各个子区域的全要素生产率指数均大于1，各个子区域自主创新效率都得到提高。其中，无锡市的年均自主创新效率增长最快，增长率达到14.7%，南京市、镇江市、苏州市、常州市的年均自主创新效率增长率分别为10.7%、4.6%、8.8%、7.6%。无锡市的自主创新效率增长主要是技术进步和技术管理水平提高双重作用的结果，技术进步是提高镇江市、苏州市和常州市全要素生产率的主要因素，南京市的自主创新效率增长主要是技术进步改进和合理调整产业规模双重作用的结果。

从以上分析可知，区域自主创新效率全要素生产率的增长，主要受技术进步、纯技术效率和规模效率三者间的相互影响，一个因素的提高对全要素生长率的增长程度是不一样的。要提升长株潭区域自主创新效率，需要重视技术进步、纯技术效率和规模效率的提高，若只重视技术进步而忽略综合技术效率的提高，对自主创新效率发展不利；如果只单纯地依靠扩大规模效率，而未改进技术效率，会浪费人力资源和财力资源。由此可知，提高区域自主创新效率，要从技术进步、纯技术效率和规模效率三个方面综合考虑，制定合理的管理政策，适当调节创新规模。

第三节　长株潭区域自主创新效率影响因素剖析

一　长株潭区域自主创新效率影响因素的分析模型

（一）影响变量的选取

通过与武汉东湖示范区、中关村示范区、苏南示范区自主创新效率的动态对比分析发现，各区域自主创新效率差异，在技术进步、纯技术效率和规模效率方面表现较为显著。究竟是何种因素导致长株潭区域自主创新效率与其他区域之间产生差距的？本章通过研究区域自主创新效率的影响因素，分析比较不同因素在长株潭区域以及其他区域内作用的差异，揭示长株潭区域自主创新效率的内在影响因素，为探寻提升长株潭区域自主创新效率对策，提供富有针对性与可操作性的参考。

长株潭区域自主创新效率整体保持增长，但各个地级市之间自主创新效率存在明显差异。根据前面章节对自主创新效率影响因素的理论基础分析，选取经济发展水平、研发经费投入、研发人力投入、外商直接投资和政府投入五项指标构建面板数据回归模型，探析长株潭区域内影响自主创新效率因素间的作用差异。

因变量。衡量区域自主创新效率的指标较多，例如专利申请量、专利授权量、科技论文发表数，等等。专利授权量、科技论文发表数受主观因素的影响较大，存在异常波动情况，具有一定时间滞后效应，结合以往学者的研究成果和指标所能反映的实际情况，这里采用专利申请量作为衡量区域自主创新效率的指标，用 P 表示。

经济发展水平。经济发展是区域自主创新效率的基本条件，各地区生产总值（GDP）可以反映不同区域的经济发展水平，一般采用人均 GDP 和 GDP 总量反映一个区域的经济发展水平。我们采用地区生产总值作为衡量区域经济发展水平的指标，用 GDP 表示。

研发经费投入。研究与发展（R&D）经费作为研发经费投入的指标，是衡量一个国家或地区自主创新投入强度和科技发展水平的评价指标。

研发人力投入。研究与发展（R&D）人员作为研发人力投入指标，是开展区域自主创新活动的基础，是衡量一个地区自主创新效率的重要指标。

外商直接投资。外商直接投资能够衡量区域自主创新效率的对外开放程度和招商引资强度，这里采用外商直接投资额表示外商直接投资指标，用 FDI 表示。

政府投入。地区财政科技内部经费支出，可以体现一个区域政府对自主创新的重视程度和科技投入力度，本研究选取科技活动经费内部支出衡量区域政府的财政投入力度，用 STA 表示。

（二）数据来源

考察长株潭区域自主创新效率的影响因素，以及分析比较长株潭区域与武汉东湖示范区、中关村示范区、苏南示范区之间自主创新效率的影响因素。这里以 2005—2013 年长株潭区域、武汉东湖示范区、中关村示范区、苏南示范区区域的面板数据为分析样本，主要选取地区生产总值、R&D 经费投入、R&D 人员投入、外商直接投资额、科技内部经费支出、专利申请量等指标（见表 3—3）。采用的指标数据均来自 2006—2014 年的《湖南科技年鉴》《湖南统计年鉴》《湖南科技统计年鉴》《武汉科技统计年鉴》《武汉统计年鉴》《武汉东湖高新区统计年鉴》《北京统计年鉴》《江苏统计年鉴》和《中关村指数报告》（2005—2013）以及各城市政府统计公报。

表3—3　　　　　　　　　　变量的经济含义

变量类型	变量符号	变量名称	经济含义
解释变量	GDP（亿元）	地区生产总值	经济发展水平
解释变量	RDJ（亿元）	R&D 经费投入	研发经费投入
解释变量	RDY（人）	R&D 人员投入	研发人力投入
解释变量	FDI（亿美元）	外商直接投资额	外商直接投资
解释变量	STA（亿元）	科技内部经费支出	政府投入
被解释变量	P（项）	专利申请量	自主创新效率

（三）整体样本的描述性统计

以 2005—2013 年长株潭区域的面板数据为分析样本，研究影响长株潭区域自主创新效率的因素。影响因素的具体指标的描述性分析结果，如表 3—4 所示。从表中数据可知，长株潭区域自主创新在各个指标中差异较为显著。科技活动内部支出作为衡量政府投入的指标，其最大值与最小值之间差异幅度为 95 倍左右。平均地区生产总值约为 1785 亿元，平均 R&D 经费投入为 218307 万元，平均 R&D 人员投入约为 10378 人，平均外商直接投资额为 94289 亿美元，平均科技内部经费支出约为 261283 万元，其中科技内部经费支出的标准差最大，地区生产总值的标准差最小，表明对长株潭区域自主创新效率影响最大的可能是政府投入。作为衡量自主创新效率指标的专利申请量，自主创新效率高子区域的专利申请量为 14975 件，自主创新效率低子区域的专利申请量为 837 件，而标准差为 3817.969，说明区域自主创新效率之间存在较大的变异，两极分化情况比较严重。

表3—4　　　　　　　　　　数据描述性统计

变量名	最大值	最小值	均值	标准值
地区生产总值	7153.13	366.8374	1785.269	1668.221
R&D 经费投入	793073.2 投入	8035	218307	219022.2
R&D 人员投入	58171	1324	10377.9	13053.31
外商直接投资额	340043	15613	94289.04	94448.67
科技内部经费支出	894572	9442	261282.6	303210
专利申请量	14975	837	3981.259	3817.969

(四) 面板数据的单位根与协整检验

单位根检验。面板单位根检验用于检验面板数据的平稳性和单整性，是面板协整检验的前期工作。在对长株潭区域自主创新效率影响因素进行实证测评时，如果面板数据是平稳的则可以直接建模。但现实的研究过程中的大多数数据都是非平稳的，若对面板数据检验是非平稳的，需要通过差分后检验数据的平稳性，即数据的单整性。数据通过了协整检验，说明变量之间是存在长期稳定关系的，仍然可以继续建模。

这里主要运用 LLC 检验和 IPS 检验方法对面板数据进行单位根检验。对专利申请量（P）、地区生产总值（GDP）、R&D 经费投入（RDJ）、R&D 人员投入（RDY）、外商直接投资额（FDI）、科技内部经费支出（STA）分别进行 LLC 单位根检验和 IPS 单位根检验。检验结果如表 3—5 所示：

表 3—5　　　　　　　　变量单位根检验结果

变量	原序列		一阶差分序列	
检验方法	LLC 检验法	IPS 检验法	LLC 检验法	IPS 检验法
GDP	0.9207	0.9984	0.0000	0.0000
RDJ	0.2031	0.0224	0.0000	0.0000
RDY	0.7032	0.7925	0.0000	0.0000
FDI	1.0000	1.0000	0.0000	0.0000
STA	0.0001	0.3516	0.0000	0.0000
P	0.1027	0.7773	0.0000	0.0000

从表 3—5 可知，对于因变量 P 而言，LLC 检验和 IPS 检验的 P 值分别为 0.1027 和 0.7773，LLC 检验和 IPS 检验均不能拒绝因变量 P 存在面板单位根的原假设，说明该序列是非平稳的。在 10% 的显著性水平下，自变量 GDP、RDY、FDI 的 LLC 检验和 IPS 检验的 P 值均不能拒绝原假设，说明其面板数据是非平稳的。对于自变量 RDJ 而言，LLC 检验值为 0.2031，大于 10% 的显著性水平，不能拒绝原假设，IPS 检验值为

0.0224，拒绝原假设，则自变量 RDJ 是不平稳序列。在 5% 显著性水平下，自变量 STA 的 LLC 检验值为 0.0001，拒绝原假设，IPS 检验值为 0.3516，未拒绝原假设，表明该序列是非平稳的。而一阶差分后，变量 P、GDP、RDJ、RDY、FDI、STA 的 LLC 检验和 IPS 检验的统计量 P 值均为 0.0000，小于 5% 的显著性水平，一阶差分后的变量拒绝原假设，表明一阶差分后的变量存在平稳性，因此变量 P、GDP、RDJ、RDY、FDI、STA 都是一阶单整变量。

协整检验。面板数据协整检验方法分为两大类，一类基于面板数据协整回归检验式残差为基础的数据单位根检验的面板协整检验，即 Engle – Granger 两步法的推广。一类是从推广 Johanson 迹（trace）检验方法延伸的面板数据协整检验方法。主要方法有 Pedroni 检验方法、Westerlund（2005a）CUSUM 检验方法、Westerlund（2005b）非参数检验方法、Westerlund 和 Edgerton、Westerlund 克服截面相关的检验方法、Levin 和 Lin 方法、Harris 和 Tzavalis 方法、Fisher χ^2 协整检验方法等。

单位根检验结果表明选取的变量序列均为一阶单整序列，这里可以检验各自变量序列与专利申请量（P）变量序列间的协整关系。因此，我们使用 Westerlund（2007）提出的面板序列协整关系检验方法，对各个自变量序列与专利申请量（P）变量序列的协整关系逐一进行检验，检验结果如表 3—6 所示。

Westerlund 提供了四个统计量 Gt、Ga、Pt 和 Pa，Gt 和 Ga 属于组间统计量，Pt 和 Pa 属于面板统计量。其面板协整检验原假设 H0：变量之间不存在协整关系。备择假设 H1：变量之间是存在协整关系的。Westerlund（2007）面板协整检验在考虑面板数据异质性或同质性条件下是否存在协整关系。从表 3—6 面板协整关系检验结果可知，在 5% 的显著性水平下，变量 GDP、RDJ、FDI、STA、P 之间的 Westerlund 面板协整检验，无论是否包括时间趋势，各变量的统计量值均小于 0.05，因此表明变量 GDP、RDJ、FDI、STA、P 之间存在面板协整关系，即地区生产总值（GDP）、R&D 经费投入（RDJ）、外商直接投资额（FDI）、科技内部经费支出（STA）均与专利申请量（P）存在长期的协整关系。

表 3—6　　　　　　　　　面板协整关系的检验结果

变量	含常数项				含趋势项				检验结果
	Gt	Ga	Pt	Pa	Gt	Ga	Pt	Pa	
P&GDP	0.000	0.000	0.000	0.090	0.000	0.870	0.000	0.008	协整
P&RDJ	0.000	0.022	0.000	0.000	0.000	0.030	0.000	0.041	协整
P&FDI	0.007	0.060	0.000	0.032	0.000	0.041	0.000	0.030	协整
P&STA	0.042	0.016	0.033	0.015	0.000	0.042	0.000	0.017	协整

二　长株潭区域自主创新效率影响因素的计量分析

（一）面板数据模型的设定

面板数据（Panel Date）也称为时间序列横截面数据（Time Series and Cross Section Date），是由数据集中每个横截面单位的一个时间序列组成。笔者以 2005—2013 年长株潭区域的面板数据为分析样本，研究影响长株潭区域自主创新效率的因素。协整检验结果表明变量地区生产总值（GDP）、R&D 经费投入（RDJ）、R&D 人员投入（RDY）、外商直接投资额（FDI）、科技内部经费支出（STA）均与专利申请量（P）存在长期稳定的均衡关系，排除了伪回归的可能，从而可以对面板数据进行回归分析。面板数据模型设立之前，要先对模型的类型进行判别，具体模型判别结果如表 3—7 所示。其中，BP 检验法对混合模型与个体固定效应模型进行判别，从表中可知 P 值为 1.0000，P 值大于 0.05，没有拒绝原假设，所以该模型应选择混合模型。Wald 检验判别该模型是选择随机效应模型，还是选择固定效应模型。由表 3—7 可知 Wald 检验的 P 值为 0.7281，P 值大于 0.05，不拒绝原假设，即应设立混合回归模型。

表 3—7　　　　　　　　　面板数据模型判别结果

检验方法	原假设	检验统计量	P 值
BP 检验	真实模型是混合回归模型	0.00	1.0000
Wald 检验	真实模型是混合回归模型	0.32	0.7281

通过检验可知混合回归模型是最优模型。对面板数据进行了多重共线性检验,方差膨胀因子 vif 的最大值大于 10,平均 vif 大于 1,数据存在多重共线性,为了控制样本中的多重共线性因素,我们对自变量外商直接投资额 FDI 采用对数形式,消除模型中存在的多重共线性问题,从而避免了虚假回归问题。

(二)面板数据模型的分析和讨论

我们使用 stata12.0 软件,根据计量方程对长株潭区域三个子区域(长沙市、株洲市、湘潭市)2005—2013 年的面板数据进行多元回归分析,采用混合回归模型。为消除模型中可能存在的异方差性、内生性、序列相关性对面板数据回归结果的影响,采用广义最小二乘法(GLS)对模型分别进行修正,回归结果如表 3—8 所示。面板数据估计模型中的 R^2 为 0.5974,P 值为 0.000,说明小于 0.05 的显著性水平下,模型整体拟合效果较好和回归方程显著成立。该面板数据回归模型如下:

$$P_{it} = \alpha + \beta_1 GDP_{it} + \beta_2 RDJ_{it} + \beta_3 RDY_{it} + \beta_4 \ln FDI_{it} + \beta_5 STA_{it}$$

其中 P_{it} 是指第 i 个市在第 t 年的专利申请量;GDP_{it}、RDJ_{it}、RDY_{it}、$\ln FDI_{it}$、STA_{it} 分别表示第 i 个市在第 t 年的地区生产总值、R&D 经费投入、R&D 人员投入、外商直接投资额、科技内部经费支出。

表 3—8　　　　　　　　　面板数据回归结果

变量	回归系数	标准误差	统计量	P 值
GDP_{it}	0.3068997	0.4646996	0.66	0.059
RDJ_{it}	-0.0083593	0.0034559	-2.42	0.016
RDY_{it}	0.1078527	0.0575742	1.87	0.061
$\ln FDI_{it}$	28.73951	143.3052	2.01	0.045
STA_{it}	0.0058401	0.0023099	2.53	0.011
常数项	-2792.738	1451.768	-1.92	0.054

从表 3—8 面板数据回归结果可知,在 10% 的显著性水平下,在模型中常数项不显著,其余变量均显著,表明经济发展水平、研发经费、研发人员、外商直接投资额以及政府投入对长株潭区域自主创新效率有显著影响。

就经济发展对长株潭区域自主创新效率的影响而言，由表3—8可知，经济发展水平 GDP_{it} 的回归系数为 0.3069，区域经济每增长 1%，自主创新效率就会增长 30.69%，经济水平发展对自主创新效率有显著的促进作用，验证了假说 H1，表明经济发展水平高的区域，可以带动自主创新效率提高。

RDJ_{it} 衡量区域自主创新效率的研发经费投入，RDJ_{it} 的回归系数为负，表明区域的研发经费投入并不是越多越好。随着研发经费投入增加，自主创新系统的产出效率会随着下降，无法验证假说 H2。研发经费对区域自主创新效率为负作用，可能是由于长株潭区域研发经费投入带来的产出效益不可能在当年实现，科技创新成果的实现需要一定的时间，创新成果实现的"滞后"效应，导致研发经费投入对区域自主创新效率产生消极作用。

RDY_{it} 衡量区域自主创新效率的研发人员投入，RDY_{it} 的回归系数为 0.1079，研发人员投入每增加 1%，长株潭区域自主创新效率增加 10.79%，说明研发人员投入对自主创新效率有显著的促进作用。加大研发人员投入，可以促进区域自主创新能力的提高，与假设 H3 相符合，即研发人员投入越多，区域自主创新效率越高。

$\ln FDI_{it}$ 衡量区域自主创新效率对外开放程度，$\ln FDI_{it}$ 的 P 值为 0.045，通过了 5% 的显著性检验，且回归系数为 28.73951，则外商直接投资额每提高 1%，自主创新效率就会提高 2873.95% 左右，说明增大外商直接投资可以促进区域自主创新效率提高，在该模型中，外商直接投资对长株潭区域自主创新效率的贡献是最大的。外商对区域进行投资时，不仅投入了资金，还引进了先进的技术、设备、人才等，如果加大力度吸引外商进行投资，区域自主创新效率将会得到很大程度的改善。验证了假说 H4，即外商直接投资对区域自主创新活动有显著的正向影响。

STA_{it} 衡量政府对区域自主创新的财政科技支持强度。STA_{it} 的回归系数为 0.0058，是个正值，如果政府财政科技支出每提高 1%，自主创新效率就会提高大约 0.58%，说明政府财政科技支持强度对区域自主创新效率具有显著的促进作用，而且政府财政科技支持强度对长株潭区域自主创新效率的贡献是最小的。但是，政府对区域自主创新效率的财政科技支持强度越大，区域自主创新效率越高，验证了假设 H5。

(三) 自主创新效率影响因素分析结论

以2005—2013年长株潭区域的面板数据为分析样本，分析影响长株潭区域自主创新效率因素。对长株潭区域自主创新效率影响因素的研究，主要从经济发展水平、研发经费投入、研发人员投入、外商直接投资、政府扶持等五个方面进行分析。

经济发展水平对长株潭区域自主创新效率有显著正向作用。经济发展水平高，意味着该区域有较多的科技活动资金和人力资本，自主创新活动的资源投入较多。经济发展水平高的地方会有良好的城市基础设施和市场环境，有利于企业向市场推出创新产品，并不断扩大市场销售额，提高科技成果转化率。所以，经济发展水平越高，区域自主创新效率越高。

研发经费投入对长株潭区域自主创新效率有显著负向作用。自主创新活动的开展需要有充足的研发经费作为基础，但是科技成果的转化有一定的"时滞"效应，研发经费分配的不公平与使用效率的低下，以及科技投入与产出严重比例不调，间接地导致研发经费投入对长株潭区域创新效率有显著负向作用。

研发人员投入对长株潭区域自主创新效率有显著正向作用。人力资本是区域自主创新的基本投入要素，高科技人才对科技成果的创造起着关键性作用。研发人员投入越多，区域自主创新效率越高。

外商直接投资对长株潭区域自主创新效率有显著正向作用。外商直接投资对区域自主创新效率的贡献较大，外商直接投资的技术外溢对区域内技术进步和人才的引进有间接的促进作用，外商直接投资技术溢出效应对区域自主创新效率有明显积极作用。

政府扶持对长株潭区域自主创新效率有显著正向作用。政府财政科技的支持，可以为自主创新提供良好的科技活动设施基础和市场环境。而且政府对高新技术企业实施减免政策以及给予一些优惠补贴，在技术创新方面给予设备支持，促进了自主创新科技活动的全面开展，带动了区域自主创新效率的提高。

三 与武汉东湖示范区、中关村示范区、苏南示范区影响因素的比较

以2005—2013年武汉东湖示范区、中关村示范区、苏南示范区区域

的面板数据为分析样本,研究影响这三个区域自主创新效率的因素,以及与长株潭区域自主创新效率影响因素进行对比分析。

对面板数据模型设立之前,要先对模型的类型进行判别,具体模型判别结果如表3—9所示。其中,F检验法可以对混合模型与个体固定效应模型进行判别;Hausman检验法判别该模型是选择随机效应模型,还是选择固定效应模型。从表3—9可知,F检验中P值为0.0000,Hausman检验的P值为0.0004,P值均小于5%显著性水平,拒绝原假设,该模型应选择固定效应模型。

表3—9　　　　　　　　面板数据模型判别结果

检验方法	原假设	检验统计量	P值
F检验	真实模型是混合回归模型	15.52	0.0000
Hausman检验	真实模型是随机效应模型	20.47	0.0004

由上述讨论可知,该模型建立个体固定效应模型,该面板数据回归模型如下:

$$\ln P_{it} = \alpha + \beta_1 \ln(GDP_{it}) + \beta_2 RDJ_{it} + \beta_3 RDY_{it}$$
$$+ \beta_4 \ln(FDI_{it}) + \beta_5 \ln(STA_{it})$$
$$R^2 = 87.13 \quad F = 69.04 \quad P = 0.0000$$

其中P_{it}是指第i个市在第t年的专利申请量;GDP_{it}、RDJ_{it}、RDY_{it}、$\ln FDI_{it}$、STA_{it}分别表示第i个市在第t年的地区生产总值、R&D经费投入、R&D人员投入、外商直接投资额、科技内部经费支出。

从上述模型中可知,P值小于0.05的显著性水平且R^2值为87.13,表明该模型整体拟合效果较好和回归方程显著成立。

从表3—10武汉东湖示范区、中关村示范区、苏南示范区面板数据回归模型可知,在5%的显著性水平下,该模型中科技内部经费支出(STA_{it})不显著,其余变量均显著,表明经济发展水平(GDP_{it})、研发经费投入(RDJ_{it})、研发人员投入(RDY_{it})、外商直接投资额(FDI_{it})对武汉东湖示范区、中关村示范区、苏南示范区三个区域自主创新效率有显著影响。

表 3—10　武汉东湖示范区、中关村示范区与苏南示范区面板数据回归模型

变量	回归系数	标准误差	t-统计量	P 值
ln(GDP_{it})	0.8185897	0.2574565	3.18	0.003
RDJ_{it}	0.0000028	0.00000187	1.22	0.028
ln(RDY_{it})	0.2339672	0.1020083	2.29	0.026
ln(FDI_{it})	0.8323936	0.2738999	3.04	0.004
ln(STA_{it})	-0.0578903	0.1381840	-0.42	0.677
常数项	-9.5277360	2.3441360	-4.06	0.000

就经济发展水平对武汉东湖示范区、中关村示范区、苏南示范区三个区域自主创新效率的影响而言，由表 3—10 可知，经济发展水平 ln(GDP_{it}) 的回归系数为 0.8185897，如果该三个区域经济发展水平提高 1%，这三个区域的自主创新效率增加 81.86%，经济水平发展对武汉东湖示范区、中关村示范区、苏南示范区三个区域自主创新效率有较大显著的促进作用。而对长株潭区域自主创新效率的影响而言，区域经济每增长 1%，自主创新效率就会增长 30.69%，由此可知，经济发展水平对长株潭区域、武汉东湖示范区、中关村示范区、苏南示范区自主创新效率有显著促进作用，但经济发展水平对武汉东湖示范区、中关村示范区、苏南示范区的自主创新效率贡献更为显著。

研发经费投入 RDJ_{it} 的回归系数为 0.0000028，研发经费投入每增加 100 万元，武汉东湖示范区、中关村示范区、苏南示范区三个区域自主创新效率都会提高 2.8%，研发经费的投入对武汉东湖示范区、中关村示范区、苏南示范区有显著正向作用。而研发经费投入对长株潭区域自主创新效率有显著的消极作用，这是由于长株潭区域研发经费投入带来的产出效益不可能在当年实现，科技创新成果的实现需要一定的时间，存在"滞后"效应，导致研发经费投入对长株潭区域自主创新效率产生消极作用。所以，长株潭区域应该科学合理地配置科技研发资源，提高技术水平，尽快把成果转化为经济效益。

研发人员投入 ln(RDY_{it}) 的回归系数为 0.2339672，如果武汉东湖示范区、中关村示范区、苏南示范区三个区域的研发人员投入增加 1%，其自主创新效率会增加 23.40%，研发人员投入对这三个区域自主创新效

率有显著促进作用。而长株潭区域 RDY_{it} 的回归系数为 0.1079，研发人员投入每增加 1%，长株潭区域自主创新效率增加 10.79%，说明研发人员投入同时对长株潭区域自主创新效率有显著的促进作用。加大研发人员投入，可以促进长株潭区域、武汉东湖示范区、中关村示范区、苏南示范区区域自主创新能力的提高，即研发人员投入越多，区域自主创新效率越高。

外商直接投资额 ln (FDI_{it}) 的回归系数为 0.8323936，说明外商直接投资额每增加 1%，武汉东湖示范区、中关村示范区、苏南示范区的自主创新效率会提高 83.24%，这三个区域自主创新效率的提高与外商直接投资额具有较强的正向关联性。而长株潭区域外商直接投资额回归系数为 28.73951，则外商直接投资额每提高 1%，自主创新效率就会提高 28.74% 左右，反映了外商直接投资对长株潭区域自主创新效率有显著正向作用，并且外商直接投资对武汉东湖示范区、中关村示范区、苏南示范区三个区域自主创新效率的推动性作用远大于长株潭区域。

STA_{it} 衡量政府对区域自主创新的财政科技支持强度。STA_{it} 的回归系数为 -0.0578903，P 值为 0.677，P 值大于 5% 的显著性水平，说明政府投入对武汉东湖示范区、中关村示范区、苏南示范区三个区域自主创新效率无关联性。但是科技内部经费支出对长株潭区域自主创新效率有显著的正向作用，政府财政科技支出每提高 1%，自主创新效率就会提高大约 0.058%，说明政府财政科技支持强度对区域自主创新效率贡献是很小的。由此可知，区域自主创新效率的提高并非全然依靠政府投入的支撑。

第四节　提升长株潭区域自主创新效率的对策分析

一　加大对长株潭区域自主创新的投入

一是要增加科研经费投入，提高资源使用效率。自主创新产出需要大量的科研经费，从前面的分析可知，技术进步、技术管理水平、规模效率与自主创新效率之间有很大的关联性，经济发展水平、研发（R&D）经费与自主创新效率有正向的显著效应。区域科技创新经费大幅度增加，可以有力保障科技发展各项任务顺利实施，优化科研经费保障机制，可以减少科技资源配置浪费，提高资源利用率。

加大研发资源的投入，合理配置创新资源。与中关村示范区相比，我国长株潭区域，研发经费投入力度较小。长株潭区域自主创新中，基础研究、应用研究、实验发展开展需要科技经费的支持，只有加大对研发的投入，才能提高科技创新整体水平，不断完善科技投入总量增长机制、非均衡性增长机制和带动增长机制。切实保证财政科技投入资金总量持续增长，同区域GDP增长率以及财政支出增长率相一致，保证财政资金更多地投向公共性和准公共性科研领域，保证政府在准公共类科技领域内的投入，引导和带动社会资金对企业创新活动的投入。

加强科研经费财务管理体制，提高资源使用效益。针对不同科研经费来源渠道和核算口径，需要规范统一的会计科目和核算科目，加强科研经费项目管理，在编制预算过程中，相关研发部门应该对项目资金去向进行追踪问效，建立一个科学合理、监督力度显著的评估体系，以便监督科技经费的使用情况，防止科技创新资源的浪费。

二是要健全科研人员保障机制。人才是区域自主创新的基础，从前面的分析显示，研发人员投入与区域自主创新效率之间有较大的正相关关系。深入实施人才战略，全面推进新世纪人才工程，是实现区域自主创新效率提高的必要措施。牢固树立科学发展观，不断深化"尊重知识、尊重人才"的理念，始终坚持把人才作为新的增长点，努力以引进高层次人才为依托，以地区高新技术产业发展为带动点，集中力量进行自主创新实践，强力推进区域人才事业的发展。

改善创新人才培养模式。以高校为依托，高校以科学发展观为指导，以大学生综合素质和创新创业实践能力培养为重点，加强产学研合作。形成一种以市场和社会需求为导向，以培养学生的综合素质和实际能力为重点的运行机制，使教学与科研实践相互结合，使高校与企业形成产学研相结合的模式。与此同时，积极引进和吸收人才。加快海外人才发展体制机制改革和政策创新，以及改善设施环境，为海外高层次人才充分发挥作用提供良好的工作环境和生活条件，坚持自主培养开发与引进海外人才并举，认真实施引进海外高层次人才的"千人计划"和支持国内高层次人才的"万人计划"等人才项目，产业、制造业、科研机构以及高等院校等对人才资源市场体系进行配置和完善，充分发挥市场主体作用。

建立人才报酬激励机制。对专业技术人员，除原有的工资薪酬体系外，增设报酬激励机制。根据专业技术人员的专业水平和技术成果进行年度评审，实行分类评聘。评审标准一律以对企业做出的开发成果为依据。经聘用的专业技术人员当年可享受与各类行政管理人员相应的待遇。对于重大科技开发项目和技术改造项目，给予一定研发项目奖金；在项目完成后可按项目实现的经济效益程度给予提成奖励。除此之外，还应健全和配套对高技术人员的培训、进修、评先等其他激励机制，为高技术人才队伍壮大创造充分的条件。

二 扩大长株潭区域外商直接投资的开放程度

要采取既鼓励又限制的引资政策。从前面分析可知，外商直接投资对长株潭区域自主创新效率有显著积极影响。强化和完善外商直接投资的相关配套措施，在《行政许可法》的指导下，减少行政审批环节和规范审批流程，实现行政审批过程的有法必依，提高现有的行政审批效率。进一步加强政府行政职能转变和创新的力度，为自主创新市场主体提供优质的服务和良好的外部环境，切实保障市场参与主体的切身利益。支持第三部门发展，建立运行良好、制度健全和服务一流的中介服务机构，为进驻长株潭地区的外商提供高效的服务。增强知识产权保护意识，开展专项行动严厉打击侵权行为，加大知识产权、专利等的保护力度，保障知识产权持有人的相关利益。在全球化浪潮不断掀起的时代下，积极引导有实力的外资企业并购区域内经营困难或竞争力低下的企业，激发整个区域市场活力，提高自主创新能力。结合国际、国内形势，完善资本市场的制度体系，稳健、有序地推进资本市场的改革和开放，继续完善境外机构投资者制度，为国内企业在境外发行债券以及上市提供良好的条件。优化外债结构，并将其规模控制在合理范围之内，在外债使用过程中强调合理性、有效性以及安全性，确保金融风险和外债风险在可控范围内。

加强对外资并购的竞争规制。鼓励具有实力的外资企业对其研发资源进行整合，保护民族产业，引导其从事具有核心技术的高水平、高层次的自主创新研究。结合全球化以及企业跨国兼并的时代趋势，抓住跨国公司以及全球一体化对我国自主创新在技术、资金以及人才方面所带来的机遇，进一步完善社会主义市场经济体制，实现政府职能创新，建立完善的市场监管体系，保障市场主体之间的公平竞争。提升对外开放水平，转变对外经济发展方式，推动引智、引技和引资相结合，注重影响对外并购的政治经济等客观因素，推动海外并购健康发展。

要改善外商直接投资环境。在对外开放的进程中，既要发挥体制优势确保本土企业优势得到充分发挥，又要借助对外开放和全球一体化的历史机遇，改善外商投资环境，调整产业结构，增强区域自主创新能力。要鼓励国内企业与大型海外公司合资合作，增强自身竞争能力和长期发展能力。要进一步完善国内企业与外商投资企业平等竞争的体制和政策环境，使那些具备实力的国内企业不断融入国际竞争中去，在与国外优秀企业集团的竞争中不断提升国内企业的市场竞争力，增强民族企业实力。

利用外资是一项系统而复杂的工程，不仅要制定相关政策和创造良好的外部环境以吸引外资，还要具备将外资转化为国内生产力的能力，实现外资拉动经济发展以及提高自主创新能力的目标。因此，在制定外资政策的过程中，必须确保鼓励政策与限制政策形成有机体，形成政策合力以优化外资投资环境，为外资进入提供良好的政策、法律以及市场等外部环境，推动自主创新能力的提升。

要合理引导外商投资方向。贯彻落实国家宏观经济政策，在国家宏观经济政策的前提下，各级政府要通过制定相关政策，引导和规范高新技术产业、节能环保产业以及现代服务业发展，增强新兴产业的自主创新能力，优化传统产业布局，力争在原有产业的基础上建立一批具有核心技术的高层次、高水平自主创新能力的企业，打造外资密集、内外结合、辐射面广、带动力强劲的新经济增长区。严格限制外资进入高能耗、高污染以及对生态环境造成破坏的相关领域，鼓励外资在新能源、新技术等以技术为竞争力领域的投资，增强技术型企业所带来的技术溢出效应，确保外资在自主创新领域推动地区经济和科技的发展。制定相关政策，引导外资进入我国农业现代化建设领域、地区开发和国企改制过程中，借助外资的先进技术、管理理念以及资金优势推动我国现代化建设。结合国内产业结构调整和国际产业转移的历史机遇期，引导外资利用先进技术对我国原有产业进行改造，优化产业结构，打造出一批具有核心技术和高竞争力的现代化产业，实现能源、冶金等重工业的技术改造和升级，增强我国工业产品的技术含量和经济附加值，为区域自主创新储备雄厚的技术实力，实现我国工业发展过程中由劳动密集型向技术密集型的转变，增强区域自主创新能力，打造新的经济增长点。

三　创造长株潭区域自主创新的制度环境

要加强政府自主创新政策扶持。纵观上文的分析可知，政府的支持与投入对提供长株潭区域的自主创新效率有着显著的正向作用和影响。为有效改善和提升长株潭区域的自主创新效率，政府需从政策层面出发、从顶层设计着手，逐步制定与完善符合区域自主创新发展需要、促进区域自主创新发展的各级各类政策，从根本上为长株潭区域自主创新效率的提升提供支持和保障。

一要完善区域自主创新的财政支持政策。一方面，完善区域自主创新财政支出政策，强化政府的财政支持力度。不仅要在把握区域自主创新需要的前提下，加大政府的财政支持力度。同时，还要根据企业、高校和科研机构等自主创新主体的需求，合理统筹财政资源的使用，使各级各类创新主体的创新动力得以激发、各级各类主体的创新效率得以保障和提升。另一方面，在加大政府对科技资源支持力度的同时，要强化对政府财政资源使用的监管和效用评价，保证资金的正当使用，使政府的财政资源对科技创新的促进效用得到最大程度的发挥。

二要制定促进区域自主创新发展的各类优惠政策。要完善对各级各类自主创新主体、创新机构的税收优惠政策。逐步实施创新主体税收减免、股权奖励分期缴纳个人所得税等税收优惠政策，不断落实促进高校毕业生、失业人员等创业就业税收政策，进一步激发社会各创新主体的创新活力。要在保证公平竞争的基础上，在办公用房、用水、用能、网络等软硬件设施给予各级各类创新主体、创新机构以优惠政策。总之，要从各个层面着手不断给予各自主创新机构和主体以优惠政策，促进自主创新活力的迸发、自主创新效率的提升。要完善政府采购政策。把政府采购与支持自主创新发展有效结合，从政府自身入手，促进高新企业的发展。政府应加大对创新产品和创新服务的支持力度，加大对此类产品和服务的采购力度，促进创新企业、小微企业发展。

三要完善知识产权保护机制。建立完善的知识产权保护机制，为自主创新营造良好环境是长株潭区域自主城市建设的重要内容之一。企业、政府、科研机构等应该根据自身规模，建立一个完整的知识产权管理体系，通过政府主导、各市场主体之间相互协作，在我国现有知识产权管理体系的基础上，进一步出台和完善涉外专利项目的相关政策和法规，确保我国专利管理与国际接轨，推动具有自主知识产权的核心技术得到国际专利认可，增强国际竞争力，在国际层面维护自主知识产权利益。从市场及现有技术分析，做好知识产权布局工作（如对核心专利进行专利群保护等）、对市场现有技术进行分析改进，各级市场管理部门和单位之间相互协调、沟通与配合，为市场主体在开展经济与科技活动的过程中提供一个有章可循、明确规范的政策导向，增强各市场主体的专利保护意识，将政府部门单纯的专利保障工作与经济、科技、外贸管理体系相融合，增强专利保护的范围和可行性。

切实把保护知识产权和规范市场经济秩序摆在突出位置，建立长效机制，结合我国当前发展实际，将科技创新、调整结构、企业改制和自主知识产权保护等发展重点以及社会主题，通过多样化的宣传形式增强专利保护和自主知识产权的宣传力度，使专利保护意识深入人心，提高政府和市场主体的专利保护意识。加大宣传教育和专项整治力度，有效防止和打击侵犯知识产权的行为。建立行政执法和刑事司法的衔接机制，推进"移送防控"。完善工商部门与公检法机关信息共享机制，按照与公检法机关协作会议的要求，各履其职，做到当罚则罚，当刑则刑，加大对假冒侵权等犯罪活动的打击力度。建立知识产权保护合作机制，围绕区域知识产权保护开展全方位合作，实现知识产权行政执法资源共享，降低执法成本，提高办案效率，为推动长株潭区域科技创新和经济社会又好又快发展做出积极贡献。

第四章　长株潭区域自主创新体制机制改革的动因与实践探索

　　从词源意义上说，"创新"一词源于现代社会的持续发展，"自主创新"更是我国社会现代化进程不断加快的产物。相较于国家自主创新的宏观战略而言，区域自主创新是与人民切身利益更为息息相关的中观创新活动。长株潭区域自主创新是我国区域自主创新的典型范例，为我国其他区域的自主创新实践提供了有益的参照范本。这种示范效应得益于长株潭区域在创新资源聚集、创新成果水平、创新型企业成长速度、创新驱动辐射带动作用等方面的优势。然而，在长株潭区域自主创新活动进程中，其仍然存在着科技与经济结合程度弱、科技对经济发展贡献低、企业自主创新能力不足、创新成果转化率低等痼疾。因而，亟须深化长株潭区域自主创新体制机制改革，从根源上力破阻碍长株潭区域自主创新活动的体制壁垒、机制束缚。探析推动长株潭区域自主创新体制机制改革的深层动因，不难发现，这一改革实践是多层次、多方位、多因素共同促进的结果，除了自身原因之外，与全球以及国家层面的推力作用亦有较强的相关性。这种涉及多层面的综合动因，构成了长株潭区域自主创新体制机制改革的充分条件，而体制机制改革的重大意义则成为其必要条件，意义与动力的双重整合效应，是实现长株潭区域自主创新体制机制改革的充分必要条件，任何一方存在缺憾则不足以构成改革的前提或基础。既然前提条件已基本准备充分，那么，对其改革路径展开理论层面的哲学审视，并提出较为全面系统的战略思考，则显得尤为必要，并成为当下深化长株潭区域自主创新体制机制改革的一项重要课题。

第一节 长株潭区域自主创新体制机制改革的动因探析

长株潭区域实施自主创新体制机制改革，既少不了内部因素的促进作用，亦离不开外部环境的推动，是内外部双重因素合力共促的必然结果。其中，外部环境的推力须从国际、国内两大层面来认知与理解。就国际环境而言，科技创新是现代社会影响国家间竞争合作的关键因素，创新能力已成为衡量国家综合实力的重要圭臬；从我国创新实践活动的发展来看，驱动创新发展战略是当前乃至今后一个时期内引领国家建设的重要战略支撑，然而，尽管我国拥有巨大的潜在创新能量，但仍需采取相应的策略措施予以充分激活与释放。就长株潭区域发展来说，长株潭国家自主创新示范区建设有赖于其丰富的科技资源、独特的区位优势以及强劲的文化支撑；然而，最为基本的影响要素在于体制机制层面的结构性突破，这是其他一切自主创新活动得以良好运行的前提与基点所在。这样看来，长株潭区域自主创新体制机制改革实践，并非某一方面的力量推动，而是一系列因素的综合效应所致，其动因来源范围广、层次较为分明、作用机理较为复杂，这些具有鲜明特征的动力因素，共同推进了长株潭区域自主创新体制机制改革。

一 国家创新能力在国际关系中的重要作用

工业革命以来，随着劳动分工的日益精细化、复杂化，先进的生产工具与工业技术，替代了传统精耕细作的农业生产模式，成为影响国家经济发展的核心要素。西方发达国家由于掌握了这一开启工业革命的密钥，在近代社会以来，一直走在世界各国发展的前列。尽管现代社会的发展是建立在原有工业社会的基础之上，但不同于传统农业社会、近代工业社会，现代社会之所以能取得长足进步，所依赖的关键因素是升级版的工业技术，即先进的现代化科学技术。在现代化持续建设阶段，哪一个国家能牢牢把握科技的创新命脉，率先研发出有无限创造力的科学技术，便能占据国际关系的主动权与话语权。因为，科学技术是第一生产力，是推动经济社会发展的重要引擎。而科技生命力之所以保持旺盛状态，所依托的关键行为在于创新，这种现代化的实践行动，涵盖了知识创新、技术创新、人才创新等方方面面。这些不同领域不同程度的创新活动，影响着全球的科技发展道路，并逐渐演变为世界各国现代化建设进程中的常态化行为，而国家创新能力也上升为衡量国家综合实力的重要标的。在日趋重视创新能力的国际潮流中，长株潭区域作为我国中部城市群一体化建设的先行者，紧紧围绕时代创新大势，破除阻滞自主创新活动的体制机制壁垒，正稳步推进自主创新实践。

二 新常态下自主创新在国家建设中的功能

改革开放以来，我国始终坚持以经济建设为中心，大力发展社会主义市场经济，取得了令世人称奇的显著成就。然而，我们应当看到，这些成就的获得主要得益于我国丰富的自然资源、低廉的人力资源成本以及广阔的消费市场；当诸如此类的优势逐渐流失，且无力支撑 GDP 高速增长的发展态势时，我国将步入一个崭新的发展阶段，并主动寻求新的发展机遇与增长点。近年来，我国进入了经济发展新常态：经济增长速度放缓，经济结构不合理的病症日趋凸显，要素驱动与投资驱动已然不能适应处于转型期的国家建设。创新驱动发展战略成为新常态下国家建设的重要顶层设计。要突破现代化进程的瓶颈期，亟须在立足新常态的国家态势基础上，坚持走中国特色自主创新道路，综合运用原始创新、集成创新、引进消化吸收再创新等发展模式。推动我国自主创新建设，不仅能冲破西方发达国家对先进科技的垄断，在某种程度上摆脱我国科技发展"受制于人"的尴尬局面，而且能有效破解我国由经济结构不合理而衍生的一系列难题，化解当前科技领域与经济领域难以相容的矛盾困境。基于此，长株潭区域积极响应国家号召，立足于自身发展实际，将自主创新作为区域社会生产力与综合实力的战略支撑，深化自主创新体制机制改革。

三 长株潭区域自主创新实践面临结构困境

作为湖南未来发展的三大战略支撑之一，长株潭区域国家自主创新示范区建设已成为引领湖南新常态、实现湖南新发展的核心增长极。历史地看，从"两型"社会建设综合配套改革试验区到国家自主创新示范区，长株潭三地之间的合作交融已取得较为显著的成绩，这集中体现在区域交通发展、产学研用一体化建设、城乡经济结构优化、互联网融合联通、产业集群效应明显等方面。长株潭区域自主创新建设，既有赖于这些方面奠定的坚实基础，亦将持续推动它们的优化升级。然而，长株潭区域自主创新实践却受限于体制机制层面的结构性制约，尽管在科技体制、配套的投融资体制、区域行政体制等方面取得了一定的突破，但也仅仅是形式结构上的变化，并未触及实质性的深层结构转型，这严重影响了区域创新资源的流动与共享、创新能量的释放、创新成果的转化以及创新能力的提升。长株潭区域自主创新活动所面临的结构困境，并非某单一要素的原因，而是行政管理、科研管理、文化支撑、法制保障等系统集成效应的产物。因而，实现长株潭区域自主创新体制机制改革，是破除当前制约创新实践结构障碍的必然要求；同时，多因素的综合影响，也意味着这一改革必将是系统整体推进。

第二节　长株潭区域自主创新体制机制改革的意义阐释

从国际、国内以及区域的多层次视角，来探析长株潭区域自主创新体制机制改革的动因及背景，可以发现，这一改革实践是一系列内外部因素相互作用、互相影响、协调推进的必然结果，其实质是一项复杂性的系统公共工程。既然其具有复杂性、系统性、整体性等外在表征，那么，探讨长株潭区域自主创新体制机制改革的重要意义，则成为解析长株潭区域自主创新活动的又一重大议题。就本质而言，推动长株潭区域自主创新体制机制改革的直接目的及意义，在于为长株潭区域自主创新实践提供机制保障。间接来看，长株潭区域自主创新活动，对接的是创新型国家建设以及创新驱动发展战略，服务的是区域内的广大社会公众甚至辐射带动周边群众的发展，依靠的是区域内的创新行动主体，包括企业、高等院校、科研院所等。其中，联系最为紧密的是市场企业主体，在某种意义上，长株潭区域自主创新体制机制改革，能为区域内企业创新能力的提升提供环境支撑，或者说为其扫除相关阻滞因素。另外，长株潭区域自主创新体制机制改革的成功实践，能为其他区域的机制创新改革提供结构蓝本，尽管各区域的发展水平、创新能力、政策环境、制约因素等实际情况不尽相同，但既然是涉及自主创新体制机制层面的改革，也就是说各区域的目标指向基本一致，则它们能够相互借鉴、互为参照。

一　从体制机制上保障区域自主创新活动的展开

作为一项实践创新行为，长株潭区域自主创新离不开相应体制机制的配套保障。改革长株潭区域自主创新体制机制，即是要理顺影响其自主创新活动诸要素的合理布局，将其体制机制视为一个静态的整体，解构出其内在的组成部分，之后有针对性地逐项予以诊断修复，再系统整合健康有序的各组成体系。具体而言，这种机制保障意义主要体现在：一是行政体制壁垒的突破有利于实现长株潭三地的合作治理创新，进而提升自主创新绩效。事实上，相较于经济体制改革而言，我国行政体制改革明显滞后，这主要是由于既得利益集团的藩篱将改革之手拦截在外，使得行政体制改革难以纵深推进。然而，条块分割的行政体制现状，在某种程度上，严重阻滞了长株潭区域自主创新活动的有序开展。打破制约长株潭区域自主创新的行政体制壁垒，既是推进长株潭区域治理现代化建设的必然要求，也能为区域自主创新活动提供良好的政策生态环境。二是科研体制束缚的松绑，有利于激发科研主体的创新主动性、积极性。我国科研体制与行政体制挂钩，是长期存在的一种基本现象。毋庸讳言，这一普遍现象符合我国的基本情况，但长远看来，将不利于国家自主创新能力的提升。知识沦为权力的附庸，知识的自主性、独立性染上了较为浓厚的行政色彩、政治属性，极大地阻碍了知识创造能量的释放。保障科研体制的独立自主性，能大幅度提升创新主体的创造活力及动力，是长株潭区域自主创新体制机制改革的重要内容。

二　以优良的环境支撑区域企业创新能力的提升

长株潭区域的自主创新实践，归根结底在于多措并举提升企业的创新能力。因为优化经济结构的关键是实现企业的升级转型，即依靠创新能力的提升，改变传统注重资源、劳动力投入的粗放式发展。要实现企业的内涵式发展，则必然要求提升企业产品的科技含量、创新绩效，这是新常态下中国企业发展的必由之路，也唯有如此，才能在激烈的市场竞争中获得一定的比较优势。长株潭区域自主创新体制机制改革的实质，在于通过为各微观企业主体营造良好的外部体制环境，激发其蕴藏于内的创新活力、释放其潜在的创新能量。譬如，湖南省自2014年以来实施的商事制度改革，大幅度清理和调整相关审批事项，充分释放市场主体的活力，这在某种程度上能为区域内的企业创新创造优质的制度环境。诚然，长株潭区域自主创新体制机制改革，不仅仅包括行政体制环境的优化，而且还在于企业主体自身的转型升级。建立现代企业制度，是为了适应市场经济体制改革的需要；当市场经济体制改革进入深水区时，则亟须建立健全创新型企业制度，这是更为深化、更符合发展态势的升级版现代企业制度。这种自身体制机制变革的本质，即是深入剖析创新主体的内在机理，以营造新型的创新文化。

三　为我国其他区域的机制创新提供结构蓝本

长株潭区域自主创新是创新型国家建设的重要组成部分，创新型国家建设有赖于各地方区域的创新实践。长株潭区域作为国家自主创新示范区之一，在创新体制机制改革上，能够为其他区域的机制创新提供结构范本。"试点先行、整体推进"是我国特色鲜明的改革方式。相较于以单个城市为主体的国家自主创新示范区而言，长株潭区域是我国中部首个以城市群为基本单元的国家自主创新示范区，在创新体制机制改革进程中面临的阻力更多、改革环节更为复杂、涉及领域更广。因而，当创新的燎原之势弥漫中国大地时，它的这些体制改革经验，就能够为其他区域的创新结构改革提供有益的参照系。实际上，自主创新活动的有序开展，需要相关体制机制的配套创新，倘若未能从创新体制上着力改革，那么创新活动亦难以获得坚固的制度支撑，甚至受到不合理机制的制约束缚。这样看来，探索长株潭区域自主创新体制机制改革，具有极为深远而重大的现实意义。

第三节　长株潭区域自主创新体制机制改革实践的理路思考

既然长株潭区域自主创新体制机制改革拥有较为厚实的现实背景，并且具有极为深远而重大的意义，其深入推进离不开必要的科学理论指导。对长株潭区域自主创新体制机制改革实践进行理路思考与哲学审视，不难发现，其价值意蕴与理论意味较为丰富。从结构功能主义的角度出发，可以明确认识到，长株潭区域自主创新体制机制改革的公共价值并非单一式而是复合型。其蕴含的复合型公共价值是由其复杂的内在结构所决定的。对长株潭区域自主创新体制机制不能实行单一割裂式改革，而应整体协调推进。因为，这一改革关涉的维度较广，是由一系列的配套体制改革所组成，且容易受到多方环境因素的影响，那么就需要在系统理论的引领下综合实施改革。在国家治理体系现代化建设的当下，自主创新体制机制改革可视为其中的重要环节，显然，在治理理论的视域下提升创新体制的改革绩效不仅必要而且极为重要。

一 从结构功能角度明确创新体制改革的公共价值

如前所述，长株潭区域自主创新体制机制有着较为复杂的内部结构，涵盖了诸多方面。结构的价值不仅仅在于支撑整个创新实践，更在于发挥其应有的功能，或者说为功能的充分发挥提供某种可能的前提预设。复杂性的结构体制优化，能够创造复合型的公共价值。长株潭区域自主创新体制机制的结构性变革，所带来的公共价值绝非仅限于自主创新领域，而是蕴藏在经济建设、公共服务、文化发展等方方面面。而种种公共价值的最终目标归属，在于服务广大社会公众，使更多的公众共享创新体制改革的成果。以公共服务或公共产品的提供为例，长株潭区域自主创新体制机制改革，能拓宽创新成果的应用渠道及范围，促使区域政府及其他行动主体通过运用先进的创新科技，优化公共服务的提供方式，进而满足社会公众日益增长且多样化的公共需求。在文化发展上，区域自主创新体制机制改革，能加快创新科技在文化继承与发扬中的运用，将现代化技术与湖湘文化有机结合起来，创造出公众喜闻乐见的创新型湖湘文化。因而，在长株潭区域自主创新体制机制改革过程中，应当认真梳理其内在的要素结构，并深刻理解各结构系统应有的功能及可能创造的公共价值，从而在认识论上明确创新体制改革的价值意义所在。

二 以系统理论引领创新体制改革的整体协调推进

从本体论来认知，长株潭区域自主创新体制机制改革，是一个由多种要素组合而成的系统家族，具有整体性、动态性、时序性、关联性等一般系统所共有的表现特征。因为从实践来看，长株潭区域自主创新体制机制改革包含了行政体制、科技体制、投融资体制等多方面多领域，这些体制改革并非分散、碎片化的独立存在，而是相互作用、互相关联的亲缘组成，它们共同塑造或推动了区域自主创新体制改革行动，是长株潭区域自主创新体制成功改革的必要前提及动力所在。当然，区域自主创新体制改革并非一个封闭隔离的系统，而是一个动态演化、开放运行的行为系统。这种动态开放性体现在它在改革过程中，可能会受到社会公众的价值观念、市场发展状况、全球经济形势、国家顶层设计等外部环境的影响。因而，应当充分运用系统理论的方法，来推动区域创新体制改革的整体协调发展。具体而言，既不可在改革过程中存有认知偏见或理解偏差，偏废任何一方体制子系统，也不能全然忽略现实发展的外部环境、外在因素；而是要立足创新体制整体改革的战略全局，深入剖析现有改革环境，实现多方体制的协同改革，以形成合力效应，共促创新体制改革的成功实施。

三　在治理理论的视域下提升创新体制的改革绩效

长株潭区域自主创新体制机制改革，是国家治理体系现代化建设在区域创新领域的重要体现，是提升长株潭区域自主创新能力题中应有之义。"治理"作为21世纪政治学与公共管理学广泛使用与探讨的术语，拥有较为丰富的理论与实践内涵；治理理论也成为学者们竞相研究的热门议题，被视作破解政府与市场、社会间关系难题的绝佳良药。长株潭区域自主创新体制机制改革，涉及政府、市场企业及社会组织等多元行动主体间的关系厘定，治理理论在此能够发挥其应有的功效，为创新体制的改革实践提升必要的理论依据。区域自主创新体制改革，即是从制度、体系上为市场企业、科研主体松绑，通过调整权力结构、体系安排、制度设计等措施，激发这些创新主体的活力。在此意义上，可以将长株潭区域自主创新体制机制改革理解为，创新主体的自主治理与政府主体的公共治理有机结合的统一体。那么，创新体制的实际改革绩效提升，则有赖于多元治理主体的合作共治。由此可见，在长株潭区域自主创新体制机制改革过程中，不能将改革事项简单划归某一主体职责范围之内，而是应在治理理论的视域下，充分发挥多元治理主体的优势，共同提升创新体制的改革绩效。

第五章　长株潭区域自主创新体制机制存在的主要问题

改革开放以来，我国依靠科技进步促进国家经济发展随着社会分工精细化逐渐成为发展的主旋律。在贯穿科技自主创新主旋律的背景下，长株潭城市群在新一轮的城市发展竞争中积极创新发展理念，并将创新理念融入城市经济、社会发展过程中，努力营造出一种社会和谐、创新发展的环境。在"两型"社会建设综合配套改革试验区创建过程中，长株潭区域通过激活科技创新资源，将科研融入市场，从研发、生产到销售全方位实行企业化运作，提高产业的自主创新能力，实现企业资产升值、创收科研成果以及提升企业的核心竞争力。不断涌现出诸如长沙中联重科、长沙市科技风险投资管理有限公司等一批先进的自主创新企业。通过激活现有的高等院校、科研机构等自主创新资源，从整体上提升科技创新能力。在大力提升区域自主创新能力的过程中，积极促进产、学、研、资一体化发展。搭建科技创新平台，为集合环境、资本和人才作用提供更广阔的舞台。通过市场化的运行方式，搭建科技与资金对接平台，动员和吸引更多社会力量支持区域自主创新，逐步建立起政府主导下的以市场为导向、企业为主体、社会为补充的多元化科技创新体系。但总体而言，长株潭区域创新发展实力欠佳。在《中国区域创新能力报告2013》全国31个地区进行的实力指标排名中，湖南地区在全国综合实力排名第14位、知识创造实力排名第12位、知识获取实力排名第13位、企业创新实力排名第6位、创新环境排名第13位、创新绩效排名第15位。湖南区域创新能力的总体排名较靠后，作为湖南地区自主创新发展主要承载体的长株潭地区，仍存在着体制制约创新发展、人才管理、创新发展投融资及创新生态尚未完全形成等困境。

第一节 体制因素与地区壁垒制约创新资源流动与共享

一 体制机制阻滞创新资源多主体间灵活流动

1949年以来，我国科研院所与企业实行分隔建制管理，产业科研院所由主管产业的政府部门建设、管理，创新发展的各种资源由政府主导配置，创新资源受体制约束明显。在相当长的一个时期内，在以政府为主导的各类企业与科研院所的创新活动中，企业、各类高校及科研机构附属于政府领导与管理，旨在实现研发与生产之间完美分工合作以提高效率，最终却只能在企业匮乏专业技术人才、科研院所研发创新能力无处发挥的结局下发展迟缓。改革开放以来，行政管理体制改革随着国家经济管理体制改革被逐渐提上日程。体制改革在一定程度上实现了政府职能转变、政府管理与市场经济发展之间的对接。但是，行政管理体制改革的不彻底，"政企分离、政事分离"的理想并未完全实现，政府职能转变还没有完全到位，职责配置不尽科学，职能交叉与机构臃肿的问题并存。在目前我国各区域的创新活动中，普遍仍存在着政府"双主"的作用，政府既是创新活动的主导者，也是创新活动的主体。

长株潭区域内高新技术产业开发园区的体制矛盾仍然突出。主要体现在与行政区合并发展之间的问题。一是与行政区合并的高新区，如株洲高新区与行政区合并，实行"政区合一"发展模式。[1] 这种模式虽然在一定程度上解决了行政主体地位不明确的问题，实现了"一套班子，一套领导"的管理方式转变，但由于权力大小、利益分配、责任划分等方面问题，高新区与行政区之间行政管理体制的摩擦仍然存在，常出现矛盾和扯皮现象，行政管理效率低下。二是没有合并的高新区，例如长沙与湘潭等市高新区，在我国科研机构与生产企业分隔建制的背景下，创新资源的整合与共享只能依托政府的主导。因此，带有大量浓厚的政府管理的色彩，"一套班子，两套领导"的管理体制导致行政主体地位不明确，高新区管委会无法

---

[1] 程郁、吕佳龄：《高新区与行政区合并：是体制复归，还是创新选择？》，《科学学与科学技术管理》2013年第6期。

发挥其实际作用。

二 地区壁垒阻隔创新资源无缝隙整合与共享

长株潭区域自主创新发展还存在着区域间创新资源的整合与共享难题。长株潭城市群位于我国南方腹地核心位置，南接经济成长迅速、开放程度高的华南经济圈，北临重化工业发达、地理区位优越的武汉重工业区，是国家高新技术产业开发园区的重要组成部分。长株潭城市群作为国家西部大开发战略之一，在很大程度上强化了长株潭区域的区位桥梁地位。在长江产业带与华南经济圈的双重辐射下，长株潭城市群发挥着承东启西的作用。但该城市群工业化和城市化水平偏低，高新技术产业和现代服务业发展相对滞后，与其他发达地区的高新技术发展之间差距较大。受现有的行政体制约束，在跨地区的合作发展中，这种差距和各种矛盾会被进一步地放大。

此外，长株潭区域内社会中介机构带有浓厚"官办"、"半官办"的行政色彩，政府行政部门的多头管理、政企不分和科技中介机构管理体制不顺问题，使得大部分科技中介机构不管是在机构内部的管理问题上，还是在外部市场运作问题上均存在着不同程度的混乱。在长株潭地区一体化建设过程中，由于地区之间的"条块分割"、"城乡分割"、"部门分割"及"各自为政、政出多门"的问题同时并存，长株潭区域基础设施建设水平差异明显，自主创新发展之间缺乏衔接，没有形成有利于高效率创新、创造的制度环境和区位优势。长株潭区域科技中介机构所能提供的服务相对单一，且多是针对各行业的单一服务，资源分散，服务的地域性特征比较明显。区域内各地方政府作为自主创新发展主体，主要从地方发展的利益角度出发，不考虑整个环长株潭区域内其他地区资源的情况，分门别类、自立门户各自建立了一批服务中心、技术交易市场、公共服务平台，为长株潭区域自主创新发展资源的整合与共享带来了难题。

第二节 支持创新的投融资体制欠发达

资本是创新发展的又一基础要素和动力源。[1] 作为湖南科技创新的主

---

[1] 金芳、黄烨青：《创新型国家建设：进程、障碍与出路》，上海人民出版社 2007 年版，第 85 页。

战场、主阵地和主要引领者的长株潭区域，自2015年全面启动长株潭国家自主创新示范区建设以来，湖南省委、省政府以及各机关职能部门便高度重视区域内自主创新发展建设，在大力促进科研院所转制、科技成果转化、科技融合金融与文化、人才引进、绿色生态发展等多方面进行了先行先试。不过，长株潭区域自主创新发展仍处于起步阶段，自主创新发展的投融资体制仍不完善，科技创新发展产权市场不成熟。总结起来，长株潭区域创新投融资体制存在的主要问题具体表现在以下四个方面。

一　创新投入总量不足

表现为创新资金来源多依赖于政府投入，缺乏企业、民间资金的支持。目前，长株潭区域科技发展单纯依靠政府财政支持，导致财政乏力，加上科技投入规模尚未形成稳定增长机制，地方政府的科技投入规模较小，企业自主创新投入严重不足，民间风险资本来源有限，金融机构支持力度较小、较弱等问题，使长株潭区域自主创新投融资受到各种各样的限制，自主创新的基础条件差、支撑能力弱。一方面，由政府主导的创新投融资体制，使政府在财政上缺乏明确的政策导向，造成支持创新发展的资金使用效率低下；另一方面，政府出资充当创新发展的投资主体，导致创新发展的资金使用周期短、不稳定。

二　创新投入结构不合理

创新投入结构不合理，主要表现在四个方面：其一，大学作为为社会培养各类科技人才的基地逐渐成为了各类创新项目的主要承担者或参与主体，在享受国家大量科技投入的同时，缺乏科研院校与生产企业的协作与配合，与企业和社会实际发展脱节，出现"闭门造车"现象。其二，创新投入结构的不合理还表现在各级各类教育的投入不平等上。近年来，我国逐年加大了对人才培育的投入，资金的规模逐年提高，但是在投入的结构上更注重对类似国家教育规划工程"985"、"211"高校进行科技研发投入，在教育经费的投入上偏向明显。其三，在获取科技创新资本方面，呈现出"大企业容易，小企业难"的局面。多国实践表明，中小企业研发新技术、开发新产品效率比大企业要高很多。但偏偏大企业更容易获得资金支持，既有来自上市的资产和盈利带来的收益，更有来自政府部门的资金援助。其四，产学研合作并未形成一个完整的有机体系。创新离不开高等教育，离不开科学研究，更离不开企业实践，作为提升区域创新发展竞争力的关键，产学研结合是必经之路。而目前，长株潭区域的产学研一体化还有很大的提升空间。长株潭地区的高校、科研机构的科技人员缺乏平台来展示自己的科研成果，市场化程度明显不足，而生产企业因科技人才、资金投入、企业规模和政府政策等因素的限制也未能成为创新发展的主力。

三 创新融资渠道单一

大多数企业的技术创新，尤其是高新技术企业的技术创新需要大量的资金投入，因此融资能力和渠道对于一个企业的创新发展至关重要。一方面是国家的严格管制，我国利率管制、行政干预等非市场化行为制约了企业的融资能力。另一方面，中小型企业因无法获得跟国有企业一样在政策上的关照，加上融资手段单调、融资工具缺乏，中小型私有高新技术企业在融资渠道和融资能力方面受到限制。

四 创新活动的民间资本投入匮乏

近年来，长株潭区域为活跃技术创新做出了较大努力，诸如由长沙市政府出资组建的长沙市科技风险投资管理有限公司，便通过市场化运作方式吸引了大量的社会资金参与科技投资。但目前，在我国科技经费投入由政府财政资金占主导地位的背景下，大量滞留银行的民间储蓄并未投入企业、市场，与高达17万亿元的居民储蓄和8万亿元的居民投资于股票、债券和基金等金融市场形成鲜明对比。而专门服务于科技创新发展的金融市场不健全，基金、债券融资，创业投资、信用担保以及政府引导下的银企合作等新的科技投融资方式则处于起步阶段，民间资本投入的潜力远未发挥。

第三节 科研管理体制束缚着创新能量释放

自主创新，人才为本。人才作为科技创新过程中最根本、最活跃的资源，发挥着创新思维的能动性、创造性，创新本质上就是科技人才将自己的奇思妙想付诸实践的过程。而正确的人才观念和科研人才管理体制成为影响创新能力培育的重要因素。据统计，湖南省科技人力资源总量丰富，研发人员总数达101.21万人，大学在校生总量也超过110.08万人，在校研究生接近5.45万人，正向社会源源不断地输送高层次人才。① 长株潭区域作为湖南省经济发展的核心增长极，环长株潭城市群常住人口约占全省人口的61%，集中了全省大部分的高等院校、企事业单位及科研院所，拥有着占全省超过66%的享受过高等教育的人才资源。② 其中具有研究生教育程度（包括毕业生、肄业生和在校生，下同）人员10.18万，大学本科教育程度人员130.45万。③ 长株潭区域科技人才总量丰富，但创新意识不足，总体科研水平有待提高。

一 人才管理受传统教育观念的影响导致价值观偏离

国家、企业等各个层面一向都强调重视人才，长株潭区域位于我国中部地区，因其独特的地理区位及国家政策的支持，在大力提升自身经济实力的同时，一定程度上培养了一批具有先进技术的科研人才。由于传统教育观念根深蒂固，人才教育与管理观念偏离创新、创造发展：越高学历、高学位的知识人才越发受到各方重视，唯学历论现象仍旧存在。以学历和学术头衔为依据的评判标准，这种带有些许官僚色彩和功利主义的人才等级观念，带来的是社会教育价值观的偏离：教育强调的是获得学历而非提高素养，人才资源培养效果大打折扣。目前，我国高校毕业生普遍创新和动手能力较差，自主创造、创新能力偏低，论文创新性不足，缺乏创新精神和独立意识；知识整合能力较差，知识的广度、深度欠缺，知识的融会贯通、综合运用意识更是不足；导师水平有待提高，近些年来，我国研究生招生超规模发展，大量研究水平、科研水平及教学水平较低的学生一毕业便成为研究生导师等问题突出。单纯强调学历和头衔的人

---

① 数据来源：《湖南统计年鉴2014》，这里所指的"研发人员"即统计年鉴中的"各类专业技术人员"，未包括国家机关与人民团体中的专业技术人员。

② 数据来源：《湖南统计年鉴2014》，据此统计，其中长株潭地区常住人口占全省人口的60.9%，而长株潭区域高等院校在校学生数为72.8555万人，约占全省高等院校在校学生总数109.9317万人的66%。

③ 数据来源：湖南省统计局：《人口城镇化与环长株潭现代化生态型城市群建设》（决策报告第83期）。环长株潭城市群，这里具体指以长沙、株洲、湘潭三市为中心，1.5小时通勤为半径，包括衡阳、岳阳、常德、益阳、娄底5个省辖市在内的城市聚集区。

才观无法满足长株潭区域产业创新发展、产业升级及产业结构转型对于人才储备的需求,进而导致创新意识不足及企业效率提升缓慢,制约了创新能量因子作用。

二 科研管理"条""块"分割导致创新资源缺乏共享

现行的创新管理体制导致创新资源的"条""块"分割,产学研一体化机制尚未形成。我国现行的科技、教育和经济分立的创新管理体制,使高等院校、科研机构和企业分属教育、科技、经济多个部门管理,这种科技、教育和经济分离的创新管理体制并没有形成理想的"开放、流动、竞争、协作"的机制。高校、科研机构及企业间科技资源等的隶属关系、产权关系、责权关系分属于不同的"条"和"块",地方科技部门内部的条块分割、职权分离、难以统筹的现象异常显著,导致科技设备、科技文献和科技数据不能实现有效共享,资源配置效率不高,互补优势难以充分发挥。[①] 在这种情况下,科研管理体制实质上仍是以实现经济效益为导向的粗放式发展行为,以量代质、以速度取代效益、以短期取代长远。而创新作为一项长期、艰苦和不确定的思维活动,是一个厚积薄发的过程,没有捷径可走。当前的管理体制在一定程度上造成了创新的长周期与行政管理业绩考核短期之间的矛盾,无法形成对人才培育、科研项目提供长期、稳定、连续的支持,制约了创新人才的积极性。

三 院校分割制约了创新能量发挥

首先,院校发展自成一体,缺乏沟通、交流。受分离管理体制的影响,大多数科研院所与高等院校各成一家,科技人员流动性较差,无法构建一种长期、稳定的合作关系。在传统惯性下,科研机构在其挂靠的主管部门、企业合作者及其自身因素的影响下,往往享有优先合作机会,高校机构在一定程度上被排除在合作意向之外。其次,科技成果供给与企业产业发展对接不够契合。长株潭区域每年都会取得一定数量的科技成果,但产学研联合创新发展机制不健全,应用型科研成果少、科学发明专利少、

---

① 金芳、黄烨青:《创新型国家建设:进程、障碍与出路》,上海人民出版社2007年版,第118页。

拥有自主知识产权的核心技术更是少,科技与企业发展相结合程度不够紧密,高校与科研机构游离在生产线之外。最后,科技成果转化的企业环节薄弱。企业技术中心建设存在效率低、质量水平低等问题。长株潭区域企业技术开发中心、重点实验室、工程技术中心、获国家科技奖项数量不多,且多以企业内部研发和工业化为主。①

第四节　面向区域自主创新的生态环境尚未真正形成

自主培育发展高新技术及新兴产业的社会生态环境涉及面较广,形成自主创新体制机制需要保障各种优质资源的提供,包括各种管理体制、政策法规、社会舆论环境、创新创业氛围以及良好的创新资源共享机制等方面。要形成良好的创新生态环境,离不开新兴产业自主创新资金援助、大量高级科技创新人才培育、科技创新服务体系等各方面支持。滞后的企业、科技、教育管理体制,不健全的科技研发政策法规,固守成规的社会环境等诸多不利条件的存在,制约了创新资源共享机制的培育,成为影响长株潭区域自主创新良好生态环境形成的关键因素。

一　政府科技研发投入总量不足与均量不够并存

政府科研投入总量不足,湖南政府科技投入居全国中下水平。培育和发展新兴产业,特别是自主培育发展新兴产业,其核心基础是广大企业具有技术创新的强大动力,大量投入和积极开展技术创新活动,成为技术创新的主体。② 长株潭区域自主创新发展动力严重不足。研究与试验发展(R&D)被联合国教科文组织认为是科学技术活动的重要组成部分,是知识创造和原始性创新的源泉和基础。③ 据统计,在中部六省政府科技投入情况的排名中,湖南政府投入资金 37.01 亿元,占全部 R&D 内部支出比重的 12.9%,其中湖北 21.6%、安徽 21.4%、河南 13.7%、江西 17.2%、山西 13.7%,湖南政府科技投入不仅远低于全国 21.6% 的平均

---

① 数据来源:湖南省统计局网站;《湖南高新技术产业发展的优势、潜力及对策研究》。

② 仲伟俊、胡钰等:《自主培育发展新兴产业的路径与政策》,科学出版社 2014 年版,第 220 页。

③ 陈宇学:《创新驱动发展战略》,新华出版社 2014 年版,第 91 页。

水平，而且位于六省最低。① 湖南地方政府科技投入总量不足、水平过低，导致只有具有一定规模且具备了较高的抗风险能力的企业才能进行技术创新活动，严重制约了长株潭区域大部分企业开展科技创新研发活动的积极性。

自主创新投入主力企业比重低，企业创新投入积极性普遍不高。R&D 对于经济发展、科技创新的作用在于 R&D 活动按照一定的步骤不断地进行，逐渐地积累知识。随着这一过程的发展，知识逐渐被物化到物理设备和人力资本之中，然后内化到经济系统要素之中，形成新的技术元素，这些新的技术元素随着经济发展不断地调整和改进，从而形成技术进步，进而促进了经济的持续发展。② 2012 年，湖南省共有 R&D 调查单位 14593 家，其中有 R&D 活动单位 2197 家，有 R&D 活动单位占全部单位的 15.1%；作为湖南 R&D 经费投入主力的企业比重更低，只有 13.7%，其中规模以上工业企业仅有 13.9%。目前，长株潭自主创新投入主力企业比重较低，突出表现为企业为获得更高的企业利润，往往选择投资周期短、收益快的战略发展方式，更多企业不愿意投资风险相对较大、产生效益周期较长、投入资金更大的技术创新项目。

政府科技投入严重不均，企业间科技研发水平差异明显。据湖南统计局年报统计，2012 年在 12785 家规模以上工业企业中，开展 R&D 活动的工业企业 1777 家，占规模以上工业企业总数的 13.9%。占全部工业企业个数为 63.4% 的大型企业开展了研发活动，远高于中型工业企业（24.8%）和小型工业企业（11.2%）。2012 年，全省规模以上工业企业中，大型企业投入研发经费 136.84 亿元，占全部工业企业的 65.5%。2013 年，规模以上工业企业独立研究开发的 10 万元以上的科技项目为 3130 项，占全部科技项目的 72.7%。大型工业企业因为具有雄厚的物质基础，开展科技创新活动占有明显优势，而各中小型企业在创新活动中投入的不足导致其创新活动积极性与动力不足。

---

① 数据来源：湖南省统计局网站：《湖南省第二次全国科学研究与试验发展（R&D）资源清查主要数据公报》（第四号）。

② 王书林、王树恩、陈士俊：《当代科技进步促进经济增长的内在机制与对策选择》，《自然辩证法研究》1998 年第 9 期。

二 政府科技研发政策法规不健全

实际上，对企业技术创新的支持，提供资金不如政策支持，政策支持不如市场开放。企业技术创新中研发的某种技术和产品因其成本高、价值大，在研发成功后往往容易被后来者或竞争者模仿，因而产品投入与收益风险加大。税费制度不完善，企业税费负担过重，直接影响企业技术创新的投入能力。人事制度、社会保障制度和利益分配制度等方面不健全，导致高层次创新人才主要集聚在高校和科研院所，不愿向企业靠拢，企业创新人才和自主创新能力严重不足。规范、公平、有序的市场环境以及良好的知识产权保护制度缺失，企业缺乏技术创新的良好收益预期。长株潭区域企业的自主创新正风生水起，但大部分企业掌握与运用知识产权制度的水平不高，尤其是中小型企业，更是缺乏应对知识产权纠纷的专门人才。在工业企业发明专利申请量逐年增加的同时，就整体而言，企业发明专利数量依然偏少。据统计，2011 年，在湖南大中型工业企业中，申请 1 件及以上发明专利的企业只占企业总数的 7.6%；拥有有效发明专利 1 件及以上的企业只占企业总数的 5.6%。没有知识产权作为有效保护知识创新的工具，企业则表现为技术创新、发明创造的不作为或创新发明的成果不佳。

三 自主创新社会服务体系建设滞后

生态创新服务环境不佳，直接影响科技人员创新的积极性。人才资源一直是产业发展的基本要素，作为创新产业发展的基础，科技人员运用自己掌握的研发技术，研发出新兴产品和服务，并将产品和服务实现产业化、市场化。目前，长株潭区域针对企业、科研机构及高校的自主创新服务平台建设较为落后，产学研一体化服务体系建设滞后。首先，长株潭城市群高校林立，国防科技大学、中南大学、湖南大学、湘潭大学及湖南师范大学等高校拥有着丰富的科技研发人才，但目前高校的科研体系，以成果、知识为导向，缺乏商业意识、市场导向。其次，高校研发人员与企业、科研机构的研发人员分属于不同的管理体系，相互之间的技术交流、沟通较少，缺乏创新资源、技术共享平台。最后，政府作为科研体系最主要的经费支付方，企业、科研机构及高校的技改和攻关项目经费分别来自不同的政府部门，难以实现真正的创新联合。

　　生态创新服务联动机制不健全，自主创新社会服务氛围尚未形成。创新生态环境的建设离不开社会各方面提供的服务，诸如技术开发、科技中介、管理咨询、风险投资和融资等多样化公共服务和社会服务，只有在营造良好的自主创新社会服务氛围之后，科技研发人员才能在面临研发失败风险、市场风险等研发压力之下获得更多支持，高水平、专业化的自主创新服务平台，是提升科技人员从事研发积极性的必要条件。

第六章　深化长株潭区域自主创新体制机制改革的对策建议

长株潭区域自主创新不仅仅单纯是一项技术工程，而是一项系统公共工程，它涉及领域较广、覆盖人群较多、涵盖层级范围较宽。破解长株潭区域现存的难题及疏浚相关阻滞障碍，提升其自主创新能力与绩效，关键在于从体制机制层面实现改革创新，这是推进国家自主创新示范区建设的重要着力点，亦是国家治理体系现代化在区域创新领域的重要体现。因为从宏观国家层面来说，在社会主义市场经济和经济全球化的条件下，自主创新战略能否全面落实，建设创新型国家的目标能否实现，并不取决于政府科技投入和科技项目，而关键取决于真正建立激励、促进创新的体制机制和政策环境。就长株潭区域自身而言，其在地理区位、创新资源、创新成果数量等方面有着较为明显的优势，然而亦面临创新能力薄弱、创新动力不足、创新成果质量较低、创新需求供给滞后等困境，尽管存在创新人才缺乏、创新战略支撑乏力、创新环境落后等制约因素的影响，但更深层次的原因则是创新体制机制的固有弊端。2020年创新型国家战略目标的实现，离不开创新型区域的建设；创新型区域建设，更与创新型企业、创新型人才以及创新型政府等多元主体的系统整合效应息息相关。因而，建立符合市场经济和创新运动规律的长株潭区域自主创新体系，需要从深化现代企业改革、推动科技体制创新、提升科研院所创新水平、实现政府职能及公共政策创新等多维度着手，不仅在微观上激发科技人才的创新积极性，而且在中观层面创新企业主体培育机制，更从宏观上坚持自主创新的市场导向及政府保障。

第一节　建立健全现代企业主体培育机制

从本质上来说，长株潭区域自主创新体制机制改革是地方经济体制与政治体制改革的有机统一体。在公共管理学的视域下，这一改革实践以满足公众需求为主旨，而对社会公众需求感知最敏锐的社会行动主体是市场企业。企业作为市场领域内自主经营、自负盈亏、自担风险的经济实体，在了解公众现实需求，尤其是潜在公众需求方面具有特别且显著的优势。在区域自主创新体制改革进程中，企业是与公众的直接对话者；在竞争激励的市场体系中，企业同样需要进行自主创新以形成与公共组织或其他企业的比较优势，只有在遵循市场规律的基础上把握技术的制高点，进而才能引领市场并创造更大的利润。同时，长株潭区域创新活动需要经由区域内企业流向市场，所以区域自主创新的主体必然是区域内企业，围绕以企业为主体进行区域自主创新体制机制改革将是最有效的途径。实现以企业为中心主体进行长株潭区域自主创新体制机制改革，应当从以下几个方面来把握。

一　围绕提升技术创新能力深化企业制度改革

现代企业赖以生存的基础在于产品科技含量的提升，这既离不开企业技术创新能力的培育，也与现有企业制度有着较强的相关性。长株潭区域要给予域内企业以市场主体地位，就要在体制上坚持政企分开，建立以技术创新为战略重点的现代企业制度，并在生产的全过程注入技术创新理念，从制度上真正使企业成为研究开发的主体、凝聚人才的主体、创造知识产权的主体、科技投入的主体、管理创新的主体。在企业的生产组织方面，以技术创新为主要着力点，以提高企业的创新绩效为企业战略目标之一，将技术型创新绩效列为企业考核重点，转变传统企业缺少技术研发、一味"引进来"的生产方式。在资金支持上，要加大对区域内自主创新项目及科研人员的资金投入力度，注重对高科技人才的培育及支持；在学术资源上，应该加强区域内企业与高校科研机构的深度合作，深化多元创新主体的合作关系以弥补企业在研究开发阶段知识性、技术性的不足，依托高校科研院所在基础研究、前沿技术开发等方面的优势，加大对企业创新人才的技术提升力度，形成产学研的高效结合，并且建立新型人才管理激励制度，通过整合学术资源和制度建设共同效应集聚人才。

二 创建提升重点产业创新能力的多主体合作联盟

毋庸置疑，以企业为中心的单一主体试图对抗创新体制改革的市场化浪潮是不现实的。长株潭区域内单一企业规模小且生产要素布局分散，资金、技术、人才等众多方面都难以适应与国内国际大型企业集团的竞争，因而，其企业重点产业的发展有赖于企业与政府、企业与企业、企业与高校间的合作，实现官产学研的有机结合。创建创新战略联盟是实现官产学研有机结合的重要途径，这在许多新型创新型国家中均有迹可循。在一些行业领域，单一企业所擅长的领域也较为单一，不能形成集团化与产业化，往往面临供求分配不合理、利益流失、资源浪费等困境。同时，缺少政府部门政策支持和高校、科研机构技术支持的企业生产往往都显得捉襟见肘，缺乏竞争力。因此，要支持鼓励官产学研相结合，联合开发核心关键技术，提升重点产业技术创新，促进科技成果产业化。创建创新战略联盟之后，要以龙头企业牵头，政府进行少量的财政投入，吸纳众多企业之"长"，整合社会资源，发挥高校及科研机构优势，为企业提供技术咨询、技术创新、高新技术产品开发等现代化服务，形成长株潭区域内企业的竞争合力。

三 培育促进创新企业发展的良好环境

企业终归是市场化生产的结果，回归市场的怀抱并在市场的大环境下生产才是其最佳归属。在此前提下，长株潭区域政府应打破传统体制机制对域内企业的束缚及羁绊，积极发挥引导型职能并通过提供财政拨款支持企业科技创新发展，减少制约企业健康发展的条条框框，促进各类企业在市场条件下公平竞争。在财政投入方面，新兴的高新技术产业和中小型企业是长株潭区域自主创新的主要生力军，其在资金、技术等方面均处于相对弱势，政府要加大对这类产业企业的财政扶持力度，改善其信贷及融资环境，实施扶持自主创新的政府采购政策，落实财政性资金采购自主创新产品制度和对具有自主知识产权的重要高新技术产品的首购政策和定购制度。现代企业的创新发展需要先进市场文化作为重要支撑。在某种程度上，良好的文化舆论环境能为创新型企业建设提供一定的软基础。因而，长株潭区域在推进国家自主创新示范区建设的过程中，应深入挖掘历史悠久、底蕴丰富的湖湘文化的重要价值，将特色的湖湘地域文化与现代企业创新文化有机融合，为市场企业主体的创新营造良好的文化氛围。

第二节　加快长株潭区域科技体制改革创新

改革开放以来，我国在科技领域取得了显著成就，不仅高科技产品数量庞大，而且一些具有自主知识产权的先进技术居于世界前沿地位。然而，与发达创新型国家相比，我国在高科技产品质量、核心科技、原始科技创新等方面仍存在一定的差距，依然需要从国外引进消化再吸收。2020年建成创新型国家战略目标的实现，有赖于各区域自主创新的努力实践；因为国家整体创新是各区域自主创新相加之和，值得注意的是，这并非是区域自主创新的简单机械叠加，而是系统整合的必然结果。创新型国家建设的基础在于国家科技生产力的整体提升，自主创新的核心要义在于科技创新。因此，长株潭区域自主创新体制机制改革的关键环节是创新区域科技体制，其中包括科技资源开放共享机制、科技成果转化机制、科技创新协同生产机制等。

一　构建科技资源开放共享机制

长株潭城市群目前拥有密集的技术创新资源，良好的技术创新环境，并且近年取得了丰富的创新成果，这构成了长株潭城市群科技自主创新的软基础。科技创新需要充分发挥资源开放共享的高效性与集成性，创新资源需要不断地加以创造、配置与集成，以高等院校与科研院所构建新兴技术研发平台，积极运用大数据时代的资源数据库进行创新资源的收集、分析与计算，并结合科技部门市场指导性作用的发挥，进而有效降低科技创新中的投资重复率与资源浪费率。因此，要在长株潭区域建立科技创新资源开放共享机制，在此基础上构建对接全国与全省、覆盖长株潭区域的科技资源开放共享服务网络管理平台，在保障网络信息安全的前提下，科技资源开放共享网络管理平台收集整理科技资源信息并及时向社会发布。这为优化长株潭区域科技资源的合理配置及系统集成提供了强有力的动力基础，更能在一定程度上为促进区域科技体制机制改革提供必要的物质基础。

二 创新科技成果转化机制

科技资源在实现创造、整合与集成阶段之后，最终要转变为科技成果。实现科技成果的转化是一项复杂的系统工程，在科学研究与技术开发产生具有实用价值的科技成果之后，并不能就此停滞不前，而是要通过市场运行机制加以应用推广，成为可供交易的新产品。现实情况是，长株潭区域的科技成果在转化过程中往往遭遇人才匮乏、观念障碍等问题，从而呈现出科技成果转化不畅的弊端。为了实现未来科技成果转化的长远发展，长株潭区域亟须创新科技成果转化机制。其中首要解决的问题是科技人员与企业家的观念障碍与沟通失灵问题，这有赖于双方联动互信机制的建立与维持，同时充分吸收科技人才和科研技术力量，以人才与技术导向为核心，最终加大科技成果转化的畅通性与合理性。毫无疑问，高等院校和科研院所作为重要的创新主体要素，是重要的技术创新源地与资源知识库，是企业科技创新的智力支撑，构成区域科技成果转化的重要主体力量，为深化长株潭区域自主创新体制机制过程中的知识生产、技术转移与创新优秀拔尖人才培养提供了重要的支撑。这样看来，创新科技成果转化机制需要政府、企业及高校科研院所间的通力合作、共同推进，任何一方主体的缺位将难以实现科技成果的高效及时转化。

三 建立健全科技协同创新机制

发达国家的实践表明，在新的科技革命和经济全球化背景下，企业、区域和国家的竞争力关键在于其动态的创新能力，而不是其静态的相对成本优势。科技创新发展是不断进步的动态完善过程。行政部门对于科技资源配置存在管理过度、低效与后劲不足等问题，因此，需要提升企业主体及技术机构对于科技资源配置的主动性与效率性，既要发挥国家战略规划的引导作用与宏观政策的导向作用，也要注重科技创新资源配置的载体与环境建设，通过发挥创新驱动发展战略的指导意义，建立科技创新的协同机制。科技创新与发展不能仅仅局限于某些层面、某些领域，在社会流动性不断加快、资源与信息共享联动程度日渐增强的同时，科技创新亦被赋予了协同性、系统性。因此，作为自主创新运动中的重要组成部分，长株潭区域科技创新需要打破区域内创新体制过度行政化、封闭化与低效化的制约，不断夯实区域内科技创新的主体间合作、部门协同与开放共享的优势基础，依托创新协同机制提升科技生产力与创造力。

第三节 提升长株潭区域科研院所创新水平

现代社会是人才制胜的社会，创新驱动发展的实质在于人才智力驱动。深化长株潭区域自主创新的核心要义在于，创新型人才对企业主体及科技创新的智力支撑。智力支撑的载体是区域内的高等院校及科研机构，这些行动主体的创新水平是衡量长株潭区域自主创新能力的重要圭臬，对深化区域自主创新体制机制有着极为重大的现实意义。为了实现科研机构创新水平的提升以及高科技创新人才的培育，长株潭区域需要从构建科技人才的交流共享激励机制、推动科技产业区域的深度融合、加强产学研用一体化的合作平台建设三个方面着手改革创新。在创新型国家战略目标的指引下，长株潭区域亟须改变域内科研院所原有分散化研究、碎片化发展的局面，在立足于各自的优势及特色的基础上，加强合作研究开发，以增强创新的系统性、整体性与协同性。

一 构建科技人才的交流、共享及激励机制

在全球化、后工业化时代，国家间的竞争实质上是现代化的人才竞争，这一论点同样适用于区域间的竞争与合作。作为高科技人才培育的重要载体，高校科研院所存在着人才管理体制较为封闭、刚性过强等问题，在课题项目申请、人才评价体系等方面存在严重弊端，这制约了科技人才创新能动性的充分发挥。在"双一流"建设战略目标的引领下，长株潭区域科研院所要贯彻落实《关于深化人才发展体制机制改革的意见》，破除束缚高科技人才发展的相关体制障碍，构建集人才培养、交流、共享及激励于一体的创新机制。具体而言，一是大力引进培育高层次人才。在深化高等教育体制改革、探索创新型人才培育模式的同时，加快培育一批由高端科技人才领衔的创新研究团队，完善重大科技项目面向域外招标的人才集聚机制。二是加强科技人才的交流与共享机制建设。推动长沙、株

洲、湘潭三市在人才政策、技术职称、人事档案管理、科研评价机制等制度层面的相互衔接，以省科技厅、科协、社科院等相关部门为平台形成三市科技协同创新会议制度，组建区域合作的人力资源开发孵化基地、人力资源共同市场及人才协调与管理中心。三是多措并举创新人才激励机制。为了最大限度地激发科技人员的积极性，应当构建科学而合理的收入分配激励机制、自主创新奖励制度及创新绩效考评体系；依据科研创新业绩和贡献，设计科技人员的激励性报酬结构，给予科研人员以相应的物质和精神奖励；与此同时，通过授予各科研院所更多的自主治理权，强化其溢出效能，以进一步激发科技人员的主体性与责任感。

二 加强产学研用一体化的科研平台建设

目前，湖南省已初步形成了较为成熟的产学研用一体化体系，一批产学研用技术创新联盟、大学科技园、产业实体纷纷成立，技术专题合作也取得了丰硕成果，在设计研发、主体投入、科技成果转化等方面成效显著，这对长株潭区域自主创新发展具有特殊意义。在党的十八届五中全会明确提出的五大发展理念中，创新发展理念处于首位地位，因而在深化改革的攻坚期，要继续加强产学研用一体化平台建设以适应时代发展潮流。首先，加强技术研发平台建设。技术研发环节是一体化平台建设的前提，长株潭区域作为湖南省贯彻落实国家创新驱动发展战略的先行者，以省内国家级研发中心、省级研发中心和企业内部研发中心为主要依托，建设惠及长株潭区域甚至在未来惠及全省企业的技术研发平台，以解决大多数缺乏研发能力的企业在技术共性上的难题。其次，加强技术服务平台建设。鼓励长株潭区域内高校、科研机构、大型企业开放其研发设施，塑造开放的科学文化环境，减少或消除主体间壁垒限制，支持大学科技园等一系列创业机构共同建设技术服务平台，集中技术服务平台优势资源促进企业创新发展。再次，加强科技成果转化平台建设。科技成果转化是一体化平台建设的关键，要更好地将科技成果创造者与使用者联系起来，从产业的供求关系出发，形成集技术设计、成果产出、技术转移、交易推广、知识产权确权、成果应用于一体的系列链条化过程，实现技术领域向应用实践的推广覆盖。最后，加强创业孵化平台建设。引导企业牵头搭建创新平台，发挥企业自身基础设施、物理空间、资金链条等资源优势，支持企业内部新建科技研发中心，为科技创新项目提供人才、技术支持。

三　构建科学的创新人才评价机制

科技资源是直接作用于科学研究和技术创新过程的各类资源要素，包括科技人力资源、科技投入、科技基础设施、自然科技资源等各类资源，是创造科技成果的基础和前提。创新为社会发展持续注入新动力，以科研机构与科技人员为主的创新主体通过长期不断的实践努力创造出新事物与新观念，并且将创新发展成果进行及时转化，这不仅能促进社会进步发展，而且能较大程度地提升社会成员工作衍生的共享性，改善与调整整体社会生产生活方式。自主创新的创造基础建立在科技人员的工作与投入之上，高科技人员对于科技创新长远发展具有重要的主体创造意义与主体性价值。因此，这一群体的积极性、主动性、创造性需要得到长期有效地激发和保障，构建科学的创新评价机制在很大程度上能够激发出科技人员的活力。长株潭区域应当坚持以人才贡献为导向，坚持定性评价与定量评价相结合的原则，通过基础研究与应用研究的有机整合，作出科学而合理的人才综合评价体系。长株潭区域的科技人员在创新过程中已然不断壮大与更新，人才力量逐渐凸显出其在科技创新发展中的关键性地位，依托高科技人才团队进行科技创新已经成为信息化时代社会发展的基本共识。因而，要充分保障科技人才的智力投入与产出的效率与效能，以及科技人才在资源创造中的主体性地位，激发他们的积极性主动性创造性，必然要构建区域内科学的创新评价机制，明晰科研投入与创新成果产出的辩证关系。对科技成果、转化成果与科技人员的主体投入等方面进行科学有效的综合评价，将有利于充分发挥人才主观能动性，从而推进科技创新保持长久旺盛的生命力。

第四节　实现政府管理制度与公共政策创新

长株潭区域自主创新是多元主体合作共建的产物，在其推进过程中，既离不开市场企业、科研机构、社会组织的创新作用，亦需要政府组织的财政拨款以及政策保障支持。政府在自主创新战略和规划上起主导作用，它不仅是创新战略与规划的制定者，而且是创新过程中的重要执行者与监督者。事实上，政府对区域自主创新的主要贡献在于提供制度、法制及政策支撑。在长株潭区域自主创新上，政府的创新功能则集中体现在健全鼓励自主创新的政策体系、完善自主创新的科研管理制度、加大自主创新的法制保障力度三个方面。

一　健全鼓励自主创新的政策体系

政府担当公共政策的制定者与执行者双重角色，这是符合我国国情且具有中国特色的政治表征。长株潭区域在推进国家自主创新示范区的建设过程中，由于自主创新运动的不确定性与风险性，区域自主创新建设既要坚持技术创新的市场导向，亦要矢志不渝地坚持政府在制定实施自主创新政策体系过程中的主导地位。为了化解创新过程中可能衍生的潜在风险，政府应利用其制度构建的优势，制定相应政策激励企业开展自主创新研究与探索。譬如提供信贷优惠政策、财政和税收政策、产业政策和政府采购政策等。从而有力推动区域自主创新体制改革，破除自主创新体制和机制方面的障碍，为长株潭区域自主创新能力的提升营造良好的政策环境。政府的财政补贴和税收优惠是一种重要的政策手段，通过制定与实施相关税收优惠政策，可以减免企业所得税、免征高校和科研机构技术转让的营业税，减免企业孵化器向企业提供各种服务的营业税等。这些优惠政策可以直接降低创新主体的研发成本，减少不可逆的研发风险，最终有效鼓励与推进长株潭区域进行自主创新体制机制的改革。

二　完善自主创新的科研管理制度

在经济发展新常态下，创新驱动经济发展战略要求政府必须改变以往对科研院所的直接管理模式，转为建设服务型政府。长株潭区域自主创新体制机制改革建设，一方面，需要进一步加快科研机构企业体制改革进程，打破科层体制下科研机构的内部垄断和条块分割。另一方面，长株潭区域要切实改变技术成果与生产应用的脱节状态，扩大科研院所的自主支配权，从内部管理上建立起符合现代企业制度的人才储备机构及组织框架，使科研院所在与企业的对接实践中拥有较多的自主裁量权。在科研人员考核管理中，不仅仅以论文、专著与项目等为衡量标准，更要注重技术成果的实践效能、应用前景和长远效益等。与此同时，政府应从知识产权保护和税收返还等方面完善相关政策制度，加大保护创新资金的投资回报力度，创造一个良好的、有利于成果创新及保护的外部环境，进而最大限度地激发企业开展自主创新实践的动力。最后，在基础研究和前沿技术研发方面，长株潭区域充分发挥政府资金投入的引导作用，深度优化作为区域经济新增长引擎的战略性新兴产业和高新技术产业的创新资金投融资渠道，在全社会形成促进科技创新的多元化科技投入体系。

三 加大自主创新的法制保障力度

长株潭区域自主创新体制机制改革，不仅仅限于政策和制度层面的完善及健全，更要从法理层面予以强力推行。只有为企业自主创新提供必要的法制保障与法理依据，规范诸多创新主体的创新行为，突破相关体制机制的壁垒，才能促进长株潭区域自主创新的有序开展。诚然，与创新活动最紧密相关的法制保障是对各创新主体知识产权的保护。就全球治理而言，全球化时代的国际竞争实质上是各类知识经济实体间的相互竞争，在这一过程中，知识产权渐趋成为各国国际竞争力的核心要素与战略资源。在此意义上，保护知识产权不仅是我国完善市场经济体制、促进自主创新能力提升的需要，也是树立国际信用与开展国际合作的共同需要。因而，长株潭区域应当建立健全以保护区域内创新主体知识产权为核心的科技法规体系，并系统整合原有重叠交叉的法律条例，将制约创新活动开展的法规予以申请修订甚至注销，扎实推进相应法律法规的衔接配套工作，同时增强科技法规的执法力度与深度。作为科技立法的补充手段，长株潭区域需要加强知识产权法律宣传和法治人才培训工作，完善企业、科研机构的知识产权管理制度，健全知识产权执法和管理体制，并强化知识产权在经济、文化和社会政策中的导向作用。

第七章　长株潭区域科技自主创新资源优化配置研究

科技资源是指直接作用于科学研究和技术创新过程的各类资源要素，包括政策、资金、人才、信息以及物力等，是创造科技成果、促进科技进步的重要基础和前提。① 区域科技资源，作为影响区域自主创新能力的重要因素，其配置规模、配置效率以及配置结构等对区域自主创新战略的实施、区域各领域的全面创新与协同创新等有着重要的影响。近年来，长株潭区域科技资源投入有所增长，为促进长株潭科技创新与进步、推动经济发展方式转型奠定了重要基础。但不能否认的是当前长株潭科技资源配置在方式、效率、结构等方面仍存在诸多问题，不仅影响了科技资源的有效使用，还影响了区域创新能力的提升与区域创新合力的形成。因此，在推进区域自主创新能力提升的过程中，不仅要把注意力集中于科技资源投入总量的增加上，更要注重科技资源的优化配置，特别是在相对于其他自主创新示范区而言，长株潭区域科技资源优势不太突出的背景下，科技资源配置结构的优化、科技资源配置效率的提升变得更为重要。基于此，本章以区域自主创新为出发点和落脚点，聚焦于长株潭区域科技资源的配置，以期通过对相关问题的挖掘和分析，推进科技资源配置的优化，促进区域自主创新能力的提升。

---

① 赵金龙：《面向自主创新的区域科技资源优化配置》，《学术交流》2012 年第 6 期。

第一节 区域自主创新和科技资源配置的理论阐释

一 区域自主创新的界定

（一）自主创新

近年来，自主创新是我国学术界研究的重点问题之一，国内诸多学者也分别从不同视角、维度对其进行理解与定义。有学者从发展阶段这一视角对其进行界定，如陈劲认为自主创新是在引进、消化以改进国外技术的过程中，继技术吸收、技术改进之后的一个特定的技术发展阶段。[①] 也有学者从技术来源这一角度对自主创新进行定义，如傅家骥认为，自主创新是指企业通过自身努力与探索，攻破技术难关，实现技术突破，进而推动后续创新、实现预期创新目标的过程。[②] 又如周寄中认为自主创新是指通过提高科技原始性创新能力、集成创新能力和引进消化吸收能力，因而拥有一批自主知识产权，进而提高国家竞争力的一种创新活动。[③] 还有学者从主导权这一角度出发，如路风认为创新只能自主，这对技术先进者来说是理所当然的、不言而喻的，但对技术落后者来说，必须强调自主是赶超需要勇气。[④] 又如杨起全认为，自主创新是指由自己主导的创新，其实质是为了掌握未来发展的主动权与主导权。[⑤] 在此基础上，本研究对自主创新的概念进行了界定，认为自主创新主要是指创新主体依靠自身力量独立研究开发、进行技术创新的活动，主要包括原始性创新、集成创新以及引进消化吸收再创新。

（二）区域自主创新

区域自主创新作为区域经济发展方式转型的催化剂和动力源，在本质

[①] 陈劲、李飞宇：《社会资本：对技术创新的社会学诠释》，《科学学研究》2001 年第 3 期。

[②] 傅家骥、程源：《面对知识经济的挑战，该抓什么？——再论技术创新》，《中国软科学》1998 年第 7 期。

[③] 周寄中、张黎、汤超颖：《关于自主创新与知识产权之间的联动》，《管理评论》2005 年第 11 期。

[④] 路风：《中国大型飞机发展战略研究报告》，《商务周刊》2005 年第 6 期。

[⑤] 杨起全、吴辰、高昌林：《自主创新·国家竞争力·城市竞争力》，《前线》2006 年第 4 期。

上属于自主创新的一种。从宏微观的视角来看，它是介于国家自主创新与微观创新主体自主创新之间的创新活动，属于中观层次范畴的自主创新，其目标的实现，是促进宏观创新目标与微观创新目标实现的重要过程。区域自主创新，既是国家自主创新战略的具体化，也是区域范围内各微观创新主体自主创新的综合与集成。对于中国这样一个大国而言，单纯依靠国家自主创新很难在全国范围内实现全面、广泛的自主创新，因此，需在国家自主创新战略的指引下大力推进区域自主创新，促进区域自主创新能力和国家自主创新能力的提升。由此，区域自主创新逐步受到各级政府的重视，并在各地得到大力推进。同时，关注区域自主创新相关问题的学者也越来越多。孙恒有等认为区域自主创新是指区域范围内的创新主体自主解决区域经济社会发展面临的关键技术问题的过程，包括原始创新、集成创新以及引进基础上的再创新等形式，其主要目的是为了推动区域内的产业结构升级和经济增长方式转型，促进区域竞争力的提升。[①] 阎忠吉、姜春林认为区域自主创新是一种主动、自觉、需要付出创造性劳动的创新行为，这种创新行为能对现有的科学技术产生贡献，能带来明显的技术进步。[②] 在综合理解各学者观点的基础上，本书将区域自主创新定义为：区域自主创新是指区域范围内的企业、高等院校、科研机构和社会中介组织等创新主体通过原始创新、集成创新、引进消化吸收再创新，自主解决区域内社会经济发展以及重大技术攻关问题的过程。[③]

二 科技资源配置的界定

对科技资源配置的界定必然涉及资源、科技资源、资源配置以及科技资源配置等相关概念和它们之间关系的界定。

（一）科技资源

正确科学地把握科技资源的内涵，首先需有效厘清科技与资源的概

[①] 孙恒有、张丽叶：《我国区域自主创新能力评价指标体系的构建——以河南省18地市为例》，《郑州大学学报》（哲学社会科学版）2010年第2期。

[②] 阎忠吉、姜春林：《区域自主创新的自组织机制分析》，《工业技术经济》2007年第2期。

[③] D. Doloreux, "What We Should Know about Regional Systems of Innovation", *Technology*, Vol. 24, No. 3, 2002, pp. 243–263.

念。其中，科技是指科学技术，"科学"是人类关于自然和社会发展客观规律的知识体系；"技术"一般指人类在生产、科学实验和社会活动中认识自然和社会以及改造自然和社会的过程中积累起来的经验和技能。因此，科技活动实际包含了科学研究和技术创新两大活动。关于"资源"的概念，《辞海》解释为"资财"的来源。联合国环境规划署解释为"所谓资源，特别是自然资源，是指在一定时期、地点条件下能够产生经济价值，以提高人类当前和将来福利的自然因素和条件"。一般包括自然资源和社会资源。

就科技资源的内涵来说，各学者从不同的视角、维度提出了各自的看法，经过梳理，发现其主要是从科技资源涵盖要素、科技资源的地位与作用等维度做了不同探讨与界定。有学者从科技资源所涵盖的要素出发，认为科技资源包括科技财力、人力、物力、信息资源四个方面。[1] 周寄中认为，科技资源除了涵盖上述四个要素外，还应该包括组织、管理等要素。黄海霞认为科技资源包括人力、资金、技术及设备、科技成果、信息、科技组织及制度等要素。[2] 也有学者从科技资源所具有的效用和地位出发，认为科技资源是开展各种科技活动与创新的基础，能直接或间接推动科技进步进而促进经济和社会发展的一切资源要素的集合。[3] 在理解和综合各学者观点的基础上，笔者认为科技资源是指直接作用于科学研究和技术创新过程的各类资源要素，包括政策、资金、人才、物力、信息以及科技成果等，是创造科技成果的基础和前提。

（二）科技资源配置

资源具有稀缺性、有限性等特征，而人类的欲望与需求是无限的，为有效缓解这种资源稀缺性和需求无限性之间的矛盾，就需要涉及资源如何分配、如何使用、如何配置等问题。就科技资源配置而言，有学者从科技资源配置的目标维度出发，认为科技资源配置是指在一定的经济体制、科技体制及其运行机制下使科技资源产生正向效果、效率的调配

---

[1] 周德群：《资源概念拓展和面向可持续发展的经济学》，《当代经济科学》1999年第1期。

[2] 黄海霞、张治河：《基于DEA模型的我国战略性新兴产业科技资源配置效率研究》，《中国软科学》2015年第1期。

[3] 刘玲利：《科技资源要素的内涵、分类及特征研究》，《情报杂志》2008年第8期。

方式。① 也有学者从科技资源配置的过程维度出发，认为科技资源配置是指科技资源在主体、领域、过程、空间、时间上的分配和使用。② 还有学者从科技资源配置所涉及的要素出发，认为科技资源配置就是指对科技资源各要素包括人力、物力、信息、组织结构等按适当比例在社会、经济各种不同发展方向上的协调分配和设置。③ 在把握诸多学者观点的基础上，笔者认为区域科技资源配置主要是指为满足区域科技、经济与社会发展需求，提高科技资源的利用效率，科技资源配置主体对区域范围的科技资源进行调配、整合与使用的过程。

科技资源配置是一项复杂的、系统的工程，涉及配置主体、配置规模、配置结构、配置模式等多个维度。就配置主体来说，主要涉及政府部门、大学、研究机构、企业等。就配置结构来说，主要是指科技资源要素在不同时间、不同空间以及主体间组合与分配的比例。就科技资源配置方式而言，主要有计划配置、市场配置以及混合配置等。因此，实现区域科技资源的优化配置，需结合实际，在综合考虑和选择配置主体、配置结构、配置方式等维度时，需坚持因地制宜、市场配置与政府配置相结合、优化现有科技资源配置与增加区域科技投入、挖掘潜在资源相结合以及效用最大化等配置原则，最大程度支撑区域自主创新能力的提升。

（三）区域科技资源优化配置的意义

科技资源作为第一资源，其对区域自主创新以及区域经济社会发展的影响和作用众所周知。科技资源配置，作为影响科技资源利用效率的重要因素，实现科技资源的优化配置，无疑对区域科技、经济与社会发展具有重要意义。

首先，优化区域科技资源配置，有利于提高区域创新效率。优化区域科技资源配置，意味着区域范围内的科技资源配置规模、配置结构、配置

---

① 侯燕琳、周寄中：《建立风险投资机制推动我国高新技术产业发展》，《科研管理》1999年第5期。

② 丁厚德：《科技资源配置的战略地位》，《哈尔滨工业大学学报》（社会科学版）2001年第1期。牛树海、金凤君、刘毅：《科技资源配置的区域差异》，《资源科学》2004年第1期。

③ 华瑶、刘春波、朱林生：《层次分析法在科技资源配置能力综合评价中的应用》，《东北电力学院学报》2004年第2期。

方式以及配置效率等都要有所改善，在此环境下，区域内用于基础研究的人力、财力、物力等将有所增加，企业在区域技术创新中的主体地位毫无疑问也能得以强化，以及区域科技资源配置中的"碎片化"与"行政化"问题也会有所改善，这些举措的实施都能为区域创新效率的提升奠定基础。其次，优化区域科技资源配置，有利于区域自主创新能力的提升。科技资源作为区域范围内相关企业、大学、科研机构等创新主体开展创新活动的基础和前提，实现优化配置与合理配置，意味着区域内用于支撑科技发展和自主创新的科技资源规模和结构能够满足区域自主创新的需求，这样不仅为区域自主创新提供了保障和物质支撑，还能有效激发区域内创新主体的创新活力，进而助推区域自主创新能力的提升。最后，优化区域科技资源配置，有利于区域创新驱动发展战略的实施。创新区域发展战略的实施，实现要素驱动型增长向创新驱动型增长转变，最根本的是要提升区域自主创新能力，当然，也离不开区域科技资源的优化配置。优化区域科技资源配置，解决区域科技资源配置中的突出问题，形成区域科技资源配置的新格局，不仅可以助推政府与市场关系的改善、科技成果转化机制的完善以及科技创新服务体系的健全等，还有助于构建高效的区域科技供给体系，实现更多核心、关键、共性技术的突破，进而为区域实施创新驱动发展战略提供坚实基础。

三 区域自主创新与科技资源优化配置的理论基础

（一）区域创新系统理论

20世纪20年代美籍奥地利经济学家熊彼特在《经济发展理论》一书中首次将"创新"引入经济学范畴，提出了创新理论，并将创新定义为创新就是生产函数的变动，而这种函数是不能分解为小的步骤的。随着创新理论、系统理论的延伸和拓展，国内外学术界开始对国家创新系统进行研究。1987年英国学者弗里曼指出国家创新系统是一国范围内与新技术的引进、吸收、研发、改造、利用和扩散相关联机构相互作用组成的网络集合，这些机构主要包括政府、教育与培训单位、企业等。在此之后，伦德瓦尔等对国家创新系统进行了深入研究，进一步拓展和丰富了国家创新理论。区域创新系统主要是相对于国家创新系统而言的。区域创新系统（regional innovation systems）最早由英国卡迪夫大学库克教授在 1992 年提出，他认为区域创新系统是企业及其他机构经由以根植性为特征的制度环境系统地从事交互学习。之后相关学者对这一概念进行了完善，指出区域创新系统主要是由在地理上互相分工与关联的生产企业、研究机构和高等教育机构等构成的区域性组织体系，而这种体系支持并产生创新。[①] 国内诸多学者对区域创新系统理论也进行了较多的研究，如苏屹等人认为区域创新系统是一个结构复杂、功能多样的复杂社会系统，其主要包含创新主体子系统、创新资源子系统、创新环境子系统三个部分。[②] 他们的研究共同推动了区域创新系统理论的完善和区域创新实践的发展。

从区域创新系统理论可知，创新是一项系统工程，涉及创新主体、创新资源、创新环境等多个维度，而每个维度的影响因素也较为复杂。如何调动区域范围内各创新主体的积极性，充分整合利用区域科技资源，提升区域创新能力，促进区域跨越式发展是当前区域创新理论关注的热点和焦点问题。区域科技资源配置也是一项系统工程，涉及的要素、维度也较多，需要各资源配置主体间的协调与配合，且实现优化配置的最终目标也是为了实现区域创新的发展和区域经济社会的进步。总之，区域创新系统理论是区域科技资源优化配置的重要理论基础，对实现区域科技资源的优化配置具有较好的启示作用。

（二）新制度经济学理论

新制度经济学包括的内容很多，主要有交易费用理论、产权理论、制度变迁理论、企业理论等。我们主要用产权理论、交易费用理论来探索新制度经济学对区域科技资源优化配置的指导意义。

产权即财产权利，是财产权的泛称。[③] 产权制度作为一种基础性经济制度，是降低交易费用、提高资源配置效率的重要基础。美国学者加里·D. 利贝卡普认为产权是一种社会制度。这些制度划定了个人对于某些特定财产所拥有特权的范围，决定了经济系统中谁是经济活动的参与者，并

[①] 付淳宇：《区域创新系统理论研究》，吉林大学博士学位论文，2015 年，第 43 页。

[②] 苏屹、姜雪松、雷家骕、林周周：《区域创新系统协同演进研究》，《中国软科学》2016 年第 3 期。

[③] 史小宁：《产权理论的演变：一个文献述评》，《经济研究导刊》2007 年第 7 期。

且界定了社会中财富的分配。[①] 交易费用理论作为现代产权理论的基础，最先由著名经济学家罗纳德·科斯（Ronald Coase）在《企业的性质》一文中提出。他将交易费用定义为"使用市场价格机制的成本"。在科斯之后，威廉姆森（Williamson）等经济学家对交易费用理论进行了完善，认为交易费用分为事前、事后的交易费用，并认为环境的不确定性、小数目条件、组织或人的机会主义以及信息不对称等是影响交易费用的重要因素。对于产权与交易费用的关系，科斯在《论社会成本问题》中进行了论述，指出如果交易费用为零，则不存在制度选择问题，任何制度都一样好。但是在现实世界里，一切交易都是需要成本的，交易费用是大于零的，因此不同的制度安排对资源配置效率的影响是不同的。交易费用的高低与产权明晰程度有关：产权越明晰交易费用越低；反之则越高。产权制度就是人们为了节约交易成本而发明出来的。[②]

有效界定区域科技资源的产权对降低交易费用、提高区域科技资源配置效率有着重要影响。而当前，由于科技资源的特殊性和重要性，使得科技资源产权的界定相对复杂，存在着区域科技资源所有者界定不清、产权不清晰与不明确等问题，导致其配置过程中存在广泛的外部效应和"搭便车"行为。因此，界定产权、明晰产权必然是提高区域科技资源配置效率、优化区域科技资源配置的重要前提和基础。

（三）资源配置效率理论

由于资源存在广泛的稀缺性，所以资源配置成为了经济学研究的重要议题，资源配置的效率问题自然也成为了经济学研究的重要问题。就资源配置这一问题而言，早在古典经济学时期，亚当·斯密便在《国民财富的性质和原因的研究》一书中对资源配置问题进行了论述，分析了市场对于稀缺资源配置的作用机理与优势，为市场主导资源配置的地位提供了理论支撑。而新古典经济学认为："只有在完全竞争性的市场环境下才能实现社会资源的最优配置。"该理论认为任何人福利的增加都不可避免地造成他人福利的减少，当经济处于这样一种状态时，便达到了资源的最佳

[①] [美]加里·D. 利贝卡普：《产权的缔约分析》，陈宇东等译，中国社会科学出版社2001年版。

[②] 刘玲利：《科技资源配置理论与配置效率研究》，吉林大学博士学位论文，2007年，第35页。

配置，社会福利就达到了最大。① 该理论的提出为资源配置提供了重要的理论指导。

古典经济学和新古典经济学有关资源配置的论述和相关理论为科技资源的优化配置提供了良好的理论基础。一方面，两者都强调市场在科技资源配置中的重要作用，为本书在分析区域科技资源配置优化路径时将市场配置作为区域科技资源配置的重要方式提供了理论支撑。另一方面，帕累托最优为本书科技资源配置效率衡量提供了标准，为区域科技资源配置效率的提高指明了方向。

第二节 面向区域自主创新的长株潭区域科技资源配置现状分析

一 长株潭区域科技资源配置的基本情况

作为国家自主创新示范区，长株潭区域有其独特的科技优势和政策优势，为了将区域科技优势转化为产业优势和经济优势，最大限度地利用区域现有科技资源，既需结合长株潭的区域发展和变革趋势，也需充分了解本区域的科技资源基础和配置现状。同时，为有效探寻长株潭区域科技资源配置机制的优化路径，全面梳理长株潭区域科技资源配置所存在的问题，也需充分把握长株潭区域科技资源配置基本情况。基于此，这里对长株潭区域近年来的科技资源配置的基本情况进行了相关统计和分析。

（一）长株潭区域科技资源投入现状

科技资源包括政策、资金、人才、物力、信息以及科技成果等要素，笔者在研究长株潭区域科技资源优化配置时，考虑到数据收集和整理方面的因素，主要关注核心资源要素。在分析科技资源投入现状时，主要考虑和分析了科技人力资源、科技财力资源的投入状况。

长株潭区域科技人力资源投入现状。科技人力资源作为科技创新的主体，作为科技资源要素中具有创造性的资源，是一个地区进行自主创新、实现科技发展的重要基础。科技的突破、技术的创新、经济的发展，无一

---

① 万威武、陈伟忠：《可行性研究与项目评价》，西安交通大学出版社1998年版，第46—48页。

不与科技人力资源的数量、结构和素质密切相关。① 科技人力资源投入作为影响科技人力资源数量、结构和素质的重要因素，其水平高低也深刻影响着区域科技实力和科技创新能力。在分析长株潭区域科技人力资源投入现状时，笔者主要选取了科技活动人员②和 R&D 人员③数作为分析变量，以期从不同维度较为全面地反映长株潭区域科技人力资源投入现状。

就科技人力资源投入而言，整体上，近年长株潭区域的科技人力资源投入力度有所增强，区域科技人才队伍扩大趋势明显，无论是科技活动人员还是 R&D 人员数量都呈上升趋势。从表 7—1 可知，长株潭区域的科技活动人员从 2011 年的 159462 人上升到 2013 年的 169672 人，科技活动人员整体规模有了一定程度的增长。且区域的 R&D 人员也从 2011 年的 88378 人上升到了 2015 年的 120045 人，五年间增长了 35.83%，增幅较大。从各市的分布情况来看，长沙的人才优势较为明显，以 2014 年为例，长沙市聚集了长株潭区域 R&D 人员的 74.04%，优势突出。

表 7—1　　　　　　　长株潭区域科技人力资源投入情况表

单位：人

	科技活动人员				R&D 人员			
年份	长沙	株洲	湘潭	总计	长沙	株洲	湘潭	总计
2011	115093	22967	21402	159462	64411	11978	11989	88378
2012	117057	26010	21601	164668	72220	13176	15041	100437
2013	120453	28134	21085	169672	77560	16148	14721	108429
2014					85294	14934	14970	115198
2015					93887	13993	12165	120045

数据来源：《湖南统计年鉴》（2012—2016）和《湖南科技统计年鉴》（2012—2016）。

---

① 余晓、杜晓：《浙江省科技人力资源配置现状及创新能力评价研究》，《科技管理研究》2010 年第 12 期。

② 科技活动人员主要是指直接从事科技活动以及专门从事科技活动管理和为科技活动提供直接服务，累计的实际工作时间占全面制度工作时间 10% 及以上的人员。

③ R&D 人员主要是指参与研究与试验发展项目研究、管理和辅助工作的人员。反映投入从事拥有自主知识产权研究开发活动的人力规模。

长株潭区域科技财力资源投入现状。科技财力资源作为科技资源的重要要素，其投入水平对区域科技发展和自主创新有着重要影响。在分析长株潭科技财力资源投入现状时，笔者主要选取了R&D经费内部支出[①]、R&D经费外部支出作为统计分析变量。同时，按经费来源、活动类型分别对长株潭区域R&D经费内部支出情况进行了统计分析。

从表7—2可知，2011—2015年，长株潭区域R&D经费内部支出、R&D经费外部支出总体呈上升趋势。就区域R&D经费内部支出而言，其从2011年的1549107万元上升到2015年的2534361万元，增长1.64倍，增长速度较快，且每年增长速度不一。2012年出现最大增幅，达到21.86%；2013年和2014年增幅较小，分别为14.3%和9.3%。就区域R&D经费内部支出占GDP的比重而言，长株潭区域R&D经费内部支出占GDP的比重总体也呈上升的趋势，从2011年的1.86%提升到了2015年的2.01%。2012年占比增幅最大，比上年增加0.13个百分点。2015年占比为2.01%，比上年占比减少0.03个百分点，占比呈现少量下降倾向。由此可见，近年长株潭区域科技财力投入力度不断加大，为长株潭区域科技发展与自主创新能力的提升奠定了一定的财力基础。

表7—2　　　　　　长株潭区域科技财力资源投入情况表

单位：万元

年份	R&D经费内部支出				占GDP比重(%)	增幅(%)	R&D经费外部支出			
	长沙	株洲	湘潭	总计			长沙	株洲	湘潭	总计
2011	1121311	223958	203838	1549107	1.86		37912	9150	4158	51220
2012	1344427	291337	251971	1887735	1.99	21.86	65612	8068	7758	81438
2013	1537128	341117	279493	2157738	2.05	14.3	46948	10146	10260	67354
2014	1710712	369083	278057	2357852	2.04	9.3	36927	24316	14420	75663
2015	1883174	445873	205314	2534361	2.01	7.48	43320	17277	6469	67066

数据来源：《湖南统计年鉴》(2012—2016)。

从经费来源看，R&D经费内部支出中企业资金所占比重较大，以

---

① R&D经费内部支出主要是指单位用于内部开展R&D活动的实际支出。

2014年为例,长株潭区域R&D经费内部支出中企业资金为1900640万元,占当年R&D经费内部支出总额的80.61%,而政府资金仅占17.1%,具体见表7—3。

表7—3　　长株潭区域R&D经费内部支出经费来源情况表

单位:万元

年份	长沙 政府资金	长沙 企业资金	长沙 其他	株洲 政府资金	株洲 企业资金	株洲 其他	湘潭 政府资金	湘潭 企业资金	湘潭 其他
2011	217207	847591	56512	34217	181117	8628	18194	176557	9088
2012	250889	1045089	48440	37894	244036	9408	29791	213567	8513
2013	271989	1227091	38046	84136	252980	4002	30070	233091	16332
2014	301429	1377835	31447	70870	290401	7813	31435	232404	14218
2015	305201	1536182	41791	71882	370600	3391	30453	164655	10206

数据来源:《湖南统计年鉴》(2012—2016)。

从活动类型看,长株潭区域用于试验发展的经费远远多于用于应用研究和基础研究的经费。以2013年为例,基础研究、应用研究、试验发展的经费支出占R&D经费内部支出总额的比重分别为3.8%、11.5%和84.7%,具体如表7—4所示。

表7—4　　长株潭区域R&D经费内部支出活动类型表

单位:万元

年份	长沙 基础研究	长沙 应用研究	长沙 试验发展	株洲 基础研究	株洲 应用研究	株洲 试验发展	湘潭 基础研究	湘潭 应用研究	湘潭 试验发展
2011	50768	153811	916734	1270	50069	172620	10852	41722	151263
2012	57039	153170	1134219	2213	49465	239659	11185	50862	189923
2013	64919	166102	1306106	2992	38941	299185	13670	44279	221574
2014	74806	198815	1437091	2193	21034	345857	20470	45003	212584
2015	85947	213937	1583291	3247	28533	414093	16480	18994	169840

数据来源:《湖南统计年鉴》(2012—2016)。

长株潭区域科技财力资源投入与国内外主要城市的比较。为更全面地反映长株潭区域科技财力资源的投入情况，这里将长株潭区域科技财力资源投入情况与国内一些城市以及国外一些发达国家进行了横向比较，以期更为深入地了解长株潭区域科技财力资源配置现状。

表7—5　长株潭区域R&D经费内部支出占GDP比重与国内城市比较表（2012年）

单位：%

地区	西安	深圳	厦门	杭州	南京	武汉	青岛	长沙	沈阳
比重	5.25	3.81	3.18	2.92	2.92	2.66	2.61	2.1	2.14
地区	成都	宁波	长株潭	湘潭	长春	广州	哈尔滨	株洲	大连
比重	2.09	2.04	1.99	1.96	1.96	1.94	1.84	1.66	1.47

数据来源：《科技统计快讯》（总第164期）。

从表7—5可知，2012年，长株潭区域科技财力资源投入规模与力度与国内主要城市相比，水平相对较低，R&D经费内部支出占GDP比重远远低于西安、深圳等城市，投入增长空间较大。从表7—6可知，2009年，长株潭区域R&D经费投入水平与国外相比差距也很大，投入力度仍需加强。

表7—6　长株潭区域R&D经费占GDP比重与国外比较表（2009年）

单位：%

地区	长沙	株洲	湘潭	长株潭	湖南	美国	德国	日本	法国	英国
比重	2.01	1.23	1.65	1.82	1.18	2.79	2.82	3.44	2.11	1.87

数据来源：科学技术部发展计划司发布的《科技统计公报》（总第491期）。

（二）长株潭区域科技资源产出现状

科技产出是科技活动所产生的各种形式的结果，作为反映科技资源配置现状的另一重要维度，其水平决定了相同科技资源投入下科技资源配置效率的高低。对科技资源产出现状进行分析，既可以对科技资源投入实效进行反映与检验，同时也能有针对性地发现问题，促进科技资源配置的优化。在分析长株潭区域科技资源产出现状时，我们既考虑到了知识产出，也考虑到了经济产出。基于全面性、可行性等原则，这里选取专利申请数、专利授权数以及R&D项目（课题）、发表科技论文数、高新技术产值等变量对长株潭科技资源产出现状进行分析。

从表 7—7、表 7—8 以及表 7—9 可以看出,近年来,长株潭的科技成果产出总体上愈加丰富。就区域专利申请量和专利授权总量而言,总体上呈增长态势,且增幅较大。专利申请量在 2011 年实现了增幅最大化,增幅达到 30.14%;其次是 2015 年,增幅为 20.24%;而 2014 年和 2013 年的增幅相对较小,分别为 9.51% 和 10.25%。专利授权量在 2012 年实现了增幅最大化,达到 50.76%,增幅巨大;而 2013 年的专利授权量与上年相比明显下降,实现了负增长,也是近年长株潭区域专利授权量唯一有所下降的一年。

表 7—7　　　　　　　长株潭区域专利申请与专利授权情况表

单位:件

年份	专利申请					专利授权				
	长沙	株洲	湘潭	总计	增幅(%)	长沙	株洲	湘潭	总计	增幅(%)
2011	13122	3096	2386	18604	30.14	6692	1840	1525	10057	11.72
2012	14973	3627	3308	21908	17.76	10382	2636	2144	15162	50.76
2013	15956	4461	3738	24155	10.25	10362	2780	1903	15045	-0.77
2014	17763	5363	3327	26453	9.51	11448	3306	1883	16637	10.58
2015	21999	6034	3775	31808	20.24	14633	4016	2077	20726	24.58

数据来源:长沙、株洲以及湘潭的国民经济与社会发展公报(2010—2015)。

研究与发展(R&D)活动是科技活动中最重要、最核心的部分,对区域 R&D 活动产出情况进行分析,可以很大程度上反映区域科技资源产出现状和区域科技政策的实施情况。就长株潭区域 R&D 活动产出而言,近年来的专利申请实现了持续增长,而 R&D 项目(课题)数和发表科技论文数虽有些年份呈现负增长,但在总体上呈增长状态。专利申请量明显提高,从 2011 年的 11486 件增加到 2015 年的 18927 件,五年间增长了 64.78%。R&D 项目数虽有些年份出现了负增长,但总体也呈增长趋势。在专利申请量呈现逐年增长的同时,区域发表科技论文数总量却呈下滑趋势,尤其是 2012 年,发表科技论文数下降了 5.14%,虽然 2013 年和 2014 年实现了小幅增长,但 2014 年的发表科技论文数仍小于 2011 年的科技论文数,具体如表7—8所示。

　　就高新技术产值而言,长株潭区域的高新技术产值增幅明显,从2011年的54979986万元增加到2014年的94286748万元,四年间增长了1.71倍。且每年的增长幅度都较大,尤其是2011年,增幅达到49.25%。同时,高新技术产值对地区生产总值的贡献也逐年提升,既展现了长株潭区域科技产出的增长,也体现了区域内创新驱动发展战略的实施效果。

表7—8　　　　　　长株潭区域R&D活动产出情况表

年份	专利申请（件）				增幅(%)	R&D项目(课题)(项)				增幅(%)	发表科技论文（篇）				增幅(%)
	长沙	株洲	湘潭	总计		长沙	株洲	湘潭	总计		长沙	株洲	湘潭	总计	
2011	8533	2010	943	11486		21124	2148	4747	28019		33618	2597	5023	41238	
2012	10775	2672	1142	14589	27.01	23446	2353	4722	30521	8.93	31937	2554	4629	39120	-5.14
2013	10588	3417	1338	15343	5.17	25404	2423	5064	32891	7.77	33732	2399	4531	40662	3.94
2014	11512	3731	1404	16647	8.49	28051	2516	4785	35352	7.48	33746	2471	4572	40789	0.31
2015	13324	3755	1848	18927	13.7	26322	1857	4889	33068	-6.46	35811	2929	4500	43240	6.0

数据来源:《湖南统计年鉴》(2012—2016)。

表7—9　　　　　　长株潭区域高新技术产业产值情况表

单位:万元

高新技术产业总产值				
年份	长沙	株洲	湘潭	总计	增幅（%）
2011	34849237	10392083	9738666	54979986	49.25
2012	41958274	10492304	11340225	63790803	16.02
2013	51406946	12549193	13363852	77319991	21.21
2014	64274498	14248059	15764191	94286748	21.94
2015	86032136	16052980	18248388	120333504	27.63

数据来源:《湖南统计年鉴》(2012—2016)。

二　区域自主创新能力提升对长株潭区域科技资源配置的内在要求

　　科技资源是区域自主创新能力形成的前提和基础,是区域自主创新而形成独特、核心竞争优势的源泉。① 这就意味着区域自主创新能力的提升离不开区域科技资源的合理使用与高效配置,也意味着长株潭区域自主创新能力的提升对科技资源的配置规模与结构、配置环境与方式以及配置效率等提出了一些要求,需要合理的科技资源配置规模与结构、良好的科技资源配置环境与方式以及高水平的科技资源配置效率等来支撑区域自主创新的发展需要,有效促进区域自主创新能力的提升。

(一) 合理的科技资源配置规模与结构

一方面,科技资源配置规模的大小直接决定了有多少科技人力、科技财力等用于区域自主创新的发展,当科技资源配置规模不足时,用于支持区域自主创新发展的科技资源比例和总量便会降低,区域自主创新投入不足的问题便会产生;当科技资源配置规模过大时,用于区域自主创新的创新资源便会产生冗余与浪费,两者都不利于科技资源的合理利用,进而影响长株潭自主创新各项活动的开展与自主创新能力的提升。另一方面,区域科技资源配置结构直接决定了科技资源在不同区域、行业、学科等方面的分配和使用状况,当科技资源配置结构不合理时,长株潭不同地区间、不同活动类型间的创新资源分配便会呈现不均衡情况,当创新资源在地区间分配不平衡时,无疑会影响区域自主创新的整体合力;当创新资源在基础研究、应用研究间分配不平衡时,尤其是在基础研究方面创新资源配置过少时,不仅会影响区域内新产品、新工艺的创新水平,而且用于支撑区域自主创新发展的原始创新能力也会受到损害,进而制约长株潭区域自主创新能力的总体提升。综上可知,要想切实提升长株潭区域自主创新能力,不仅需要合理设定长株潭科技资源配置规模,还需优化科技资源配置结构,通过科技资源配置规模与结构的优化,切实保证区域自主创新能力的提升。

(二) 良好的科技资源配置环境与方式

长株潭区域自主创新能力的提升不仅需要合理的科技资源配置规模与结构予以支撑,也需要良好的科技资源配置环境与方式予以保障。一方面,区域科技资源配置环境对区域自主创新能力提升有着重大影响。区域经济环境、政府法规环境、人文环境等不仅影响着区域科技资源管理政

---

① 赵金龙:《面向自主创新的区域科技资源优化配置》,《学术交流》2012 年第 6 期。

策、科技资源配置实力、科技资源配置方式，还对人才的重视程度、知识产权的保护等有着重要影响，而这些因素通过各种作用机制直接或间接地影响着区域自主创新能力。因此，需切实改善长株潭科技资源配置的政治、经济与社会环境，为长株潭自主创新的发展与自主创新的能力提升营造良好的环境与氛围。另一方面，科技资源配置方式是影响科技资源流向与使用的关键所在。计划配置、市场配置、混合配置等配置方式各自适用于不同的主体、对象与环境，且效用不一。只有选取了正确的科技资源配置方式，才能有效保证有限的科技资源能流向综合效率高的行业和区域，只有选择了合理的科技资源配置方式，才能保证科技资源有效流向科技资源需求方，使科技资源得到最大化使用。长株潭区域自主创新发展和创新能力的提升需要充足的创新资源予以支撑，因此，需结合实际，积极探索适合长株潭域情的科技资源配置方式，通过科学的科技资源配置方式，引导有限的科技资源流向自主创新领域，切实满足区域自主创新的需求，为区域自主创新能力提升奠定基础。

（三）高水平的科技资源配置效率

长株潭区域自主创新能力的提升不仅对科技资源配置规模与结构、科技资源配置环境与方式提出了要求，对科技资源配置效率也提出了要求，需要高水平的科技资源配置效率予以支撑和保证。提高科技资源配置效率，实现科技资源配置的帕累托最优，最大限度地发挥科技资源的效用，促进区域科技、经济和社会的持续发展，一直是各区域普遍追求的目标。只有既注重科技资源配置规模的增长，又注重科技资源配置效率的提升，才能有效促进区域自主创新能力的提升。由于科技资源投入规模不足与冗余都有可能造成配置效率低下。因此，要提高长株潭区域科技资源配置效率，一方面，要强化对长株潭科技发展的支持力度，增强科技资源的投入力度，保证长株潭各地区、各行业、各创新主体等能获得较为充分的科技资源用于科技创新。另一方面，在长株潭区域科技资源投入总量一定的情况下，要将有限的科技资源投入优先发展产业，如高技术领域、医药制造行业、电子及通信行业等，破解诸多传统行业和产业存在大量配置无效率的现象，使有限的科技资源实现产出的最大化，进而促进科技资源配置效率的提升。

三 面向区域自主创新的长株潭区域科技资源配置存在的问题

近年来，长株潭区域的科技资源投入、科技资源产出等有了较大幅度的增长，科技资源在推动长株潭区域的科学研究、促进企业和产业创新能力提升等方面的作用逐步凸显，对提升区域自主创新能力也起到了一定功效和作用。在肯定科技资源配置功效和作用之时，不可否认的是现阶段科技资源在配置规模、配置结构、配置方式等方面仍存在一定的问题，与长株潭区域自主创新能力提升对科技资源配置提出的要求仍有一定差距。

（一）科技资源配置规模相对不足

通过分析发现，长株潭区域科技资源投入在总体态势上表现良好，在不断扩大和丰富科技人力资源和科技财力资源投入的过程中逐步促进区域科技的发展和繁荣。但同时也可以发现，存在区域科技资源配置规模相对不足的问题，在一定程度上降低了科技资源配置效率，影响了区域自主创新能力的提升。

长株潭区域科技资源的配置规模在绝对量上与湖南省内其他城市相比虽然具有一定的优势，但应当看到，同国内一些城市相比还有很大差距。以科技财力资源投入为例。近年来，虽然长株潭区域科技财力资源数量与规模不断扩大，R&D内部经费支出占GDP的比重也明显提升，但与同期国内一些城市的科技财力投入相比差距不小。以2012年为例，2012年长株潭的R&D内部经费支出为188.77亿元，比2011年增长21.86%，占地区生产总值的比重为1.99%，虽高出当年全国平均水平0.01个百分点，但却远远落后于同期的西安、深圳、厦门、南京、武汉等城市。与西安、深圳等城市相比，长株潭区域科技财力资源的投入便显得相对不足，因此，亟须采取措施，扩大投入力度，使科技财力资源投入与区域自主创新和科技发展的需要基本协调。

（二）科技资源配置结构失衡

近年来，长株潭区域科技资源逐步丰富，但科技资源在不同地区、不同领域间的分配不均衡进一步影响了科技资源的利用效率。长株潭区域科技资源配置结构的失衡主要表现在以下几个方面。

一是科技资源在地区间分布失衡。主要表现为长株潭区域科技资源高度集中在长沙，株洲与湘潭科技资源则相对贫乏。不论是科技活动人员、

R&D 人员、R&D 经费等科技投入要素，还是专利授权量、发表科技论文等科技产出要素，都高度聚集于长沙，制约了长株潭区域科技的整体发展与和谐发展。以 2009 年的不同领域间的科技人力资源为例，在总体上，长沙的 R&D 人员全时当量①为 31812 人年，而株洲和湘潭的分别为 5305 人年和 6607 人年。在政府属研究机构，长沙的 R&D 人员全时当量为 5132 人年，占全省 81.6%，而株洲和湘潭的分别为 72 人年和 88 人年。在全日制普通高等院校，长沙市 R&D 人员全时当量为 6113 人年，占全省的 61.0%，而株洲和湘潭的分别为 316 人年和 1770 人年。在大中型工业企业，长沙的企业科技活动人员数为 21129，而株洲和湘潭的分别为 9038 人和 11052 人。由此可见，长沙的科技资源丰富程度远高于株洲和湘潭，也凸显了长株潭区域科技资源在地区间的失衡问题。

二是科技资源在不同活动类型间失衡。区域自主创新能力的提升与科技的发展不仅需要试验发展与应用研究的支撑，同时也需要基础研究为应用和开发提供动力和源泉。但通过分析发现，基础研究支出所占比重偏低，分配到的科技资源相对较少。以 2014 年 R&D 经费内部支出为例，当年，长株潭区域 R&D 经费内部支出为 2157738 万元，基础研究、应用研究、试验发展的经费支出占 R&D 经费内部支出总额的比重分别为 3.8%、11.5% 和 84.7%，而当年全国的 R&D 经费内部支出为 11846.6 亿元，基础研究、应用研究、试验发展的经费支出所占比重分别为 4.687%、10.717% 和 84.617%。长株潭基础研究的经费投入比重稍低于全国水平，与我国政府要求的 10% 的目标更是相差甚远，② 一定程度上影响了基础研究的发展。基础研究成果的取得不是一次给多少钱就能立刻看到成果，③ 而应用研究和试验发展离产业发展和经济发展较近，对区域经济和社会发展的直接贡献显著，因此，当前长株潭区域对试验发展和应用研究具有一定的合理性，但基础研究作为一个国家、区域提升原始创新能力的关键，不能因此而降低对基础研究的资源配置水平。只有各种类型的研究都得到

---

① R&D 全时人员当量是指 R&D 全时人员（全年从事 R&D 活动累积工作时间占全部工作时间的 90% 及以上人员）工作量与非全时人员按实际工作时间折算的工作量之和。

② 彭洁、赵伟、屈宝强：《科技资源管理基础》，科学技术文献出版社 2014 年版，第 166 页。

③ 梅永红：《自主创新高端访谈》，知识产权出版社 2011 年版，第 89 页。

重视，合理配置各种活动类型的科技资源，才能使基础研究、应用研究、试验发展实现良好契合，进而促进整个区域科技的健康、协调发展。

三是科技资源配置在时间维度上的不平衡。科技资源效用的发挥一般需要较长一段时间的积累和作用，但为了追求一时的快速增长和指标体现，资源配置主体很多时候会在某一时间段集中加大投入，缺乏长远动态的眼光去看待科技资源配置，[①] 使得科技资源配置缺乏持续性。长株潭区域科技资源配置也存在同样的问题，政府在提供科技资金支持的时候，多以项目投入为主，导致政府科技资源投入"短期行为"大量存在，使得科技资源投入的稳定性、长期性和连续性相对缺乏。而且，前期投入多，后期产业化不受重视、投入小的问题，不利于长株潭区域自主创新的长期稳定推进，也不利于科技成果的转化。

（三）科技资源配置方式仍需转变

一般来说，科技等资源的配置主要有市场配置、计划配置和混合配置三种方式。[②] 针对不同时期、不同对象需采取不同的方式。由于传统科技资源管理体制的影响和作用，计划配置长期以来占据着长株潭区域科技资源配置的主导地位，使得科技资源多头管理，科技资源的投入对象也以科研院所和高校为主，科研机构和高校的科研工作也相对封闭。近年来，伴随科研工作市场机制在湖南省的建立，面向市场逐步成为全省，特别是长株潭科研工作的新思维和新习惯。科技资源配置也不例外，市场在长株潭区域科技资源配置中的作用逐步提高。为改变科技资源向企业聚集不够的问题，长株潭区域通过政策引导，促进科技资源向企业聚集，让企业成为技术创新和自主创新的主体。同时，为提高科研成果转化率，长株潭区域积极建立以企业为主体，产学研结合的协同创新体系。而且在高校探索推行知识产权和科技成果入股，激发科技人员创新热情，促进科技成果转化率的提升，中南大学在全国率先推出的"两个70%"[③] 便是很好的例证。

在肯定长株潭区域科技资源配置方式转变过程中的各种成效之时，不

---

① 李应博：《科技创新资源配置——机制、模式与路径选择》，经济科学出版社2009年版，第72页。

② 刘立：《科技资源配置：好钢用在刀刃上》，《科学新闻》2014年第3期。

③ "两个70%"是指知识产权和科技成果入股，占股比例最高可达公司注册资本的70%。成果持有单位最高可从技术转让所得的净收入中提取70%的比例，奖励科技成果完成人。

可否认的是，市场在长株潭区域科技资源中离决定性地位尚有一定距离，科技资源配置过程中的市场调节机制尚不成熟，市场思维相对缺乏，一些科技资源配置过度行政化、政府官员说了算等问题仍广泛存在于长株潭区域科技资源配置中。虽然，2008年出台的《中共湖南省委湖南省人民政府关于促进产学研结合增强自主创新能力的意见》，促进了长株潭区域的产学研合作和科技资源的开放共享，但总体来说，产学研合作机制尚不健全，且高校和科研院所总体上没有明确开放要求和工作考核机制，[1]使得高校和研究机构与企业和社会开展合作，推动科技资源开放共享的动力不足，持续性难以保证。以上诸多问题的解决均需在政府的引导下，以社会发展和市场经济为导向，继续转变科技资源配置方式，推进长株潭区域科技资源配置效率的提升。

（四）科技资源配置不足与浪费并存

近年来，伴随经济转轨和社会转型的逐步推进，长株潭区域科技发展的社会条件和资源环境正发生深刻变化，科技人力资源、财力资源等投入逐年增加，为长株潭区域自主创新和科技发展奠定了一定的基础。但同时由于科技资源缺乏有效的统筹和管理，导致科技资源投入不足与浪费并存。

一方面，在湖南省没有专门的机构和部门负责统筹管理和安排科技资源的配置，财政科技经费分布在科技厅、发改委、经委以及省直相关部门，使得科技资源出现多头管理、条块分割、分散管理。而且由于各个科技资源管理分配机构之间尚未建立有效的科技资源管理合作关联机制，导致科技资源分散管理问题不断加剧，使得各类科技计划、科技项目与活动存在一定程度的定位不清与交叉重复，造成了一定的科技资源浪费。另一方面，伴随长株潭区域经济的发展和转型，区域创新主体不断增加，区域社会创新需求逐步扩大，对科技资源的需求也不断增长，但由于长株潭现有科技资源管理体制机制的限制，相关部门固守和保护相关科技资源，社会多元创新主体获得的科技资源呈现不足的现象，制约了社会创新主体的创新动力与活力，也影响了长株潭区域的科技资源配置效率和配置公平。

---

[1] 北京市科学技术委员会：《破冰之旅——科技资源开放共享的"北京模式"》，北京科学技术出版社2012年版，第13页。

第三节　长株潭区域科技资源配置存在问题的成因分析

长株潭区域科技资源配置过程中各种问题的产生与存在，是科技资源管理体制、科技资源配置机制以及科技资源配置环境等多层面、多维度因素长期积累、共同作用的结果。对其背后的原因进行寻根问底，有助于科学把握长株潭区域科技资源配置的政策、市场环境，促进科技资源配置环境的有效改善；也有助于梳理和分析长株潭区域科技资源配置背后的各种复杂利益机制，有效推进长株潭区域科技资源的优化配置。

一　科技资源配置体制的影响

计划经济时代，我国形成了一套自上而下的垂直领导和科技管理体制，科技资源实行计划配置，管理主体与配置主体多而复杂。改革开放以来，伴随我国经济发展与社会转型，逐渐减少了科技资源的计划配置，引入并扩大了科技资源的市场配置范围，[①] 科技资源管理机构也通过职权调整、合并等方式得以精简。但总的来说，当前长株潭区域的科技资源配置体制还深受传统科技资源配置体制的影响，形成了科技资源配置多头管理、条块分割与地区分割的局面，也造成了科技资源配置过程中各种问题的产生与存在。

（一）科技资源配置的多头管理

在传统科技资源管理体制的影响下，科技资源分别隶属于不同的机构和单位，由不同的部门、机构予以管理，造成了科技资源的多头管理与分散管理。长株潭区域也不例外，科技资源分布于政府、高校、科研机构、企业等不同主体，科技资源的配置也涉及多部门、多主体。由于不同部门和主体间缺乏统筹协调，各自之间的职权边界、责任边界又不清晰，设立的科研计划和项目名目繁多，很容易造成相关科研项目的重复立项，造成科技资源的浪费，也容易造成某些领域无人问津，出现科技资源配置的不足，影响科技资源的整体使用效率。

[①]　王天骄：《中国科技体制改革、科技资源配置与创新效率》，《经济问题》2014 年第 2 期。

一是政府对科技资源的配置。科技资源、科技活动与产出具有一定的公共产品特性，决定了政府有必要介入科技资源的配置，也决定了政府在科技资源配置中的主导地位。一方面，政府通过制定相关法律法规、政策、计划等来引导和调控科技资源的配置。如湖南省通过颁布《关于强化企业技术创新主体地位的意见》，引导社会各种科技资源向企业集聚，促进企业在技术创新中主体地位的形成。又或者通过颁布《中共湖南省委湖南省人民政府关于促进产学研结合增强自主创新能力的意见》引导科技活动、科技资源向产学研项目集聚，促进区域协同创新的发展。另一方面，政府还可以通过对社会市场、文化环境的影响来引导科技资源的配置，引导科技资源向国家重大战略需求和民生需要的科技活动集聚，实现科技兴国、科技强国。

二是研究机构、高校以及工业企业对科技资源的配置。研究机构、高校以及工业企业是区域创新体系的重要组成部分，是进行科学研究、技术创新与发展的重要支撑，是实施区域创新驱动发展战略、提升区域自主创新能力的重要力量，同时也是科技资源配置的重要主体。研究机构、高校、企业等作为重要的创新主体，为实现其各自的发展目标、高效率地产出科技成果，在其系统内部也要合理匹配、组合各种科技资源，以实现科技资源效用的最大发挥。以工业企业的科技资源配置为例，作为重要的区域创新主体与市场经济主体，追求利润最大化是其核心目标，在其为提高竞争力、扩大利润而组织实施的科学研究与技术创新中，成本与收益是其关注的重点，如何以最小投入换取最大收益，就需要企业科学合理匹配人力、财力、物力等资源，并根据情况变化适时予以调整，以实现科技资源效用的最大发挥。

（二）科技资源配置的条块分割

科技资源涵盖多种要素，包括人力、财力、物力、信息、政策等多个维度，每个类别的资源分别由不同的部门和机构管理，很容易造成科技资源配置的条块分割。又由于每一类别的资源分别隶属于不同体制的部门和单位，更是加剧了科技资源配置部门与行业间的条块分割。

以长株潭区域的科技信息资源配置为例，一方面，区域科技信息资源主要分布于政府、高校、图书馆、企业、科技中介机构等，科技信息资源的优化配置无疑都要涉及这些部门与机构，既难以统筹各自的工作安排，又难以协调各自的利益，使得科技信息资源的配置成本高、耗时长，科技信息资源的使用效率也受到影响。另一方面，各个信息资源的管理者、拥有者以及服务者又分别隶属于不同的体制，更是加重了科技资源配置的困难。科技信息资源存量相对丰富的中南大学、湖南大学、国防科技大学等隶属于教育系统，湖南省图书馆则隶属文化系统，公共信息服务公共信息服务平台则主要依托湖南省科学技术信息研究所，隶属于科技系统，是科技厅下直属事业单位[1]，科技中介机构又大多属于企事业单位。体制内的各单位在垂直管理体制的领导下，投入垂直下拨，科技信息资源的管理和配置按照纵向隶属关系运行，而科技中介机构这一类主体又有其独特的科技资源配置运行机制，且各主体间横向关联性较小，使得区域科技资源配置不仅存在部门分割，还存在部门与行业间的分割，大大影响了科技资源的有效使用，也直接或间接地导致了区域科技资源配置过程中各种问题的存在。

（三）科技资源配置的地区分割

长沙、株洲、湘潭三市地属不同的行政区划，各自设有专门的科技管理部门，也分别设有种类繁多的科技计划、项目等，由于尚未形成科技资源配置的"大区域"思维，也没有专门的机构来统筹安排长株潭区域的科技资源配置，使得三市间的科技资源配置的地区分割现象严重，科技资源配置存在严重的"重复、封闭、低效"等问题。

首先，长沙、株洲、湘潭的经济实力、市场环境有着较大的差距，造成了科技资源基础条件的差异，一定程度上促成了科技资源配置地区不平衡问题的产生。其次，长沙、株洲、湘潭三市间有着严格的行政区划限制，每个市均有自己的绩效目标和要求，地方保护主义的存在以及由政府绩效考核机制不健全所造成的各市对科技成果数量的过分追求，很容易造成科技项目的重复申报和科技成果的低质化，造成科技资源的浪费。再次，长沙、株洲、湘潭三市有着不同的科技管理体制机制和法规制度，又由于区域间共享意识和观念的淡薄，更是造成了科技资源配置的封闭性，影响了大区域间科技资源的流动、开放与共享。

---

[1] 李林：《中部省份区域科技协同创新研究——以湖南为例》，湖南人民出版社2014年版，第116—122页。

二 科技资源配置机制的制约

科技资源配置机制不健全是导致长株潭科技资源配置存在各种问题的关键症结，主要表现为科技资源开放共享机制、监督评估机制、成果转化机制等方面的不健全与不完善。

（一）科技资源开放共享机制的不完善

科技资源开放共享作为提升区域科技资源使用效率、优化区域科技资源配置的重要途径和方式，其机制的完善与否对区域科技资源配置结构、区域科技发展和创新能力的提升有着重要影响。近年来，长株潭在推动区域科技资源开放共享方面进行了不少探索，在区域政策的引导下，企业、高校、科研院所等群体之间开始搭建创新资源共享平台；同时积极出台各种政策，建立有效机制，探索实施了科技特派员制度，引导科技工作者到企业去、到农村去。通过政府"有形的手"和市场"无形的手"共同发力，使科研力量、人力智力等优质科技资源齐聚长株潭三个高新区，促进三个高新区高新技术产业的共同发展等。同时，还可以利用湖南省已经建立的科技文献与创新资源共享服务平台与湖南省科技成果转化平台促进长株潭区域科技资源的开放共享。总的来说，在科技资源开放共享方面取得了一定成效，但是，当前长株潭区域科技资源开放共享机制尚不完善，使得区域内科技资源开放共享的广度与深度不足，大量优质科技资源被雪藏。

其一，科技资源开放共享管理的机制不健全。科技资源的开放共享是一项涉及诸多方面的系统工程，建立责权明确、运转高效的管理机制便成为保障区域科技资源开放共享顺利进行的关键因素。由于当前长株潭科技资源管理缺乏相关的法律法规支持，科技资源开放共享的管理无法可依、无据可循，且没有专门的科技资源开放共享管理机构，使得科技资源开放共享的管理主体、管理对象与方式等都不明确，造成区域科技资源开放共享管理的随意性较大。同时，由于长株潭的行政区划限制和地方绩效排他性，造成区域内科技资源的地方垄断和相对封闭，科技资源开放共享的扩大化、深度化本身已障碍重重，又由于区域内相关管理机制不健全的影响，其管理更是难上加难，区域内科技资源开放共享的效用受到削弱。

其二，科技资源开放共享的运行机制不完善。科技资源开放共享效果与价值的展现，不仅需要健全的管理机制，更需要完善的运行机制。科技资源的开放共享，既需要政府的资金支持，也需要良好运行的开放共享平台，并予以维护。既需要在科技资源开放共享主体间建立健全的利益分配机制与沟通协调机制，也需要建立有效的科技资源开放共享激励机制与风险分担机制。既需要政府的宏观调控与引导，也需要社会开放共享观念、意识的支持，离开任何一项，区域科技资源开放共享的运行便有可能遇到困难。当前，长株潭区域科技资源的开放共享还处于局部领域的试点，如对区域产学研合作的支持，对协同创新的鼓励，对区域创新平台的建设等，但由于共享意识的淡薄、系统性开放共享平台的缺乏以及相关机制的不完善，导致产学研结合的组织形式不少，但要素流动机制依然不畅，高校、企业、科研机构的资源共享与合作力度与深度有待提升，不同地区、部门与行业的开放、共享范围有待拓展。

（二）科技资源配置监管评估机制的不健全

对科技资源配置进行有效监管与评价，有助于及时了解区域科技资源配置现状，也有助于推进科技资源配置的优化和科技资源配置效率的提升。但通过梳理分析发现，长株潭区域内科技资源配置监管评估机制尚不健全，对区域内科技资源配置的运行过程缺乏有效监管，对区域科技资源配置效果、效率等也缺乏系统性与科学性的测度与评估，影响了科技资源配置各种问题的及时发现与解决，也造成了各种问题及其危害的扩大化。

一方面，监管制度与组织不规范。对科技资源配置过程进行动态监管，有助于实时把握区域科技资源配置动态，既可以为科技资源配置效果评价提供相关信息与依据，又可以有效减少科技资源配置过程中因信息不对称和权力寻租造成的腐败。目前长株潭区域并未就科技资源配置形成系统的监管制度，缺乏专门的监管机构，监管意识和氛围缺乏，导致监管成本较高，监管效果也不明显。另一方面，评估制度与组织不规范。对科技资源配置效果进行评价，对评价结果进行有效运用是推进区域科技资源优化配置的重要途径。但梳理长株潭区域的相关情况可知，长株潭区域内科技资源配置评估机制尚不健全，没有区域科技资源配置效果评价的制度安排，评估目标、过程与结果运用等缺乏针对性，涉及的相关评价大都也是作为相关部门的绩效评价而存在，且大部分只是对区域内科技资源的投入规模、投入强度、产出数量等进行统计分析与简单评价，评估结果的专业性有待提升，评估结果的运用也有待深化。

（三）科技成果转化机制不完善

科技成果作为科技资源的重要组成部分，其转化率的高低对区域创新驱动发展战略的实施效果，对推动区域科技、经济与社会发展有着重要影响。近年来，长株潭区域在推动科技成果转化方面做了不少努力，也取得了不少成就，但总的来说，区域科技成果转化率还相对较低，科技成果转化机制还不完善，主要表现为：

首先，区域科技成果转化政策保障机制不健全。2015年，国务院办公厅颁发了《中华人民共和国促进科技成果转化法》，2016年颁发了《促进科技成果转移转化行动方案》，为全国范围内的科技成果转化提供了顶层引导和支撑。具体到湖南，也于2016年1月颁发了《湖南省促进高等院校科研院所科技成果转化实施办法》，为湖南省范围内的高等院校、科研院所进行科技成果转化提供了政策支持。但在此之前，长株潭区域内的高等院校与科研机构的科技成果转化一直缺乏政策保障，也造成了区域范围内长期以来的成果转化率较低。

其次，区域科技成果转化动力与能力不足。高校和科研机构作为科技成果产出大户，但因为种种原因，大量科技成果被封锁，与市场脱离。近年来，"知识资本化"、"成果股份化"的推进，以企业为主体、产学研结合的协同创新体系的建立等一定程度上推动了长株潭区域内科技成果的转化，但目前，各单位还没建立科技成果转移转化绩效评价体系，大多数高校与科研院所的考核体系中，还是以"论文论英雄"，科技成果转移转化与否，与相关人员并无多少利害关系，造成科研人员进行科技转化的动力仍然不够。中小企业作为科技成果转化的重要需求方，由于资金、人才等条件的限制，使其进行成果转化的能力相对不足。成果转化不仅花钱多，而且风险较大，具有较大的不确定性，更加削弱了企业进行科技成果转化的意愿。

最后，区域科技成果转化平台有待完善。当前，已建立了湖南省科技成果转化平台，为长株潭区域科技成果的转化提供了平台支撑。但通过分析发现，科技成果转化平台体系还不健全，平台服务能力总体不强，管理方式也有待改进。一方面，当前湖南科技成果转化平台主要包括成果信息发布、成果信息交易、专家服务与科技服务等，科技成果评估、技术交易保险、融资服务功能等却相对滞后，科技成果转化平台更多是提供信息查询、信息发布、资料检索等浅层次服务，服务能力总体不强。另一方面，平台依靠承建单位管理，区域内科研机构、高等院校等参与较少，平台的信息更新、反馈等相对滞后，也限制了平台的做大做强。

三 科技资源配置环境的影响

健康、良好的科技资源配置环境是长株潭区域科技资源实现高效率、高水平配置的重要保证。与诸多发达地区和国家自主创新区域相比，长株潭区域科技资源配置的经济环境、政策法规环境、市场环境、人文环境、信息环境等尚不十分理想，各种作用机制也直接或间接地造成了科技资源配置过程中各种问题的出现与膨胀，具体体现为：

（一）政策法规环境

政策法规环境主要是指在一定时期内，为促进区域科技进步与发展，为实现科技资源的有效使用与优化配置而制定的各项法律法规与政策的总和，如科技政策、人才政策等。近年来，为实现科技兴省、科技强省，湖南省颁布了一系列相关的政策意见，如在2007年颁发了《湖南省科技领军人才培养计划实施方案》，2008年颁布了《中共湖南省委湖南省人民政府关于促进产学研结合增强自主创新能力的意见》和《关于强化企业技术创新主体地位的意见》以及2009年颁布了《关于发挥科技支撑作用促进经济平稳较快发展的实施意见》等，一系列意见和方案的颁布不仅为湖南省的科技创新、协同创新等提供了有效的制度支撑，也有效改善了长株潭区域科技资源配置的政策法规环境，使长株潭区域的科技人才发展与配置、科技资源向企业集聚等有了政策依据与保障。但总的来说，现有的法律法规环境仍有待优化，区域内尚未形成系统的、完善的法律法规与政策体系，现有的政策与法规在某些方面还滞后于科技发展与科技资源配置实践的需要，如区域间科技资源共享、科技成果转化等方面仍缺乏有效的权威性制度约束，导致长株潭区域科技资源配置很多时候仍是无法可依，随意性较大，影响了科技资源的使用效率和配置效率。

（二）经济与市场环境

经济与市场环境主要是指一个区域科技创新与发展所依赖的经济、市场体系总和，主要包括经济基础、经济实力、资金市场、人才市场和技术市场等。近年来，长株潭区域经济实力不断增强，地区生产总值从2011年的8307.6亿元增长到2014年的11556亿元，增长速度较快。同时，伴随区域经济的发展与转型，区域市场环境也有所改善。但总的来说，长株潭区域当前的经济市场环境与我国一些地区相比，还有很大差距，一定程度上影响了科技资源的优化配置。

首先，经济实力是保障科技资源投入的基础，长株潭区域的经济基础、经济实力与我国很多区域相比，差距还很大，一定程度上造成了长株潭区域科技资源配置规模相对不足问题的产生。其次，长株潭区域的市场发展程度、开放程度与广州、深圳以及一些沿海城市相比，相对不够。这既影响了区域的创新需求，也影响了区域创新产品的交易和创新成果的转化，使各主体对科技人力、财力、物力等资源的需求相对较小；同时，还影响了区域对人才、外资的吸引力，使长株潭区域相比其他区域不容易吸引和留住优秀人才，也不容易吸引外资进入。最后，长株潭区域市场环境的不成熟对区域科技资源配置方式与配置结构也有着重要影响。由于市场环境成熟度有待提升，导致市场在科技资源配置过程尚未起到决定性作用，企业在创新中的主体地位并不完全属于自发形成，与政府自上而下的引导与推动有着很大关系，很容易造成企业为了迎合政府而不是根据市场去创新，不利于各创新主体公平竞争，也不利于企业真正地开展自主创新。

（三）人文环境

人文环境主要是指国家、地区或科技创新主体内部对科技资源配置的认知程度，以及由此决定的对科研人员社会地位、科学研究的重视程度等一系列社会意识的总称。[①] 伴随着创新型湖南建设的推进与创新区域发展战略的实施，长株潭区域对科学研究、科研人员的重视程度不断提升，但一些传统观念仍旧存在，影响了科技资源的有效配置。

以长株潭区域的科技开放共享为例，当前区域科技资源共享程度不高，区域内相关主体的"嫌麻烦""收益不高""保护主义"等观念的存在，更是制约了区域内科技资源的开放共享。首先，区域内共享意识与氛

[①] 彭洁、赵伟、屈宝强：《科技资源管理基础》，科学技术文献出版社2014年版，第168页。

围的缺乏，影响了科技资源在不同地区、部门、行业间的流动与共享。其次，科技人力资源、财力资源分别由不同部门管理，实施资源开放共享，牵涉范围广，势必会给相关主体带来大量的梳理分类、协调联系等工作，一些主体"嫌麻烦"，主观上便没了动力推动科技资源共享。再次，相关科技资源管理部门实施垂直管理，投入垂直下拨，资源开放共享程度且不属于其绩效考核范畴，实施资源开放共享，对其收益影响也不大，其开放共享动力同样不足。最后，一些部门尚存在着"保护主义"，对其他共享主体不信任。将自己拥有的科技资源看作独占财产，不愿意将自己拥有的科技资源与其他主体共享，认为开放共享不仅不会增加自身的收益，而且还存在资源损耗等风险，对自身利益不利，潜意识地不愿意推动科技资源开放共享。

第四节 面向区域自主创新的长株潭区域科技资源优化配置路径

在分析长株潭区域科技资源配置现状、存在的问题及其形成原因的基础上，探索长株潭区域科技资源优化配置的路径，有助于构建适合长株潭区域科技资源配置实况的配置机制，实现长株潭区域科技资源在不同主体、领域、过程、空间、时间上的科学分配和使用。有助于促进科技资源配置效率与区域自主创新能力的提升，助推长株潭区域科技创新合力的形成与区域经济发展方式的转变和竞争力的提升。

一 以区域自主创新需求为导向优化长株潭区域科技资源配置

以科技资源配置导向的转变促进科技资源配置结构、方式的变革，是提升区域自主创新能力的重要途径。这需要在未来不断优化长株潭区域科技资源配置制度，调整科技资源配置导向，激发科技资源活力，提升科技资源使用效率。

（一）以自主创新需求为导向创新科技资源配置方式

从上文可知，当前长株潭区域科技资源配置过程中市场调节机制尚不成熟，市场思维相对缺乏，一些科技资源配置过度行政化、政府官员"说了算"等问题仍广泛存在，导致一些创新区域、创新主体的创新需求不能得到满足，影响了长株潭区域整体创新水平。因此，要以区域自主创新需求为导向创新长株潭区域科技资源配置方式，引导科技资源合理流动、有效使用。

一方面，要在结合实际的基础上，积极探索适合长株潭区域域情的科技资源配置方式。由于长株潭区域处于中西部地区，其科技资源总量、经济发展水平、市场发育程度与沿海一些经济发达地区相比仍有很大差距。因此，在创新科技资源配置方式时，需结合长株潭区域域情，充分考虑传统配置方式的强大惯性影响，认识到政府仍将在科技资源配置中占据重要地位，最终探索出与区域实情相适宜的、政府与市场配置相结合的科技资源配置方式。另一方面，在考虑政府配置仍占据重要地位的基础上，需进一步激发市场力量，有效发挥市场机制的效用，运用市场的信息灵敏性特征充分掌握各创新主体的创新需求，然后依据创新需求引导科技资源配置合理流动和配置，促进科技资源配置准确性与及时性的提高。同时，在把握不同主体创新需求的基础上，运用市场经济的效益原则促进长株潭区域科技资源使用效率的提升。

（二）以自主创新需求为导向调整科技资源配置结构

从本书的第三章可知，当前长株潭区域科技资源配置结构存在地区失衡、类别失衡等问题，为有效改善结构失衡这一问题，需以自主创新需求为导向，通过科技资源配置结构的优化，促进长株潭区域科技资源配置效率和创新能力的提升。

首先，以地区间的自主创新需求为基点来配置科技资源，打破长期以来科技资源高度集中于长沙地区这一局面，逐步改善科技资源配置地区间失衡的问题。这不仅可以为当前某些地区有旺盛的创新需求，但科技资源存量不足或在资源配置中处于弱势的地区提供大好机会，而且可以对当前科技资源充足的地区形成压力与竞争力，促进其创新动力的提升。其次，以自主创新需求为导向调整不同创新主体间的科技资源配置。当前，长株潭区域科技资源主要分布于高校、科研机构与企业等创新主体中，而在这些创新主体中，企业的创新需求和动力最为旺盛，但其经费来源大都属于自筹，获得的政府经费资助较少，一定程度上影响了其创新动力的长期维持，也降低了其独自承担科技成果转化过程中产生的高风险的意愿，影响了区域科技成果的转化率。因此，要以创新需求为导向，引导科技资源向企业集聚，加大产学研合作，不断提升区域内各创新主体的创新能力和水平。最后，以自主创新需求为导向调整不同活动类型间的科技资源配置。基础研究作为技术创新、自主创新的源泉和灵魂，区域长远的自主创新自然离不开基础研究的投入和发展。因此，需着眼于区域自主创新的长远需求，加大对基础研究的投入和支持力度，改变长株潭区域基础研究经费投入比重偏低的现状，为区域自主创新的长远发展提供保证。

（三）打造区域自主创新与科技资源配置相结合的平台

打造区域科技资源配置与自主创新相结合的一体化平台，其目的就是增强两者间的关联性和耦合性，让自主创新引导区域科技资源配置，同时，让区域科技资源配置为自主创新服务，实现区域科技资源配置与自主创新的高度对接。

首先，建立科技资源配置与自主创新一体化的组织机构。这主要涉及区域科技资源配置与自主创新对接工作与一体化工作由谁来管、怎样来管等问题，这就需要建立相关的决策机构、管理机构、服务机构等，并充分考虑和明确其各自的功能定位，使科技资源配置与自主创新对接过程中遇到的阻碍、问题能得到有效解决。其次，要形成区域自主创新与长株潭区域科技资源配置一体化的运行机制。这主要涉及区域自主创新与科技资源配置实现一体化的机理、方式等问题。这就需要建立相关的激励机制、竞争机制等，如让自主创新能力与水平成为创新主体获得科技资源的资格和条件，形成科技资源配置与自主创新一体化的可持续发展机制。[①] 最后，要完善科技资源配置与自主创新一体化的基础条件。这主要涉及区域科技资源配置与自主创新一体化如何得以保障等问题，这就需要搭建相关的公共服务平台，平台要能充分整合区域内各创新主体拥有的科技文献、科技信息、科学仪器、数据库等资源，要能有效整合各创新主体的相关资料，为各主体间的沟通、交流与合作创造条件、提供基础。总之，通过一体化平台的建设和发展，在长株潭区域内形成科技资源配置与自主创新兼顾与并重的氛围与文化，实现科技资源优化配置的同时提升自主创新水平。

---

① 赵金龙：《面向自主创新的区域科技资源优化配置》，《学术交流》2012 年第 6 期。

二　健全长株潭区域科技资源优化配置的制度支撑体系

区域科技资源的配置，是一项跨地区、跨部门、跨行业、跨学科的重大活动，需要构建科学完善的法律制度、产权制度等，它可以为长株潭区域科技资源配置的各项活动提供切实保障和依据。

（一）建立以自主创新需求为导向的科技资源配置制度

在长株潭区域内，不同地区、不同创新主体的科技资源存量存在较大差异，其创新能力和创新水平也有较大差异，其自主创新的资源需求也不一样，为最大限度地发挥有限科技资源的效用、提升区域自主创新能力，亟须建立以自主创新需求为导向的区域科技资源配置制度，用制度明确规定区域内科技财力资源、人力资源、基础设施资源的配置需求与创新需求相联系，将一些地区的闲置资源充分利用起来，让一些主体的创新需求得以满足，助推长株潭区域创新合力的形成。

在构建以自主创新需求为导向的科技资源配置制度时，要从制度上统筹设计好长株潭区域内财力资源、人力资源、基础设施资源等的配置与安排。就长株潭区域内的财力资源而言，可采取项目引导的方式，对区域内具有国家重大战略需求和民生需要的自主创新项目，要通过政策引导、市场激励等方式促进财力资源向其集聚，以创新需求来引导、调节区域科技财力资源的分配与组合，以需定供，促进科技资源的有效使用与区域自主创新能力的有效提升。就人力资源而言，以创新需求为引导，加大区域内人力资源的流动、合作与共享，让需求引导人才，形成哪里有需求、哪里就有人才供给的良好状态，突破以往长株潭区域内不同市县间、不同机构间的人才保护主义壁垒，使各地区、各创新机构形成以大局为重、以区域的整体创新利益为重的意识和氛围。就基础设施资源而言，要进一步将其向长沙、株洲、湘潭的高新区集聚，通过集聚的方式为自主创新提供良好的基础设施支撑，促进区域创新合力的形成。

（二）健全科技资源产权制度

区域科技资源配置是一项复杂的系统工程，涉及多维要素、多元主体，要实现各类科技资源在区域范围内不同主体间的顺畅流动与共享，减少科技资源配置过程中的各类矛盾与冲突，就需要一套完善的科技资源产权制度，来统筹协调好各方关系与利益，实现科技资源最有效率的配置。

首先，在长株潭区域内营造良好的产权制度环境。在重视科技资源建设的同时，要提升对产权问题的重视。通过政策引导、实践激励等方式增强区域范围内科研院所、企业、科研人员等的产权观念和意识。如可以通过扩大知识产权、技术产权的入股比重等方式来增加产权所有者的收益，进而在区域范围内营造重视产权认定、产权明晰化的氛围。其次，要界定好长株潭区域内各类科技资源的所有权。界定好科技资源的所有权，不仅有助于统筹协调各资源所有者的关系和利益，还能有效减少科技资源配置成本和交易成本。因此，相关机构要继续完善对区域范围内各类科技资源产权的认定工作，界定好区域内各类科研仪器、科研设备、科技人才、专利、科研成果等的所有权。最后，明晰长株潭区域范围内各类科技资源的产权，健全区域科技资源产权制度。要逐步改变区域内知识产权、技术产权等认定程序复杂和烦琐的问题，使各类科技资源的产权明晰化，并在制度层面予以规定与明确，推进科技资源产权制度的健全与完善。

（三）完善科技资源配置法律法规制度

当前，长株潭区域尚未形成科学系统的保障科技资源高效率配置的法律制度，长株潭区域的科技资源配置缺乏科学性、规范性，最终造成了区域科技资源配置结构失衡、部门各自为政的现象。因此，需要形成一部能对长株潭区域科技资源配置及其实施予以全面规定的法律法规。用法律法规明确规定区域科技资源配置的组织体系、管理机构、配置体制机制等，使科技资源配置工作规范化、科学化。一方面，用法律制度明确规定科技资源配置组织体系及其权责，理顺科技资源配置过程中各主体、各部门、各行业间的复杂关系，有效减少科技资源配置过程中因多头管理、条块分割等因素造成的科技资源浪费与不足等问题。另一方面，科学系统的科技资源配置法律制度可以有效防止资源配置过程中市场配置和政府配置发生的偏差，如可以调整市场配置过程中因追求利益最大化对基础研究与项目后期投入的不重视，以及因自主研发、自由竞争而可能导致的重复研究和恶性竞争。也可以有效规范政府在科技资源配置中的行为，减少政府在科技资源配置中的垄断、配置不公平等。

三　优化长株潭区域科技资源开放共享机制

科技资源开放共享对提高科技资源使用效率、优化科技资源配置、提升区域创新能力以及助推区域科技创新与进步有着重要作用。当前，长株潭区域科技资源开放共享的管理机制、运行机制等都还不完善，亟须建立健全区域科技资源开放共享机制，打破科技资源的条块分割与地区分割，让过去分散的科研资金、人才、设备、项目、成果等充分流动起来，激发科技资源活力，形成聚合效应。

（一）完善科技资源开放共享的法规制度

针对当前长株潭区域范围内科技资源开放共享程度不够的状况，亟须制定相应的政策措施以及相应的地方法规条例来推动地区之间、机构之间的科技资源共享。由于科技资源开放共享涉及多主体的切身利益，复杂程度高，需组织相关专业人员在研究长株潭区域科技资源管理现状与共享现状的基础上，分类别有针对性地制定相关共享政策与法规。

其一，在相应的政策措施与地方法规条例中明确规定科技资源拥有者在科技资源开放共享时应承担的责任与义务以及享有的权利，减少相关主体实施开放共享的担忧与顾虑。其二，通过制定相应条款，激励科技资源拥有者实施科技资源开放共享，提升区域范围内科技资源拥有者实施开放共享的积极性。如，可以将科技资源开放共享程度纳入相关单位、个人的绩效考核标准中，引导其提升科技资源开放的积极性。其三，通过法律法规逐步提升相关主体对科技资源开放共享社会价值的认识，在区域范围内营造良好的科技资源开放共享氛围，使开放、共享、共赢观念深入人心。其四，要完善相应的配置制度与法律法规来推进区域范围内的科技资源共享。如需健全科技资源产权制度和科技资源产权保护制度，使各类科技资源产权明晰化，有效保障科技资源开放共享中相关主体的知识产权与经济利益。

（二）创新科技资源开放共享沟通协调机制

政府部门、高校、研究机构、企业等之间的有效沟通、协调对科技资源的开放共享以及区域创新有着重要的正向作用，因此，有必要创新区域科技资源开放共享沟通协调机制，促进各主体间的沟通、交流，有效协调各主体间的关系和利益。

首先，在实施科技资源开放共享前后，要通过经济、政治等方式统筹协调好各共享主体间的关系，使其愿意实施科技资源开放共享，支持科技资源共享活动的开展，且在共享过程中能和其他单位或个人良好合作，共同致力于科技资源开放共享目标的实现。其次，在实施科技资源开放共享前，各共享主体就资金投入、资源使用、利益分享、风险承担等要进行有效沟通与协调，避免科技资源开放共享前后各种问题与矛盾的产生与出现，在此基础上，相关主体还可以进行长期共享与合作，实现长期、持续的共享共赢。最后，在加强科技资源共享主体间沟通协调的同时，也要强化共享主体与社会环境的沟通。通过网络、媒体等对科技资源共享理念、共享活动的报道与宣传，让社会主体逐步认识到科技资源与科技创新共享活动的价值与意义，让其逐步接受并支持区域科技资源开放共享，在全社会范围内形成科技资源开放共享的氛围。

(三) 健全科技资源开放共享管理运行机制

区域范围内科技资源开放共享程度的提升，不仅需要开放共享的意识与氛围，也需要健全的管理运行机制予以保障。这就需要建立专门的区域科技资源开放共享管理机构，搭建科技资源开放共享平台，为科技资源的开放共享提供有效支撑与保障。

一方面，需建立区域科技开放共享管理机构。可考虑在长株潭区域范围内建立科技资源共享管理中心，为不同地区间、机构间的科技资源开放共享制定规划、梳理分类、协调联系、调剂余缺等，保障科技资源开放共享工作的顺利进行。同时，对科技资源开放共享费用、方式、范围、流程等予以一定程度的规范与管理，为科技资源使用效率的提升与科技资源开放共享的运行提供保障。另一方面，要搭建科技资源开放共享平台。在推进科技资源共享过程中，应坚持"资源共享，信息先行"的原则，率先突出信息资源的共建共享。[1] 因此，要充分运用信息、网络等技术，在长株潭区域内搭建科技资源开放共享平台，以开放共享平台为载体汇聚各类科技资源，通过信息资源共享带动实物资源共享，实现各类科技资源跨部门、跨平台、跨领域的整合和共享。当前，应拓展与完善湖南省已建立的科技文献与创新资源共享服务平台，不仅要扩大科资源的共享范围，从科技文献共享到科学数据、仪器设备等多方面的共享，还要充分运用高校、企业、科研机构等的力量，让其参与到平台的建设、维护和更新中来，有效提升科技资源开放共享平台的实用性。

---

[1] 栾恩杰：《深化科技体制改革推进科技资源共享》，《中国科技产业》2004年第4期。

四　健全长株潭区域科技资源配置监测评估机制

由于长株潭区域科技资源配置涉及长沙、株洲、湘潭三个地区，且与之相关联的主体多、环节多，在配置目标实现的进程中与配置任务的层层分解过程中，任何一个主体、一个环节的疏漏都将直接或间接影响区域科技资源的配置效率。为优化长株潭区域科技资源配置，保障区域科技资源配置目标的实现和科技资源配置责任的落实，及时有效掌握长株潭区域科技资源配置的基本情况，需要建立一套科学系统的监测评估机制和问责机制，助推长株潭区域科技资源配置的优化和区域自主创新的发展和进步。

（一）建立科技资源配置监测评估制度

建立健全长株潭区域科技资源配置监测评估制度的供给是实施科技资源监测评估的依据和保障。从上文可知，当前长株潭区域科技资源配置的监测评估尚缺乏可操作性的政策性指导，更没有科技资源配置监测评估的相关法律法规，科技资源配置监测评估处于自发状态，标准不一，监测评估结果的公正性与准确性有待提升。因此，长株潭区域应在了解科技资源配置实际情况的基础上，制定长株潭区域科技资源监测评估制度，用制度明确监测评估主体、评估内容、评估指标以及监测评估的实施流程等，保障科技资源监测评估的实施与规范。同时，制定和完善科技资源监测评估的配套制度，形成科技资源配置监测评估制度体系，有效避免监测评估前后各环节脱节现象的出现。通过科技资源配置监测评估制度的完善，让监测评估成为一个稳定、持续、有效的过程。同时，通过制度形成的刚性约束力有助于推动区域内科技资源配置监管评估意识与氛围的形成，使监测评估成为长株潭区域科技资源配置过程中的一种常态。

（二）构建科技资源配置动态化与分类化监测评估机制

科技资源配置主体的多元化、对象的多样性以及过程的动态性决定了科技资源配置的复杂性，也增加了科技资源配置监测评估工作的难度。为适应科技资源配置的特性与规律，长株潭区域有必要建立动态化与分类化的监测评估机制，有效保证科技资源配置结果的客观性与准确性。

其一，建立动态化的监测评估机制。对科技资源的使用情况、科研活动的进程与过程等环节实施动态监测，及时发现科技资源配置过程中的各种问题，并适时予以调整，保障区域内各项科技计划、科技项目的顺利实施，保证各类科技人力、财力、物力等资源充分合理利用。其二，建立分类化监测评估机制，实施分类监测评估。科技人力资源、财力资源、信息资源等各类资源具有不同的特性，配置主体与配置方式有着较大差异，因此在实施科技资源配置监测评估时，要在充分考虑各类科技资源特性的基础上，有区别地设置监测评估指标，有差别地选择监测评估主体与方法。同时，区域内高校、企业、科研院所等不同主体科研活动的侧重点也有所不同，科技资源的使用与组合相应有所区别。因此，针对不同的主体应该分类化地、差异化地设置监测评估目标，实施分类监测与评估。

（三）健全科技资源配置监测评估结果运用机制

在保证科技资源配置监测评估结果客观性、专业性、准确性的前提下，要强化对监测评估结果的运用。只有结果得到有效运用，监测评估的实施才有意义，其效用也才能得以有效发挥。

首先，建立与科技资源监测评估结果挂钩的奖惩机制。将监测评估结果与相关主体的评优、评先等相关联，表彰在科技资源配置中效率较高的主体，让扎实推进长株潭区域范围内科技资源使用率、科技资源配置效率不断提高的单位、部门和个人不吃亏，让努力推进科技资源开放共享与科技成果转化的单位与个人得表彰、受益处。引导长株潭范围内各地区、各机构、各主体共同致力于科技资源配置效率与区域自主创新能力的提升。其次，健全科技资源配置监测评估问责机制。运用科技资源配置监测评估结果来改进问题、追究责任。依据监测评估结果及时分析、查找科技资源配置过程中存在问题的环节，并有针对性地提出解决方案。例如，依据科技资源配置监测评估结果，可以明晰科技资源在不同行业、学科间的分配情况，也可以发现一些行业中存在的配置无效率和低效率现象，这样就需要在保证配置结构基本平衡的前提下，引导有限的科技资源投入规模收益递增的行业、学科，实现科技资源要素的有效配置，促进区域自主创新能力的提升。

五 完善长株潭区域科技资源配置配套机制

（一）建立科技资源多元投入机制

受经济发展水平、经济实力等因素的影响和制约，当前，长株潭区域科技资源投入总量与经济实力较强的广东、浙江、北京等地区相比，仍存在很大差距。因此，亟须在长株潭区域内建立科技资源多元投入机制，通过科技资源投入的增加，促进科技资源配置规模的增加和科技资源配置效果的提升。

一方面，建立科技财政拨款稳定增长机制，保证长株潭区域科技财政总量稳定增长，有效满足长株潭区域不断增长的创新需求。这就需要酌情加大中央、地方财政科技经费支出总量，明确湖南省财政厅、科技厅等相关政府部门在科技投入方面的职责，同时，对此建立相关的监督、考核与问责机制，切实保证长株潭区域科技资源投入的增加。另一方面，形成政府、企业、个人以及其他社会力量共同参与的多元投入格局。当前，在长株潭区域内，政府是科技投入的主要力量，虽然短期内有利于促进一些基础性、前瞻性等科技领域、行业的发展，但不利于长期保证区域创新的动力与活力，因此，需深化长株潭区域科技投入体制改革，积极引导市场、社会力量等参与到科技创新中来，激发企业、个人和民间资本等扩大投资，增加科技投入，使企业、个人等成为科技投资的重要主体，最终形成政府、企业、个人以及其他社会力量共同参与的多元投入格局。

（二）健全区域科技成果转化机制

科技成果转化机制是科技成果向价值、应用转化的重要环节，健全长株潭区域科技成果转化机制，对于提升长株潭区域科技资源配置效率和区域自主创新能力有着十分重要的意义。当前，长株潭区域科技成果转化机制有待健全，科技创新主体的科技创新积极性和能力有待提升，这就需要健全长株潭区域科技成果转化机制。

其一要搭建科技成果转化平台。在长株潭区域内组织相关队伍搭建、维护与管理科技成果转化平台，利用平台宣传长株潭区域科技成果转化政策，为供需双方提供便捷、高效的科技成果转化信息，把科技成果转化平台建设成为科技成果转化为现实生产力的桥梁，切实推进长株潭区域科技成果转化率的提升。其二要完善长株潭区域科技成果转化激励机制。充分发挥物质激励、精神激励等方式在科技成果转化过程中的效用，同时将负面激励与正面激励相结合，促进创新主体进行科技成果转化动力与积极性的提升。其三要建立长株潭区域科技成果转化评价机制。探索建立适应长株潭区域科技成果转化要求的考核评价机制，将科技成果转化情况作为对创新主体的考核依据，以科技成果转化为导向，切实推进长株潭区域科技成果转移转化。

第八章 面向自主创新的长株潭科技政策区域协同治理研究

近年来，长株潭依托区域自主创新示范区建设，城市群协同创新格局已逐步形成，协同创新成效明显。然而，在实践过程中，也暴露出不少问题，如科研经费投入少、创新氛围不浓厚、科技成果转化率低等。在提升长株潭区域自主创新能力的进程中，既要关注创新资源的总投入，也要关注科技政策协同治理问题，特别是相对于科技创新成果显著的示范区而言，在科技创新资源不足的情况下，如何恰当地运用科技政策实现科技资源的有效整合，从而推动长株潭区域实现跨越式发展显得尤为重要。为响应国家号召，适应经济社会发展新常态，长株潭三地颁布了很多具体化的科技政策，以此来提高区域自主创新能力，但受行政区划等因素的制约，大多数科技政策在跨行政区中并未完全发挥作用，碎片化问题凸显，对提高区域自主创新能力作用不大，影响了长株潭区域经济一体化的联动发展。基于此，本章聚焦于长株潭科技政策区域协同治理问题，对长株潭科技政策区域协同治理现状进行分析，对国内相关区域的科技政策协同治理的主要经验进行梳理，以期提出长株潭科技政策区域协同治理的优化路径，为提升长株潭区域自主创新能力提供新力量。

第一节 科技政策区域协同治理的理论分析

一 科技政策构成要素及政策协同的界定

（一）科技政策的内涵及要素

科技政策包含科学政策和技术政策两个含义。科学政策是指政府为实现国家宏观、微观战略目标、促进科学技术飞速发展以及社会进步等目的而制定的一系列政策措施，它的颁布有效实现了国家发展与技术进步的有机结合。科学政策与激励科学发现相联系，而技术政策与激励新工艺、产品等相联系。[①] 鉴于两者的相互关系，通常来说，学术界不单独对科学政策与技术政策进行界定，而是将其合为科技政策。在使用频率上，科技政策在国家战略层面的应用频率最高，其次是在区域或是小城市。一般而言，科技政策由主体、客体与具体内容等要素构成。

就科技政策主体而言，通常来说，科技政策最重要的主体就是指公共权力机构。从传统的观点看，科技政策的主体是单一的，然而，随着公众认知的提高与公共管理制度的完善，其主体不仅仅包含政策制定者，更包含执行者与反馈者。主体范围的扩大使科技政策主体贯穿于制定、执行以及反馈的整个过程中，当然，不同的政策主体也存在着上下承接的联系。尤其是在某些特殊背景下，政策制定者与评价者会发生重叠，即政策的制定者与评价者是同一个主体。此外，在对政策执行结果进行考察时，准确评价与反馈政策本身的好坏与执行状况对政策的完善与发展至关重要。就科技政策客体来说，一般而言，科技政策的客体是指政策的作用对象。从政策执行进程来看，直接作用对象是科技工作人员。从政策执行的最终结果来看，间接影响对象是相关科研部门、组织以及各个社会群体。就科技政策内容来说，伴随时代发展与科技发展目标的调整，科技政策内容也在不断变化，但其核心内容基本保持稳定不变。主要包括科技发展战略与指导方针、科技发展规划与实施计划、科技研究政策、产业技术政策、各项管理政策与奖励政策等。

（二）科技政策主体相互协作

科技政策主体是指全程参与政策制定、执行与评估全过程或起重要影响作用的组织、社会团体或个体。政策主体是负责社会创新、科技进步、技术发展等政策制定的各政府部门或组织。各组织或部门在国家宏观与微

---

① 眭纪刚：《科学与技术：关系演进与政策涵义》，《科学学研究》2009年第6期。张学文：《面向创新型国家的开放科学技术政策——理论内涵及建构逻辑与社会效应》，《科学学研究》2013年第10期。

观政策领导下，根据各组织或部门的权力与职责，采用不同的工具来实施政策。政策主体的相互协作主要体现为指导性政策与宏观政策由高层级的部门主体来制定，操作性政策与微观政策由低层级部门主体制定，高层级主体制定的政策为低层级主体制定的政策提供主要方向与导向，低层级主体制定的政策反映高层级主体的意图。与此同时，低层级主体反馈的实施情况也为高层级主体进一步完善政策的各项内容提供意见，从而有效、顺利地保障总体目标的实现。对于同一级政策主体，如国务院各部委与直属机构，在政策的制定过程中要注意政策间的协调，加强各部门之间的沟通、交流，避免出现政策矛盾。

（三）科技政策目标协同一致

提升区域经济实力与促进科学技术进步是科技政策的核心目标。当前，各经济区域都面临着一个严峻的问题，即各区域之间贫富差距大，且随着时间的推移，这种差距会越来越明显。由于科技资源的分布不均，部分地域的科技发展环境较为落后，导致该区域在科技政策与科技资源上均处于劣势。基于此，如何推进区域经济协调、实现可持续发展成为科技政策协同治理的重要目标。科技政策目标协同集中体现于：首先，上一层级与下一层级政策目标一致，上一层级政策目标为下一层级政策确定指明方向，下一层级政策目标为上一层级政策的具体实施。由此可见，与上一层级政策制定的目标相比，下一层级更为宏观。其次，同一层级的政策目标存在相互协同的关系。因此，在实践过程中，同层级的政策目标应避免政策目标的独立、缺失与矛盾的状况发生。以科技创新政策为例，科技政策作为一种政策工具，能够推进技术发展与经济增长，而创新政策也能够拉动科技进步与经济增长。在促进经济增长的过程中，必然要促进技术发展，创新政策发展离不开技术发展的支持。反之，技术发展也离不开创新政策的扶持。创新包含的技术创新与制度创新也推进了科技快速发展、加快了经济结构的转变，是提升生产力水平的重要因素之一。

（四）科技政策工具紧密配合

由于各区域自主创新的侧重点不同，以及主体对于创新过程的认知能力有所差别，导致主体对于选择何种工具进行自主创新科技政策的运用也是有所差异的。从推行技术创新政策区域的现实成果而言，不同类型的科技政策工具所起的促进作用、影响幅度也是有所差别的。在实践运用中，政策工具的可选范围是有界限的。[①] 通过阅读大量国内外文献，可将科技政策工具分为如下三种不同的类型：第一种重点是围绕科研活动，其最重要的特征就是政府直接投资。政府充当科研的主体来直接或间接参与科研活动，从而更快地推动科技进步与发展。其中，可将围绕科研的政策工具进一步分为公共政府单位对各项科研活动给予资金支持；与私营企业合作，联合开展科技研发；与高等院校合作，联合开展科技研发；完善科技研发基础设施建设。第二种是围绕实现科技成果的市场化展开，其主要措施有制定与完善专利保护措施、为科技研发提供税收优惠、政府采购科技产品。第三种是以促进科技成果的扩散、技术转化与知识发展为核心目标。常用的措施有为相关的科技人员提供教育培训服务、制定统一的技术标准、构建规范化的知识网络系统、加大高新技术产业的宣传等。由此可见，科技政策工具的选择是多样的，在实践过程中，要依据实际情况，合理选择搭配多种科技政策工具，才能制定出科学合理的科技政策。

二　科技政策区域协同治理的结构维度

（一）科技政策区域协同的界定

区域协同是指系统内各要素间形成彼此协作、彼此促进与彼此补充的状况，进而超越单一要素或系统所能发挥的影响作用，最终在系统内形成健康循环、良性互动的状态。[②] 有关科技政策区域协同创新的界定，复旦大学校长杨玉良在2012年系列研讨会上指出其实质是在相同或相似的多个单元通过科技政策整合产生某种放大效应，进而形成有序、稳定的创新体系。笔者将科技政策区域协同分为两个层面进行解读。从微观层面来说，科技政策区域协同的重要特征就是参与主体具有统一目标与

[①] 赵筱媛、苏竣：《基于政策工具的公共科技政策分析框架研究》，《科学学研究》2007年第1期。李丹、廉玉金：《政策工具视阈下国际科技合作政策研究》，《科技进步与对策》2014年第19期。

[②] 解学梅、曾赛星：《创新集群跨区域协同创新网络研究述评》，《研究与发展管理》2009年第1期。余晓钟、辜穗：《跨区域低碳经济发展管理协同机制研究》，《科技进步与对策》2013年第21期。

内部动力，依托现代化的技术手段，整合系统内所具有的知识共享机制，构建信息资源共享平台，进行全方位的交流与协作。其中，促使参与主体积极主动参与协同创新行为的影响因素主要包括三点：一是参与主体本身具有的创新能力；二是系统提供的发展规划与规章制度；三是参与协同创新能够得到的显性收益或隐性回报，这也是影响区域协同的关键因素。从宏观层面来看，科技政策区域协同是指系统中创新资源的自由流动与多种创新要素的不断融合，即在系统内实现科技政策多方面协同。其中，企业、大学与科研机构作为三个重要的创新主体，依据自身具有的优势注入互补性资源，同时，依托政府部门、金融机构与中介单位等多种主体的共同扶持，以知识技术的逐步增值为出发点，充分发挥自身优势，共同完成科技研发的大跨度整合式创新活动。在实际运用中，应充分调动企业、高校与科研机构等多种创新主体的自主性与创造性，建设跨学科、跨部门、跨区域的资源共享、深度合作和开放创新机制，这将有益于不同行业、不同领域、不同区域创新要素在各环节之间的技术整合与扩散。

（二）供给侧政策区域协同治理

一般而言，协同治理的供给侧政策指的是各级政府部门之间通过利用各项政策来促进各区域资金、人力、信息与技术等多种资源的有效供给。不同的参与主体部门与对应目标之间的协同治理，主要通过各主体部门之间的沟通协调、经验探讨以及政策目标的互补合作、利益协同等，以达到打破地域化难题实现各项信息资源共享的目的。[①] 通常来说，供给侧政策可划分为如下类型：一是战略型供给侧政策。重点反映区域协同治理的大致趋势，具有宏观的指导意义，其主要内容涵盖了重要的治理方案与长期性的纲要文件。二是引导型供给侧政策。是对战略型供给侧政策实施的具体化反映，落脚为对各区域发展的指导，其主要内容涵盖了高科技产业园与各中小企业的发展政策等。三是具体型供给侧政策。是具体实施层面的政策，如税收优惠、财政投入、研发补贴、

---

① 李荣娟：《协同视角下的区域公共治理：契机选择与政策供给》，《中国行政管理》2011年第6期。肖林：《全球治理改革与中国供给侧改革的协同》，《科学发展》2016年第10期。

孵化器建设、知识产权保护、人才奖励政策等。需注意的是，这些政策的有效执行须紧紧围绕各区域的战略型政策，在其统一指导下，才能起到综合、全面的影响作用，实现区域协同治理的最终目的。总而言之，供给型科技政策工具的影响作用重点体现为政策对区域协同治理的推动。

（三）需求侧政策区域协同治理

协同治理的需求侧政策指的是各级政府部门利用各项政策促进总需求量的增加，扩大产品市场占有率，带动区域科技创新。根据各级政府制定的相关政策将彼此的需求通过资源信息共享平台发送，上一层级利用信息传递机制，按从上到下的顺序将政策意图准确地传递给下一层级的政策主体，下一层级依据接收到的意图进行政策制定。例如，上一层级提出了国家宏观战略与总发展目标，下一层级依据上一层级的指令对宏观战略与总发展目标进行具体化，将其具体到某一领域或区域，促使该区域的政策主体在相应的领域或区域范围之内，综合利用共享的各项政策工具，进而实现上级区域提出的发展目标。需求侧政策的类型有：一是利用政府采购支出的方式直接扩大总需求量；二是利用更高水平的信息服务与优质的产品来刺激各消费群体进而间接扩大总需求量；三是出台更严格的安全标准或节能减排标准等扩大总需求量。需求型科技政策的影响作用体现于通过对需求的引导，降低市场中存在的不确定性，表现为对区域协同治理的拉动力。

三 科技政策区域协同对区域自主创新的功能体现

（一）战略导向功能

区域想要实现自主创新，达到可持续发展，就必须合理运用科技政策，通过外向型协同治理方式，来指导企业的创新行为与活动。[1] 许庆瑞曾指出，企业创新要结合多种要素共同进行，不应该将创新行为受限于进行某项具体的技术性要素。由于创新行为极具多样化、复杂性，因

---

[1] Sheng Li and Wang X. Y., "Collaborative Governance on Transboundary Pollution: Theoretical Logic and Policy Orientation", *Journal of Fujian Administration Institute*, Vol. 19, No. 3, 2012, pp. 84 – 88.

此创新要充分实现各个要素间的协同管理。科技政策的协同治理引导着区域自主创新战略计划的形成，为确定区域发展的方向和构建竞争优势提供导向。[1] 协同战略导向的主要核心要素包括市场导向、技术导向和创业导向，三者之间相互协作，不可分割。通过科技政策区域协同治理能促进技术与市场之间的资源共享，技术导向注重尖端技术，市场导向注重市场需求，通过技术导向提供的科学技术，进一步满足各区域的市场需求，帮助区域自主创新产出先进技术，从而生产设计出更好、更新颖、质量和功能更优的产品；同样，创业导向也对增加就业机会、促进区域经济发展与提升科技进步均具有影响作用，并且无论是在商业实践还是理论研究中，创业精神都是优秀企业一个重要的共同特点。其实无论是对于区域经济还是区域自主创新而言，创业导向都是技术变革、业务拓展和财富创造的主要动力。

（二）协同推进功能

诸多研究表明区域自主创新的进行必须要依靠一定的动力来推动。[2] 假设将区域自主创新纳入一个组织系统中，那么组织系统中的动力主体就是科技政策，各层客体之间通过协同治理等运行模式相互产生促进作用。科技政策区域协同治理过程，可以形象地理解为创新动力的"发生器"和"接受器"。一般情况而言，协调区域自主创新包括产权、市场、政府和企业四个方面。区域是自主创新的主体，相当于"接受器"，其动力源自"发生器"，即政府、市场与科技政策。那么两者之间的协同推进和有机联系共同构成了区域自主创新的动力源泉。在区域协同治理进程中，主体的利益需求不仅是推动协同治理的动力，也是形成利益群的前提，所以，科技政策所带来的协同治理推进既有运作过程的含义，又有动力来源的意思。此外，由于市场的自身缺陷性，要求政

---

[1] Kleemola S. and Forsius M., "18th Annual Report 2009: Convention on Long-range Transboundary Air Pollution. International Cooperative Programme on Integrated Monitoring of Air Pollution Effects on Ecosystems", *Systems Man & Cybernetics Part C Applications & Reviews IEEE Transactions on*, Vol. 39, No. 4, 2009, pp. 448-458.

[2] Wei Z. Y., Lu Y. M., Wei C. L., "Current Status of Independent Innovation System for Agricultural Science and Technology in Guangxi and the Strategies for its Development", *Journal of Southern Agriculture*, Vol. 42, No. 8, 2011, pp. 1020-1024.

府在创新中通过科技政策协同驱动区域进行自主创新，科技政策协同治理将推进区域不断完善自身发展思路、创新发展措施、营造发展环境。区域协同治理不仅是推进区域自主创新的一个标志性特征，更是一个多元化的系统。[①] 在自主创新的道路上，各区域的发展受到多种因素的相互作用很有可能表现出非均衡性。因而，在选择协同治理模式与机制方面需要更多的理性思考，要增强利益相关者的紧密合作，借助科技政策的协同效应减少资源耗散，通过协同治理来提高资源利用率，推进区域自主创新。在目前社会治理状态下，协同治理本身存在诸多优势，有利于加快社会创新、推进权力主体作用的发挥以及科技、社会资源的整合利用。

（三）服务保障功能

不管哪种创新活动，一般都是在某种特定区域环境下展开的，特定的区域创新氛围决定了创新活动能否取得成功。协同影响下相关创新环境的培植要依靠政府当局颁布的科技政策。然而，科技政策的发展是一个推陈出新的过程，因此，各种各样的创新活动与科技政策总是紧密相连的，并充分利用协同作用来完成。创新主体之间的协同包括联系、沟通、交流、合作、协调等，这些协同会产生有价值的信息，进而促成产品的、技术的、组织的、市场的创新。[②] 通过科技政策有效发挥协同作用，从而保障区域完成自主创新的服务有三个基本流，即信息流、物流、资金流。根据这三个流的性质，可总结出服务保障的六个领域：产品服务、信息与软件服务、科学技术服务、知识与研发服务、商务服务、企业金融服务。在科技政策的推动下，这些领域构成了子系统之间协同的各个要素，在推动区域自主创新中发挥服务保障作用。

---

① Dehkordy S. R., Bahrami F., Janahmadi M., "Computational Study of the Role of Calcium in Late Long-term Potentiation Induction on the Basis of Tripartite Synapse Structure", *Electrical Engineering. IEEE*, 2014, pp. 1892–1899.

② 贺灵：《区域协同创新能力测评及增进机制研究》，中南大学博士学位论文，2013年，第137页。任宗强：《基于创新网络协同提升企业创新能力的机制与规律研究》，浙江大学博士学位论文，2012年，第65—72页。

第二节　基于 SWOT 模型的长株潭科技政策区域协同治理现状分析

一　优势：长株潭科技政策区域协同治理的成效

目前，长株潭区域的占地面积为湖南省面积的 1/7，人口总量约占全省的 1/3，科研机构与创新平台占湖南省总量的 70% 以上，高新技术企业占全省总数的 60%，由此可见，长株潭区域是湖南省创新驱动发展的重要聚集地。尤其是在长株潭自主创新示范区的指导下，2012—2016 年间自主创新示范区的技术产业年增幅超过 36%，这也促使湖南省技术产业年增幅超过 33.6%，年增幅水平处于全国领先水平。2015 年，湖南省生产总值约为 29047.2 亿元，其中，长株潭城市群总生产值为 12548.33 亿元，占全省总额的 43.2%，其增速高于全省平均水平近 1 个百分点，详见表 8—1。

表 8—1　　　　　　　2015 年长株潭城市群地区生产总值

单位：亿元

城市	地区生产总值 总值	增速（%）	第一产业 增加值	增速（%）	第二产业 增加值	增速（%）	第三产业 增加值	增速（%）
湖南省	29047.2	8.6	3331.6	3.6	12955.4	7.4	12760.2	11.2
长沙市	8510.13	9.9	341.78	3.6	4478.2	8.8	3690.15	12.1
株洲市	2335.1	9.5	179.5	3.8	1337.1	7.9	818.5	13.6
湘潭市	1703.1	9.6	140.8	3.6	933.8	8.4	628.5	12.8

资料来源：湖南省统计局。

长株潭三市通过科技政策协同合作，加速了一体化协同创新步伐，逐渐成为城市群协同创新的先导区。现阶段，三市已完成半小时交通圈规划，打造了"金融同城、电话同号、污染同治、信息同享"的协同发展模式，为打造三市协同创新发展奠定了基础。与此同时，三市也先后入选成为"国家知识产权示范城市""中国制造 2025"试点示范城市群。长株潭区域的经济发展模式正从依靠要素驱动向依靠创新驱动发展转变，长株潭科技政策区域协同治理的成效也慢慢凸显,主要表现在以下几个方面。

(一)企业创新能力不断提升

高新技术产业的发展对实现自主创新具有主导性影响,也对长株潭区域的各类企业快速提高创新能力具有示范、指导作用。截至2014年底,全省的高新技术企业共计3263个,其中,长株潭城市群的企业数共计1507个,占湖南省总量的46.2%,全省超过1/2的高新技术产业销售收入都来自长株潭城市群,详见表8—2。

表8—2　　　　　　　　2014年高新技术产业情况

市州	企业单位数（个）	高新技术产业总产值（万元）	高新技术产业增加值（万元）	高新技术产业收入		高新技术产业利税贡献	
				总收入（万元）	出口收入（万美元）	利税总额（万元）	利润总额（万元）
全省	3263	162535889	51474655	151656667	2611984	12620136	6827177
长沙市	968	64274498	22319197	62118414	1005986	5670324	3569961
株洲市	273	14248059	4668826	12605658	511357	1471262	736994
湘潭市	266	15764191	4874407	13017656	183259	496584	196486

资料来源:《湖南统计年鉴2015》。

2014年长株潭区域企业的有效发明专利总数与专利申请总数分别占湖南省总数的74.1%和66.3%,具体见表8—3。

表8—3　　　规模以上工业企业科技活动产出情况（2014年）

市州	新产品产值（万元）	新产品销售收入(万元)		专利申请数（件）	有效发明专利数（件）
		总额	出口		
全省	66668581	63103689	4099694	17919	14415
长沙市	26705395	24885535	2942768	7972	7170
株洲市	4132363	3982746	229958	3181	3105
湘潭市	2387924	2339204	298518	736	412

资料来源:《湖南统计年鉴2015》。

长株潭区域规模以上工业企业 R&D 活动人员折合全时当量占全省的

67%，具体见表8—4。

表8—4　规模以上工业企业R&D活动人员情况（2014年）

市州	有R&D活动的单位数（个）	总人员（人） R&D人员	总人员（人） 全时人员	R&D人员全时当量（人年）
全省	2203	109994	74573	77428
长沙市	612	49555	41773	34328
株洲市	212	12469	8525	9608
湘潭市	106	9133	4972	7627

资料来源：《湖南统计年鉴2015》。

第一，产学研结合模式全国领先。长株潭区域颁布专项政策，以高新技术产业链为纽带组建了高新技术创新产业联盟，以科研单位与各大高校为载体构建了企业技术研发中心。与此同时，建立产学研相结合的各类专项，加大力度构建以企业为主体，各大高校与科研单位为协助的产学研用有机平台，实行联合攻关，构建优势互补、成果共享、风险共担的合作体系。从目前取得的成果来看，湖南省联盟成员单位共计800余家，高新产业创新战略联盟共计74个，其中，国家层次的联盟试点5个，而这些成果60%以上均由长株潭区域牵头带动。

第二，企业创新创业主体功能得到强化。企业在充当创新主体的进程中，对推动区域创新建设发挥着越来越重要的作用。2014年全省规模以上工业企业有13723家，其中长沙2593家、株洲1499家、湘潭915家，占全省比重的36.5%，同期各增长53家、13家、26家，详见表8—5。目前，长株潭三地已出台多项推进高新技术型产业、战略型新兴产业和创新型企业发展的科技政策，从产业试点、强化激励、产业跨界融合等多角度，重点支持创新型企业的发展，培育特色园区产业，进而使企业转变为研发投入与技术创新的主体。例如，三市企业共建立超过70%的省级技术研究与开发基地。在军民交融产业方面，长株潭作为国家级示范区，军民交融政策在三市先试先行，省政府与国防科大联合组建了产业技术协同创新实验室，同时，建成了中航通用航空产业中心与南方宇航产业园等一系列军用与民用相交融的技术产业园。

表 8—5　　　　　　　　　2014 年规模以上工业企业数量

单位：家

市州	工业企业总数量	按轻重工业分		按登记注册类型分		
		轻工业	重工业	国有控股	内资企业	港澳台商投资企业	外商投资企业
全省	13723	5351	8372	754	13143	323	257
长沙市	2593	1218	1375	115	2444	63	86
株洲市	1499	598	901	109	1443	20	36
湘潭市	915	267	648	45	883	14	18

资料来源：《湖南统计年鉴 2015》。

第三，推动科研院所转制。在企业改革、行业监督与促进私营企业发展等方面，通过推动科研院所转制，培育出南车时代、中联重科等具有核心竞争力的高新企业。截至 2016 年底，三市共有 39 所科研院所顺利完成转制，2012—2016 年间，长株潭区域应用类科技成果与转化成果总量分别为 3850 项与 2690 项，长株潭区域已转变成为全省科研产出和转化的核心力量。

（二）创新资源整合力度提升

长株潭三地由于地理位置、文化背景等区域优势而拥有较多的优质科技资源要素，这些科技资源要素在长株潭区域间流动较为频繁，彼此也相互依存。伴随着长株潭三地对协同发展的重视，区域之间的技术流动也愈发频繁。据长沙技术市场的最新数据显示，2015 年长沙流向湘潭与株洲的技术合同成交额约为 37.9 亿元，同比增长 37.1%。为有效整合长株潭区域内的创新资源，区域主要从以下几个方面予以突破。

第一，协同区域科技政策，推进区域创新。长株潭区域成立了专门的自主创新示范区建设领导小组，对自主创新示范区的管理工作进行统一协调，整合相关部门的政策资源，出台了一系列促进金融与科技相结合、企业股权和分红激励试点、两型产品政府采购等政策措施，加快了科技资源的共享进程与优化配置。如省科技厅联合省两型办、省财政厅，针对构建"两型"社会建设综合配套改革试验区问题，在全国首创了"两型"产品政府采购政策，构建了更为健全的"两型"产品政府采购规章制度体系，在相关政策中对 285 种"两型"产品进行了认定，范围涵盖了车辆、计算机、机械装备、电器设备等共计 29 个大类。

第二，整合财政资金，加大创新投入。科学研究与试验发展（R&D）作为创新活动的重要组成部分，其经费投入是科技投入的主要构成部分，也是加快科技进步与发展的重要因素。2014 年，全省 R&D 项目经费投入为 273 亿元，其中，60%集中于长株潭区域，详见表 8—6。近年来，湖南省逐步加大对科技创新的经费投入，对重大型科技项目的科技经费投入超过 80%，而绝大多数的省重大型科技专项也集中于长株潭区域。同时，进一步完善了科技金融体系，创建了天使基金、科技支行、人才基金等众多服务平台，以长沙高新区国家科技与金融结合试点为突破口，通过设立科技金融结合专项、科技成果转化引导基金等措施，实现了科技投入引导比接近 1∶8 的目标。

表 8—6　2014 年规模以上工业企业 R&D 项目和新产品开发项目情况

市州	R&D 项目数（项）	R&D 项目人员（人）	R&D 项目经费（万元）	新产品开发项目数（项）	新产品开发经费（万元）
全省	9393	99781	2730370	9758	3151100
长沙市	4241	45616	1120965	4305	1301871
株洲市	1351	10747	294205	1331	428880
湘潭市	658	8041	212355	622	174890

资料来源：湖南省统计信息网。

第三，整合服务平台，促进企业创新。以重点实验室、工程技术研究中心等研发平台为基础，以企业孵化器、产业化基地等培育平台为依托，以高新园区、大学科技中心、农业科技中心等高新技术平台为载体，完成了创新创业平台对产业的全覆盖、对企业的全开放，以及在各类不同创新创业平台中实现全兼容的目标。从目前情况来看，随着互联网经济的快速发展，湖南省拥有省级以上的创新创业平台共计 379 家，重点实验中心与国家级工程研究基地大部分落户在长株潭区域。

（三）政策红利催生科技创新

长株潭区域重大自主创新成果频繁涌现，主要得益于长株潭区域在人才培养、人才引进、人才激励机制等方面的改革和创新，特别是抓住长株潭建设国家自主创新示范区的机遇，制定一系列政策和措施，大力发展科技事业，有效促进了区域自主创新能力的提升。

第一，培育引进科技人才。推出了"引进海外高层次人才百人计划""科技领军人才培养计划"等人才引进计划，并且启动实施"长株潭高层次人才聚集工程"，旨在打造长株潭人才发展的改革试验区。截至2014年底，长株潭区域拥有两院院士共54名，国家"千人计划"专家73名，引进留学海归人员与海外专家近2000多位。由此可见，长株潭区域现已成为湖南省科技创新人才的聚集中心，详见表8—7。

表8—7　　　　　　　　长株潭高新区科技人才情况

单位：人

地区	科技活动人员	留学海归人员	大专以上人员	中高级职称人员
长沙	59643	1583	131483	28534
株洲	22106	329	64186	20095
湘潭	9717	314	34786	9273

资料来源：长沙、株洲、湘潭高新区管委会办公室（政研室）。

第二，创新创业平台密集。近年来，湖南省颁布出台了《湖南省实施知识产权战略行动计划（2015—2020年）》《湖南省科技企业孵化器认定和管理办法》等政策文件。在这一系列政策的指导下，当前，已建成公共技术服务平台8个，其中湘潭现代电机产业集群科技服务平台获批为国家"十二五"科技支撑计划，已累计为园区40余家企业提供共享服务共计600多次，其服务范围辐射到长株潭区域。建成国家级技术实验室两个，省级技术重点实验室共29个，省级以上的1000多家科研单位。截至2014年底，长株潭区域规模以上工业企业办科技机构总数达611个，企业办科技机构人员中拥有硕士研究生以上学历的共7622人，详见表8—8。

第三，激励机制促使创业热情迸发。湖南省委省政府在《中共湖南省委湖南省人民政府关于促进产学研结合增强自主创新能力的意见》中明确规定："科技成果与知识产权可以入股，具体的占股比例由双方共同协商，最高比例可达公司注册资本的70%，成果持有单位最高可以从技术转让（入股）所得的净收入（股权）中提取70%的比例奖励科技成果完成人。"长株潭区域率先在全国范围内启动"两个70%"的激励政策，成果股份化与知识资本化极大地激励了企业或个人的创新创业激情，在此过程中，长株潭区域也相继涌现出山河智能、博云新材、湘电风能等极具创造性、富有活力的高科技企业。

表 8—8 　　　　　2014 年规模以上工业企业办科技机构情况

市州	企业办科技机构数(个)	企业办科技机构人员（人）			科技机构内部经费支出（万元）
		总数	博士	硕士	
全省	1632	58543	1627	9194	1402620
长沙市	460	23917	585	5248	624973
株洲市	94	5647	103	1000	61742
湘潭市	57	4555	129	557	94562

资料来源：湖南省统计局。

通过前面对长株潭科技政策区域协同治理的优势进行分析发现，区域科技政策是区域科技进步与发展的重要支撑，对推动区域自主创新发展起着重要引领作用。长株潭区域自主创新示范区获批后，为支持区域自主创新协同发展，三市相继出台了一系列科技政策，笔者在对长株潭支持自主创新的科技政策文本进行梳理和总结的基础上，借鉴《中共湖南省委、省人民政府关于建设长株潭国家自主创新示范区的若干意见》的政策分类，把长株潭区域科技政策支持体系分为培育引进人才、科技开发转化、创业创造主体培育、资源开放共享、投入支持机制、管理服务机制六个政策维度，对科技政策文本的分类及涵盖的内容进行了简要的梳理和分析，具体如表 8—9 所示。

表 8—9 　　　　长株潭区域科技政策分类及其涵盖内容

政策维度	实施目的	涵盖内容
培育引进人才	该类政策旨在吸引海内外高层次人才、培育技术团队，为实现区域自主创新提供人才、技术支撑	主要包括建立人才培育和引进机制；健全知识产权保护；营造创新创业环境；优化科技经费使用；健全人才评价机制等内容
科技开发转化	该类政策旨在运用多种科技转化转移方式及措施，最大限度发挥科技成果的实用价值	涵盖了促进科研院所转制；推进科技成果的转移和转化；技术转移转化试点；扶持新型研发机构等方面内容

续表

政策维度	实施目的	涵盖内容
创业创造主体培育	该类政策旨在通过培育和鼓励创新型企业发展，辐射带动区域自主创新能力的提升	主要涉及支持和发展创新型企业；促进军民融合产业发展；发展众创空间；培育创客团队；创新创业文化培育等内容
资源开发共享	该类政策旨在促进信息资源的整合，实现区域科技资源的互联互通	主要包括建立公共服务平台；打造孵化器、众创空间等创新平台；关注产业共性技术的研发与推广；建立科资源知识库等方面的内容
投入支持机制	该类政策旨在通过健全创新投入支持机制，为区域协同发展提供资金保障	涵盖了财税补贴、税收缓缴、政府资助等优惠措施；科技金融服务等要素支持；政府采购等内容，核心是创新财税支持方式
管理服务机制	该类政策旨在打破行政区划壁垒，实现区域的协同发展	主要涉及三市统筹协调机制；推动简政放权和行政审批制度改革；优化区域内政务服务环境；提升区域间管理等方面内容

二 劣势：长株潭科技政策区域协同治理存在的不足

（一）地方政府之间协同治理机制不健全

尽管长株潭三市都属于湖南省的管辖范围，都是在统一管理下各自运行的城市，但是作为相对独立的主体，每个城市有着自己不同的行动规划和对自身城市未来发展的长远目标，三个城市的利益追求并不是完全一致的，这也在很大程度上割裂了区域内部市场，其中一些突出表现体现为，某个城市的地方政府为了保护本市企业的发展，提升外来产品准入门槛，设置一系列贸易壁垒，或者在吸引区外资源时进行干预，存在一定程度的地方保护主义。这种过分的地方保护主义导致各生产要素在三市不能正常地流动，且区域内的各企业间也不能有序、公平地竞争，这必然导致三市之间的经济差异越来越大。没有建立强有力的会商机制来促进长株潭地方政府及各部门加快形成区域协同发展意识是造成这种现象的主要原因。目前，这种各自为政的做法严重地阻碍了长株潭三地跨行政区合作，成为推进科技政策区域协同的重大障碍。这种不健全的协同治理机制主要体现在：一是政策协调机制不完善。目前，国家层面还未出台相关协调机制解决跨行政区的重要事项。二是责任主体界定不明确。从目前的情况来看，协调机制依然比较松散，通常召开会议的频率为一年一次或一年两次，缺少专门的责任主体去推动政策协调的有效运行，并在日常事务里起指导与承接作用，责任主体的缺失致使企业出现了"政策成果少、合作共识多"的尴尬局面。三是政策协调过程不完善。在进行政策协调前没有建立公民诉求表达机制，以致很难掌握微观主体的政策需求。四是合作效果缺少科学、合理的评估机制，合作专题缺少计划部署与确定的时间点安排。五是专题合作缺少硬性约束体制与激励机制，以及健全的监督机制与实施机制，进而致使企业在多领域中难以取得突破性进展。

（二）城市群之间协同动力不足

自2005年以来，长株潭区域经济一体化进程取得了很大进展与成效，虽然科技资源在长株潭三市之间流动越来越频繁，但长株潭三地行政体制的局限性与科技资源分布的不均衡性，导致科技资源在三市之间的开放共享程度比较低。众所周知，长株潭城市群一直存在着科技公共设施共享度低、创新人才流动阻碍大与成果转化困难等难题，同时，长株潭高水平人才之间有轻合作、重竞争，轻机制、重形式，轻整体、重个体等观念。在科技基础设施共享上，长株潭区域颁布了很多规章、法规，但依旧不能解决资源使用率低与地域共享难的问题。在区域协同治理过程中，发达地区协同动力明显不足，相比于珠三角与长三角区域，省会长沙不仅没能起到带动、引领性的作用，且对周边城市拥有的资源还表现出明显的"虹吸效应"。科技成果的跨行政区移动与转化是长株潭区域科技资源流动的主要形式，但从实际情况看，省会长沙的技术资源流向株洲与湘潭的比例较低，且流动比例呈现出下降趋势。

发达地区不愿意协同严重制约了长株潭区域之间的协同发展。主要表现在：一是在区域协同治理中，由于地方经济发展水平的差异致使每个利益主体的利益诉求有所差异。地方政府作为利益主体的领导者与决策者，在实施协同治理之前，一般是以本地区利益为出发点来制定与执行政策，少与其他地区进行沟通与协商。因此，在建立跨行政区、超脱地方利益的正式协调机构之前，不同形态的地方保护政策及行为的出现将是一个理性的地方政府在现有的制度框架下实现自身利益最大化的必然选择。因此，为了满足自身利益的最大化而不顾及区域协同合作的整体性与全局性成为了长株潭三市政府行为的逻辑起点,如果没有建立有效而相对公平的利益调节机制,长株潭三市政府自然没有合作的意愿和动力。二是在区域协同治理实际进程中,地方政府部门对于协同成本与预期收益的认知度有所不同,如果通过协同治理产生的效益不能大于其所付出的交易成本,则会对参与协同的积极性大打折扣,也将难以形成政府间密切协作的关系。例如,参与协作前,各方都会从各自需求出发权衡参与科技政策协同所产生的投入和产出比,并以此为依据决定是否参与协作。

(三) 社会公众力量参与不充分

非营利组织或非政府单位作为社会力量的载体之一,也是除市场与政府外的第三方监督体系,对于区域合作治理的有效推行发挥着不可忽视的作用。① 非政府组织以长株潭区域的市民为调查对象,对关于NGO的市民了解度开展调研,结果显示:在参与调查的78人中,共6位被调查者"经常听说"非政府组织,共53位被调查者"听说过但不太了解"非政府组织,共19人"很少听说"或者是"没有听说过"非政府组织;其中有17人参加过非政府组织的活动,仅有7人表示自己是非政府组织的成员。由此可见,当地市民对于非政府组织的相关知识了解较少,参与度更显不足。

在我国改革开放不断深化的大背景下,仅仅依靠市场、政府与社会公众的自身力量很难应付全球化与经济市场化带来的重大冲击,利用"共治"也就是多治理主体的善治与复合治理模式必然成为长株潭区域应对挑战的主要方法。② 政府完成善治目标的过程之中,不仅要采取高效的社会管理,而且要加快发展第三部门,培育社会的自治能力,只有内外相结合才能够应对各项挑战。在长株潭区域协同创新的进程中,社会公众力量的参与不够,导致政策协调前缺少必要的公民诉求表达机制,以至于很难准确判断社会微观主体存在的政策需求。市民社会还尚处在培育期,各种自治和非营利性组织不仅仅是先天发育不足,而且发

---

① Wolff F. C. and Prouteau L., "Donner Son Temps: Les bénévoles dans la vie Associative", *Economie Et Statistique*, Vol. 372, No. 1, 2004, pp. 3 - 39.

② 褚宏启:《教育治理:以共治求善治》,《教育研究》2014年第10期。顾金喜:《城市社会复合治理体系建设研究——以杭州市上城区为例》,《浙江社会科学》2015年第3期。

展速度非常缓慢，因此，在长株潭区域协同治理问题上很难发挥应有的作用。这种现状与区域发展协同治理的走势相反，不利于长株潭区域的自主创新发展。

（四）现有科技政策制定和执行的碎片化

长株潭科技政策区域协同治理的碎片化主要表现为两个方面。一方面是政策制定的碎片化。虽然近几年，湖南省已初步探索构建了一系列推进自主创新的科技政策体系，特别是在长株潭获批示范区以后，湖南省政府专门出台和实施了《长株潭国家自主创新示范区发展规划纲要（2015—2025年）》，长株潭三地政府也相继颁布了相关行动计划和实施方案，但制定和出台的推进三地协同创新的科技政策却很少。在对长株潭区域已出台的科技政策文本的梳理过程中，可总结出长株潭科技政策区域协同创新中地方政府协作的政策制定是一种"后发式"的模式，体现在有上层政策安排或上级行政命令等外部力量推动时，才会被动产生地方政府参与政策协同的意识，其自发性不够。其主要体现在推动区域自主创新的金融、财税、人才等科技政策在制定中协同发展内容没有整合；科技政策竞争力不强，有些政策存在目标不明确的问题，且对政策实施效果缺乏有效的评估，运行效果难以得到科学的评价；由于三市经济社会发展的不同步，导致科技资源、科学技术、科技人才等创新资源分布不均，因此在三市科技政策的制定上还存在口径不一致的现象，以上表现均反映出碎片化的问题。

另一方面是科技政策执行的碎片化。尽管在科技政策区域协同治理中长株潭区域在协同机构、协同内容上取得了一定的成效，但由于最基本的行政区划和协同机制问题尚未解决，地方政府在推进区域科技政策协同创新的执行过程中也存在碎片化问题。主要表现为，在出台的发展规划纲要及推动三地协同创新的相关规定中，大多是宏观性的方向指导，往往缺乏具体可操作性内容，使得三地在实际处理问题时没有可操作性的步骤。同时，在科技政策的执行过程中，也缺乏具体的法律、法规依据，使得科技政策的区域协同仅停留在会议层面上，这就容易造成三地政府间的合作共识只停留在领导人口头的承诺上，而不受法律规章的约束，导致政策协同难以落实。

三　机遇：长株潭科技政策区域协同治理面临的外部环境

目前，全球经济环境正经历着深刻变化，国际金融危机加快催生了新一轮科技革命和产业变革，持续推动着我国经济的调整与转型，长株潭区域的发展和创新面临着新形势、新机遇与新挑战。

（一）产业变革和科技革命的兴起

世界各国正处于金融危机后的恢复阶段，新一轮的科技革命和产业变革日益向绿色、智能和可持续方向发展。世界各国尤其是发达国家纷纷把促进技术创新与科技发展作为一个国家的宏观战略[1]，传统意义上的应用研究、基础研究和产业化的边界日益模糊，随之而来的金融资本融合与科技创新日益紧密，技术的更新与换代、科研成果的转化等速度都大大加快。与历次科技产业革命不同的是，在新一轮的科技革命中，中国与发达国家基本处于同一起跑线上，在许多新兴领域都表现出色，机遇难得。长株潭依靠自主创新示范区的便利，在工程机械、轨道交通、电子信息、生物健康、能源装备等新兴领域的优势显著，应积极抢占全球科技创新和高新技术产业发展战略制高点，为国家争取创新进步与发展的主动权提供支撑。

（二）国家经济进入创新驱动转型升级发展阶段

党的十八大以来，习近平总书记明确提出"科技创新是提高社会生产力和综合国力的战略支撑，必须摆在国家发展全局的核心位置"。我国经济发展正面临增长速度换挡期、结构调整阵痛期与前期刺激政策消化期三期叠加新常态，要重点强调调结构、转方式，加快依靠创新驱动发展模式。为此，湖南省认真贯彻落实党中央、国务院决策部署，大力实施创新驱动发展战略，湖南省人民政府印发《湖南省"十三五"科技创新规划》，以科技创新为重点全方位、多角度促进创新。作为创新驱动发展重要高地的长株潭区域，应利用"中国制造2025"试点示范城市群契机，

---

[1] Collins C. J., Clark K. D., "Strategic Human Resource Pratices, Top Management Team Social Network And Firm Performance: The Role Of Human Resource Practices In Creating Organizational Competitive Advantage", *Academy Of Management Journal*, Vol. 46, No. 6, 2003, pp. 740–751. Milton S., Siddique M. A. B., "Trade Creation and Diversion Under the Thailand–Australia Free Trade Agreement (TAFTA)", *Economics Discussion*, No. 6, 2014, pp. 133–134.

突出重点领域的科技创新，深化科技体制改革，提高自主创新能力，构建极具本地特色的创新机制。依托长沙·麓谷创新谷、株洲·中国动力谷与湘潭智造谷等一系列创新型产业集群，全力打造"研发+制造+服务"一条龙产业链，充分发挥长株潭自主创新示范区的示范引领带头作用，加快打造"中国制造2025"长株潭城市群示范引领区。

（三）湖南省"一带一部"的区位优势

"一带一部"是指东部沿海地区和中西部地区过渡带、长江开放经济带和沿海开放经济带接合部。这是习近平总书记在湖南视察时作出的湖南要发挥"一带一部"区位优势的重要讲话内容，其明确指出，湖南要充分发挥"一带一部"的区位优势。在地理位置方面，要努力做到连南贯北、承东启西；在经济提升方面，要充分利用资源共享、优势互补。"一带一部"给湖南带来了新价值与区位优势，有利于湖南对接东部产业梯度转移，推动东西部地区产业与要素的高效对接。为顺利推进"一带一部"发展战略，湖南省提出"一核三极四带多点"的战略部署：一是壮大"一核"，即全力打造长株潭城市群作为长江中游城市群核心引领区；二是打造"三极"鼎立局面，即加快建设郴州、岳阳、怀化为新增长极；三是推动"四带"联动效应，即建设沪昆高铁经济带、京广高铁经济带、环洞庭湖经济带与张吉怀旅游经济带；四是扶持"多点"绽放，即依托高新技术产业开发区、经济技术开发区与特色产业园区等形成产城融合的新增长点。[①] 长株潭是"一带一部"战略的实施区域之一，应抓住创新驱动的机遇，融入长江经济带的发展进程，为促进东西部地区协调、稳步发展做出贡献。

（四）长株潭区域协同推动一体化升级

长株潭区域的一体化发展对加快区域协同治理大有裨益。社会通信网络更加便捷，交通运输四通八达，现代社会资源高速流动，带来了长株潭区域协同发展的新形势。构建积极的相互依赖关系，规范区域间的竞争行为，趋利避害，促进区域间的良性互动、协调发展，推动区域间的协同合

---

① 周正祥、张桢祺：《长江中游城市群可持续发展对策研究》，《中国软科学》2016年第11期。杜家毫：《不忘初心，继续前进，为建设富饶美丽幸福新湖南而努力奋斗——在中国共产党湖南省第十一次代表大会上的报告》，《新湘评论》2016年第23期。

作越来越受到重视。湖南省"十三五"发展规划以及《长株潭国家自主创新示范区发展规划纲要（2015—2025年）》中明确，坚持"创新驱动、体制突破、以人为本、区域协同"的原则，按照城乡规划与"一区三谷多园"的基本框架（详见表8—10），依托长沙·麓谷创新谷、株洲·中国动力谷、湘潭智造谷等创新型产业集群区，优化产业布局，统一组织协调，统筹资源配置，积极推动各分园创新要素合理流动、科技资源开放共享、产业发展优势互补。要不断完善城市群协同创新体系、政策支持体系和技术服务体系，集聚国、省等优质创新资源，最终形成资金链、服务链、产业链相互补充的发展格局。

表8—10　　　长株潭自主创新示范区"一区三谷"基本框架

"一区"	"三谷"	主要任务
长株潭国家自主创新示范区	长沙·麓谷创新谷	发挥长沙高新区的创意产业优势和科研资源优势，汇聚一流人才、鼓励科技创新，重点建设三大功能区
	株洲·中国动力谷	发挥株洲高新区在航空航天、先进轨道交通等领域的研发优势和产业基础，重点打造高端动力装备制造产业和新能源汽车密集区
	湘潭智造谷	充分发挥湘潭机电一体化与电控技术的优势，大力发展高端服务业与智能装备制造，努力打造机器人全链条与"研发+制造+服务"的产业集群

资料来源：《长株潭国家自主创新示范区发展规划纲要（2015—2025年）》。

长株潭三市是湖南省市场化成熟度最高、经济发展水平最强、最具活力的区域之一，要加强区域间协同发展，打破市场壁垒，充分发挥各自优势，提高创新效能，探索长株潭三市协同发展路径，实现三市科技资源的互利共赢、成果共享。

四　挑战：长株潭科技政策区域协同治理面临的主要困境

（一）区域一体化目标与行政分割现实间的矛盾

早在20世纪50年代，相关领域的专家便提出要推进长株潭三市行政一体化，建立"毛泽东城"；进入新世纪，长株潭区域获批"两型"社会建设综合配套改革试验区，其发展赋予长株潭区域经济社会一体化新的历史使命。然而，就目前形势来看，长株潭区域的行政分割依然严重，已成为推进区域协同治理的"硬伤"。长株潭三市协调合作治理失衡的一个重要原因就是"行政区经济"。一般而言，行政区的划分要跟随经济水平、社会进步、政治关系等相应因素做出调整，以此来适应经济发展的需求，因此，经济区与行政区两者之间通常是相互吻合的，由此便形成了所谓的"行政区经济"。实际上，由于地方保护主义的存在，"行政区经济"直接阻碍了不同地区之间生产力要素的合理、自由流动。为此，长株潭区域既受到传统政治体制的左右，又受到"行政区经济"观念的影响，使得三市的跨行政区横向合作基本上是"蜻蜓点水"，区域一体化的实质性发展明显滞后于实际需求。行政区划打破不了，重复建设、产业结构雷同等现象便依然严重。长沙、株洲、湘潭分属三个地级市行政区划，现已围绕各自的发展战略构建起相应的制度与产业布局，一体化的发展要求对区域现有的制度、产业部署、发展战略等内容进行相应调整，甚至是根本性的改变。在长株潭区域一体化进程中，三市政府的主动性直接影响了各种措施、手段是否能顺利展开，但这种主动性的基本前提是实现自身利益的最大化，这在客观上导致了城市群个人理性选择与集体理性选择的矛盾，使得各市在制定地方发展战略时，都是以自身利益为出发点，却忽视了对另一方区域可能产生的负面效应，缺乏全面、系统的考虑。长株潭三市的"市属"理念与地方保护主义导致区域内资金流、信息流、人才流与物流等多种生产要素不能合理流动，极大地阻碍了三市政府部门的沟通与交流。

（二）区域内部子系统发展不一与竞争大于合作的矛盾

受行政区经济的制约，作为湖南省社会经济发展核心区域的长株潭科技政策运行模式不一致，内部结构和职能方面的协同也明显不足。虽然湖南省政府早在 2002 年出台《长株潭产业一体化规划》等相关文件，要求长株潭三地必须统一政策，营造良性竞争氛围，形成健康的产业一体化发展良好环境。但实际情况是，三市政府均从自身发展出发，借政策契机，竞相投资，很少有自发性的区域经济合作和分工。另外，相比于东部沿海地区，湖南在经济与城市发展水平上的相对滞后，是制约长株潭区域发展的根本因素。毋庸置疑，如果长株潭区域协同治理不立足于区域发展的内在需要，那么三地政府合作治理的积极性便会大打折扣，区域政府间的合作也会易于服从"木桶理论"中的"短板规则":一只木桶盛水的多少,并不取决于桶壁上最高的那块木块,相反取决于桶壁上最短的那块。为此,我们可以推出"木桶理论"的两个推论:其一,只有桶壁上的所有木板都足够高,那木桶才能盛满水。其二,只要这个木桶里有一块高度不够,木桶里的水就不可能是满的。例如,目前长沙、株洲高新区已实现"一区四园"的发展格局,而湘潭高新区目前仍然是"一区一园",三地的不同步发展十分不利于未来示范区的竞争。此外,三地高新区在规模以上工业企业个数上也显现出较大差别。

(三) 制度一体化要求与相关法规滞后之间的矛盾

制度一体化是实现区域协同治理的基本保障,它能有效减少恶性竞争、部门利益牵制,固化社会关系,指引一体化发展的进程导向,达到促进区域合作治理的目的。事实上,在长株潭建设自主创新示范区进程中也特别注重制度建设。2015年6月,成立了由湖南省省长担任组长的长株潭国家自主创新示范区建设工作领导小组;2015年11月,湖南省人民政府印发《关于建设长株潭国家自主创新示范区的若干意见》;2016年2月,经科技部同意,印发《长株潭国家自主创新示范区发展规划纲要(2015—2025年)》。然而,在长株潭区域一体化发展的背景下,三市政府之间的相互合作都是以经济利益为出发点,这也是地方政府之间非制度化的合作形式。显然,这种承诺缺乏有法可依、有章可循的法规制度,缺乏正式成文的制度化规定,导致这种共识是不牢固、不稳定的。一旦地方政府的领导由于某种原因发生了调动,那么这一合作机制就可能轻易被架空,进而丧失原有的功能。目前,长株潭区域协同合作治理,仅仅是停留在各种会议制度与单项经济合作上,缺乏一系列成熟的、制度化的机制保障,通常只是采取集体磋商的形式。例如,在区域公共问题与公共利益冲突的处理上,还未形成一套完整、规范的议事和决策机制,这就容易导致在涉及实质性利益的问题上由于分歧太大而无法达成共识。此外,长株潭三市规章不一致也是产生部门利益冲突、地方保护主义的一个很大因素,在信息共享、人才流动、招商引资、技术开发等方面缺乏共同遵守的行动准则,目前我国也没有相关的法律条文明确规定如何发展地方政府之间对等合作关系,因此,法律规范的滞后性也是影响长株潭科技政策区域协同治理的一大因素。

第三节 国内相关区域科技政策协同治理的主要经验及启示

一 国内相关区域科技政策协同治理的典型案例

（一）京津冀区域科技政策协同治理

京津冀区域是指由北京市、天津市、保定市等11个地级市组成的城市群。京津冀三地地理位置相邻、习俗相近、人缘相亲，有着较好的合作基础。该区域的发展一度成为我国区域经济发展的热点话题，被视为未来推动我国经济快速持续发展的重要动力源。2014年2月，习近平总书记在北京主持座谈会，提出京津冀协同发展要成为中国未来经济核心动力源，要将京津冀打造成我国原始创新的策源地。同年8月，科技部部长万钢提出，随着京津冀科技协同创新的不断推进，在区域内要打造具有国际影响力的国家级科技创新中心，为推进我国原始创新策源地发展注入活力。由此可见，协同治理的理念在京津冀一体化发展的起步阶段便被提出。将协同因素引入京津冀区域发展总体框架，为京津冀科技政策协同治理奠定了有力的基础。

近年来，按照党中央部署，京津冀的各级地方政府纷纷出台一系列科技政策，助推京津冀区域自主创新发展。北京市提出："要以中关村和共建园区为依托，不断强化协同创新支撑，建设发展跨省、市科技创新平台。"天津市提出："要继续深化与北京的科技创新合作，构建京津冀协同创新的共同体。"河北省提出："要积极创建京津冀协同创新共同体，与京津加强交流，在区域打造一批科技园区、技术交易市场和创新服务平台。"此外，为有效利用科技资源，助推京津冀一体化发展，京津冀三地进行了大量合作。例如，2015年，京津冀三地共建了钢铁产业技术创新联盟。近年来，随着京津冀地区空气质量日趋恶化，怎样降低京津冀三地的工业排放量，特别是河北省钢铁企业的工业排放，已经成为三地区域治理的新难题。河北省本身的治理能力不足，仅仅依靠河北省的技术和资源不足以解决问题，这时候就需利用北京的研发技术，并将其与河北的钢铁企业结合起来。即用北京中关村的技术来治理河北省传统的钢铁企业排放问题，通过建立产学研一体的研发合作平台，实现北京与河北省的科技协同治理。在此背景下，京津冀钢铁行业节能减排产业技术创新联盟成立，其目的是将京津冀三地的高校科研机构、钢铁生产企业以及节能减排服务企业等科技资源整合起来，利用科技来实现产业的转型升级和钢铁行业节能减排，不断推进京津冀三地的大气污染治理和资源的综合利用。

（二）泛珠三角区域科技会商治理

"泛珠三角"通常也被称为"9+2"经济地区，由广东、福建、湖南、四川、贵州、江西等9个省份以及香港、澳门两个特别行政区组成。泛珠三角区域占全国1/5的国土面积，拥有全国1/3的人口，占全国GDP总量的1/3以上。区域面积之广、范围之大的现实情况，要求区域各地方政府之间必须统筹协调治理，共同推进区域发展。其中，建立科技会商机制成为重要的治理方式。

2003年10月，泛珠三角区域第一届信息产业厅局长联席会议在广州举行，会议研究决定建立泛珠三角区域科技联席会议制度。同年11月，泛珠三角区域创新合作第二次会议在广州召开，会上进一步研究确立了泛珠三角区域科技联席会议制度细则，推动了泛珠三角区域的大协作、大联合，促使该区域发展成为科技成果转化基地以及科技创新基地。2004年中旬，泛珠三角区内成员正式签订了《泛珠三角区域科技创新合作框架协议》，明确规定要实行科技资源开放和共享，通过相互认可经科技行政管理部门认定的有关资质，互派专家挂职锻炼，形成跨省区产业联盟。由此，开启了泛珠三角区域的合作进程。协议中明确了7点合作内容，分别为：决定建立由9省区及香港、澳门特别行政区轮流主持的泛珠三角区域科技联席会议制度；统一研究科技发展战略；建立创新合作论坛；实现科技资源的共享；组成区域战略联盟；建立科技项目合作机制；合作培养科技人才。

近年来，在"9+2"各地方政府的共同努力下，在科技会商治理的定期指导下，泛珠三角区域合作领域不断扩大，合作机制日益完善，合作水平不断提升。新形势下，为进一步深化泛珠三角区域合作，2016年3月，国务院出台了《关于深化泛珠三角区域合作的指导意见》，为深入实施区域发展总体战略，统筹东中西协调联动发展指明了方向。同年6月，为进一步落实实施区域发展总体战略部署，经各方政府协同一致，制定了《泛珠三角区域深化合作共同宣言（2015—2025年）》，由此，泛珠三角区域合作各类事项得到了深化落实。科技会商治理在泛珠三角区域发展中占有重要地位，会商制度推动了泛珠三角区域内各省区的积极联手，增进了互动交流，通过建立系统科学的合作机制，各方科技创新优势和特色得到了充分发挥，有效整合了科技资源，促进了资源的流动、优化与共享，从而形成一股强大的创新源，促进区域科技创新能力的提升。

（三）合芜蚌区域科技一体化治理

在推动我国区域经济社会发展方面，一体化治理已成为核心要素。安徽省的合肥、芜湖、蚌埠三市是境内的三大经济体。合肥市作为安徽省的省会，是安徽省最大的中心城市，而芜湖和蚌埠分别是皖江城市带和淮河经济带的龙头。通过试验区的纽带作用，把三大经济体串连起来，把整个安徽省统领起来，从而形成了安徽经济发展的战略支点。合芜蚌自主创新综合试验区至今已发展了9年多，试验区的建设依据总体目标进行。随着试验区的发展、创新资源投入的不断增加，高新技术产业得到高速发展，涌现出一系列的创新科技成果。例如，在汽车及工程机械产业方面，拥有芜湖奇瑞、合肥江淮汽车、合力叉车等自主创新品牌，其中奇瑞被称为是"中国自主创新的一面旗帜"。

随着合芜蚌试验区建设进程的加快，三市逐渐认识到，要构成一个持续、和谐发展的整体，必须通过一体化治理才能实现，统一的一体化体系是试验区健康发展的有利保障和重要支撑。近年来，在一体化治理政策支撑下，合芜蚌区域以科技创新作为基本发展战略，分别从重大项目、基础设施、统一市场、生态环境保护四个方面推进一体化进程发展，使得合芜蚌自主创新综合试验区综合实力明显强于全省。其主要体现在以下几个方面：首先，得益于国家的科技政策支持，合芜蚌区域的发展具备良好的内外环境。其次，合芜蚌三市集聚了一大批高层次的大学和科研机构，拥有丰富的教育和科技资源，通过一体化进一步整合，提高了三市的研发能力，推动了科技创新企业的发展。最后，根据自身特点，合芜蚌三市培育了一批优秀的具有安徽特色的自主创新企业，如以奇瑞、江汽、合力叉车、海螺等。在合芜蚌区域科技一体化治理模式的推动下，政府、企业、高等院校、科研机构及中介机构组建成为统一的整体，使得各创新主体之间彼此相互协调、相互联系、合作创新，发挥各自优势，合力将合芜蚌区域打造成为推动安徽省经济持续增长的动力源泉。

二 国内相关区域科技政策协同治理的主要经验

（一）京津冀区域——特色政策成效明显

2014年2月底，京津冀协同发展上升成为国家战略层面，大量有利于京津冀地区协同发展的政策陆续出台。在这些政策的推动下，京津冀协同发展开始破冰，特别是在产业协同方面取得了不少突破。特色政策的出台，为推动京津冀区域协同发展和提升自主创新能力方面发挥了至关重要的作用。

第一，建立协同发展机制，促进产业转移协作。2014年8月，北京、天津、河北三地的科学技术委员会联合签订《京津冀协同创新发展战略研究和基础研究合作框架协议》。协议确定三地将建立长效协同发展合作机制，重点聚焦科技创新和产业协同发展，搭建共同研究战略平台。协议的签订促使各地方政府积极开展产业合作方面的对话与互访，三地之间初步形成了多种产业的转移与对接意向。此外，三地还制定了专门的区域协同发展协调机制，三地由过去为了自身利益争相发展，逐渐转变为以整体利益为大局，推进整个区域良性高效发展的局面。同时，京津冀区域加快产业转移协作，坚持"以政府为引导、以市场为基础、以企业为主体"的原则，充分调动三方积极性，发挥各自优势，加强了产业错位发展，并搭建了多层次和全方位的产业转移对接平台。在对接层面上，三地把重点放到了项目、企业、园区、县区、城镇布局等5个层面上的联动，并且对规划、交通体系、生态环境等产业配套环境进行了完善，进一步推动了产业对接的顺利实现。

第二，以中关村为示范引领，促进资源开放共享。在京津冀科技协同战略发展下，中关村在科技资源、科研成果共享方面充分发挥了带头作用。2014年以来，中关村通过人才、技术共享，推动传统产业转型升级等方式，与天津、河北之间实现了多种创新要素的共享和对接。中关村与河北唐山、承德、廊坊、保定四市建立了战略伙伴关系，多次共同召开创新合作推介会，并组织有合作意愿的企业赴天津、河北考察洽谈。截至2014年底，中关村476家企业在河北设立分支机构1029家，393家重点企业在天津设立分支机构503家。在人才交流方面，中关村与天津滨海新区、河北承德、保定、唐山等地开展了干部挂职交流、培训等合作。由此可见，在京津冀协同创新和产业升级的过程中，中关村发挥了重要作用。2016年8月，为进一步发挥中关村的示范引领和辐射带动作用，中关村国家自主创新示范区领导小组印发实施了《中关村国家自主创新示范区京津冀协同创新共同体建设行动计划（2016—2018年）》，该行动计划从政策先行先试、创新社区共建、新兴产业培育、金融服务一体化等6个方面提出了协同创新共同建设的具体措施。同时，指出要加强统筹协调、跟踪评估、宣传推广等保障措施，确保行动计划的实施效果落到实处。

第三，营造统一市场环境，形成京津冀产业链。针对区域间恶性竞争、要素流动受阻等问题，京津冀三地出台专门政策，促使生产要素由报酬率低的地区流向报酬率高的地区。并通过不断完善市场体系建设，营造京津冀区域统一的市场环境。此外，为更好地协调三方整体利益，最大限度地发挥各地区的比较优势，京津冀三地积极、主动地形成了合理的产业链，构建了一个有序分工合作的健康发展经济圈。

（二）泛珠三角区域——地方政府协调合作

区域面积大、辐射范围广、区域科技实力发展水平不均的现实情况，决定了泛珠三角地区各地方政府需加强协调合作，才能推进区域共同发展。泛珠三角区域合作关键取决于企业、市场和政府，尤其是地方政府之间的相互合作。《泛珠三角区域合作框架协议》明确规定泛珠三角区域的经济合作采用"政府推动、市场运作"的发展模式，在资源优化配置中，让市场起主导作用。泛珠三角区域多项举措并举，推进了地方政府之间的协调合作。

一是在区域内部建立一体化协调部门。由协调部门定期安排洽谈会，疏通各行政区的关系，协调地区制度差异，统一规划区域内部发展事宜，从而弱化行政体制的阻碍，减少地方保护主义的产生，实现人员、产品、资本与服务的无障碍流动。二是建立利益补偿机制。按照利益共享原则，制定了有效的竞争规则和利益协调机制。如在深化税务合作方面，通过协商广东、福建、湖南、四川、贵州、江西等9个省份的地方税务局，于2004年12月，签订了《泛珠三角区域地方税务合作协议》，标志着区域政府之间税收合作机制的正式建立。在泛珠三角区域地方政府之间实行不同的税收政策，达到了协调各地方利益的目的。三是增进信息资源对接，构建合作资金保障机制。2003年10月，首届泛珠江三角洲经济圈联会在广州举行，多省主管信息产业的部门负责人决定对信息产业领域的技术配合、投融资、应用与市场拓展等进行深入合作，并定期组织"9+2"各地方政府参加区域信息化联席会议。2016年，泛珠三角区域各地方政府构建了合作资金保障制度，同意设立泛珠三角区域合作发展基金，推广社会资本与政府相互合作的模式（PPP），从而引入大量社会资本支持泛珠三角区域的合作发展，提升政府资金的使用效率。

（三）合芜蚌区域——优势人才周全服务

丰富的人才资源、吸引和聚集人才的相关政策为合芜蚌区域的发展增添了又一亮点。合芜蚌区域以打造人才强区为战略目标，制定和实施了人才评价、人才使用、人才激励等政策，壮大了专业技能人才队伍，打造了一批高层次创新人才团队。2012年3月，安徽省委与省政府出台了关于合芜蚌自主创新试验区建设的相关文件，文件要求实施六大人才工程，推出10项政策措施，标志着合芜蚌人才特区建设全面启动。此后，安徽各级党委、政府根据各自发展需要，全面实行人才培养战略，持续推行人才体制创新。经整理分析，合芜蚌区域的人才优势服务主要来自三个方面。

第一，积极培养创新型企业家队伍。一方面，聘请和引进有关院士、博士、学科带头人来区域创业或进行合作。另一方面，选派优秀企业经营管理人才到国内高等学府、大公司接受创新能力培训，建立支持企业家创业发展的服务体系和援助机制，积极组织企业人才后备计划、优秀人才推荐等活动，建立后备人才库。第二，加强专业科技人才的培养。依托大型企业、博士后工作站以及各类创业中心、科技园区的培训资源，设立高层次企业经营管理人才、高级专业技术人才的培训和实践基地，并通过优化整合各地职业教育资源，形成一流的职业技术教育体系和高技能人才培训基地。第三，支持企业培养和吸引创新人才。鼓励国有或国有控股高新技术企业采取股权奖励、期权分配、技术入股等方式，允许中小科技企业在公司改造时将部分无形资产作为创业奖励股，对做出突出贡献的企业技术人员和经营管理人员予以奖励，鼓励科技人员在与本单位利益分享的前提下，带着职务成果创办民营科技企业。合芜蚌区域努力构筑全国一流人才高地，积极探索具有安徽特色协同创新之路的决心和智慧，大大加快了汇集高端人才、集聚创新要素的步伐，为进一步提升区域自主创新能力提供了有力支撑。

三 国内相关区域科技政策协同治理的启示

（一）科技政策支撑企业的主体地位

企业是科技创新的主体，京津冀、泛珠三角、合芜蚌区域的发展进程都充分体现了这一点。长株潭区域也应借鉴这些示范区的经验，以企业为核心，发挥各类企业在区域创新中的重要作用。要从创新、就业、税收、金融等方面加大科技政策对企业的支持力度，促进企业专注研发新的产品。提高企业创新能力的关键在于企业有浓烈的创新愿望。在区域治理过程中企业一般通过以下几种方式参与治理：一是通过产业项目投资来参与区域治理。区域的产业规划、创新发展、两型建设都涉及与企业之间的合作，提高区域的经济发展离不开与企业层面的经济合作。二是企业的自身发展影响着区域治理效果。作为市场主体的企业在市场经济中，发挥着政府不可替代的作用，因区域治理往往涉及公共服务、基础设施、生态环境、就业辅导等内容，企业作为最活跃、最主要的市场主体能广泛参与其中，提供所需产品和服务。三是企业在区域治理决策中有发言权。区域内的国有大型企业、重点企业作为区域的经济支撑，拥有强大的经济实力，在政府制定决策时，它们拥有较强的发言权，能对相关科技政策的制定施加影响。

在推进长株潭科技政策区域协同治理中，要充分利用政策工具，促使企业主动参与到区域协同治理中来，搭建政府与企业之间的交流平台，允许企业进行合理的利益表达，并通过相关政策保障企业利益，注重对企业自主知识产权的保护，只有充分发挥企业的能动性，区域协同治理才能持续推进。此外，地方政府还应通过政策引导，将多元化的创新元素与现代企业紧密联系，采用现代化的生产工具，开发满足市场需求的新产品，引导企业加大创新活动的投入，使企业真正成为科技创新的主导力量。同时对有特别突出贡献的研发人员与企业家给予一定的物质与精神奖励，充分调动企业和科研人员的热情与积极性，保障其科技创新的主体地位。

（二）科技政策引导区域一体化合作

从上述案例我们不难得出，区域人才、金融、税收等科技政策的出台，能引导区域一体化发展，并促进区域内企业在科研技术方面的合作和开发。各地方政府集体协商制定的科技合作协议和制度，在一定程度上还能促进区域经济的发展。由于长株潭三市发展程度存在差异，各方利益诉求不同，在自身发展中很少考虑另一方利益，导致区域内竞争发展现象明显，影响了区域一体化发展。实行科技政策区域一体化合作，就是要求长株潭三市打破行政区划的壁垒，避免本土保护主义的滋生，共同维护区域内公共利益，助推区域经济共同发展。

长株潭区域应借鉴其他示范区的经验，结合自身特点和实际情况，制定出具有长株潭特色的科技政策，整合三地优势资源，促进政府、企业、高等院校、科研机构等创新主体之间相互协商、相互交流与合作，突破障碍，使其成为一个整体，共同推进区域一体化发展。例如，3市科研机构之间可以共享科研资源和成果，签订一体化协议进行合作，组建互赢互利的模式。湖南省"十三五"发展规划中，对长株潭三地的协同发展做出了明确定位，需注意的是，为保障三地一体化发展以及协同科技政策的落地，各地政府应抓住重点，分工合作，深化落实。一方面，要树立"一盘棋"的合作意识，服从区域一体化发展的统筹安排，强化合作。另一方面，要完善合作制度，在市场准入、产业升级、企业创新、社会参与、环境治理等方面予以政策支持，为推进区域协同发展提供制度支撑。目前，总的来说，长株潭区域科技政策绩效呈稳步上升的趋势，但关于科技创新一体化发展的政策绩效却表现不佳。这是因为长株潭三市之间的科技政策目标、政策标准、政策实行力度等方面还存在明显的差异。可见，长株潭区域科技政策在引领区域一体化合作方面还有很大的提升空间。

（三）科技政策支撑构建区域自主创新体系

自主创新能力是一个国家或者一个企业所具备的科学技术自主学习能力。所谓区域自主创新体系，就是把这种技术能力作为增强区域核心竞争力的主要途径，其实质是要使科学技术进步成为推动区域经济增长和社会发展的动力源泉。构建地方优势与本土特色的区域自主创新体系，加快中央与地方的科技力量结合，完成区域内各科技资源的综合利用与优化配置，对提高区域自主创新能力具有重大意义，而区域科技政策在其中起着重要作用。

第一，科技政策保障人力资本。人是经济发展的基础，人才是自主创新的基础。尊重人力资本，要做到以人为本、以人才为本。一个地方吸纳和聚集的人越来越多,消费水平就会提升,投资比例就会增大,经济也会越来越繁华。在企业的科技创新上,要以企业科技人才为本,从合芜蚌区域的案例可知,合理、科学的科技政策能加快创新要素集聚的步伐,既能汇集高端人才和创新创业团队,又能为企业提供发展机会,也能促进企业科技自主创新能力的提升。随着科技政策体系的不断完善,各经济区域都实施了具有当地特色的人才培养模式和优惠政策,这些都为长株潭区域提供了经验和借鉴。目前,长株潭区域出台的相关科技政策,应重视人力资本,注重引进高科技人才,培育高端人才团队,为区域经济的成功转型与快速升级提供智力保障。此外,要进一步改善长株潭3市的创业环境,保障高科技人才的利益,并为其解决创业中的后顾之忧,留住省内人才、吸引外地人才,使其为长株潭区域的发展贡献自己的智慧和力量。

第二,科技政策扶持高新技术企业。从泛珠三角区域案例来看,广东省作为泛珠三角的龙头,承担着推动区域高新技术企业发展的重任。其通过建立区域税收合作机制,实行不同的税收政策,加强了各省之间的协同合作,达到了协调地方利益的目的,对泛珠三角区域的高新技术企业自主创新能力的提升具有推动作用。鉴于此,长株潭区域应重视高新技术企业的发展,加大对高新技术企业房产税和城建税的优惠力度,采用逐一层级的方式实现区域企业的转型升级。同时,要出台招商引资、金融服务实体经济、引进创新创业团队等奖励办法,吸引投资资金在区域内建立研发中心,从而整体提升区域内企业的科技自主创新水平。

第三,科技政策助推自主创新示范区发展。在京津冀区域案例中可看出,自主创新示范区在推进区域自主创新能力建设中发挥着至关重要的作用,是实施科技政策的前沿阵地,是提升区域自主创新能力的核心。中关村作为我国第一个批复的国家自主创新示范区,在创新创业税收优惠、科技成果处置收益、金融服务、人才建设等方面进行了政策创新。如,在科技成果处置收益方面,中关村试行了中央级事业单位科技成果处置权试点。规定科技成果全部由单位决定转化,收益留存单位,按照约定原则奖励科技人员,全面推进了科技成果处置和收益权的改革。在创新创业税收优惠政策方面,当前主要集中在管理人员和技术人员的股权奖励上,允许五年内分期缴纳个人税,合伙制创投机构合伙人个税可按其投资额的

70%进行抵扣。这些政策的推广,大大激励了各类创新要素和创新资源的聚集,推动了区域自主创新发展。同样,长株潭区域要抓住创建国家自主创新示范区的发展机遇,加大科技政策的先行先试,推动在税收优惠、科技成果转化、知识产权保护、人才建设等方面的政策创新,并始终把体制机制的创新放在与技术创新同等重要的位置。要破除制约创新的思想障碍,在推进新兴产业发展和促进产业转型升级方面大力创新,构建科学、开发、共享的科技服务体系,充分发挥市场在资源配置中的决定作用,同时,发挥政府职能,激发区域内各创新要素活力和潜能。

第四节　面向自主创新的长株潭科技政策区域协同治理优化路径

科技政策协同创新对长株潭3市自主创新实现跨越式发展具有深远影响。尽管合作共赢理念在3市提过多次,政府部门也出台了许多相关政策,但从区域间的协同关系来看,三市区域竞争关系更为突出,区域经济一体化进程缓慢。出现这种状况的主要原因是治理主体之间缺乏合作机制。在科技政策区域协同治理进程中,必然会面临各种困境,而仅仅只通过地方政府来进行治理很难解决困境,这就需要运用区域协同治理相关理论来构建多元主体合作机制,充分发挥社会公众、地方政府、企业以及非营利组织等多种治理主体的作用,共同进行有效治理[1]。通过区域内多元主体的协同治理,健全长株潭区域互动合作的制度保障机制,完善区域治理信息共享机制,突破地方保护、各区域间行政区划的限制以及市场分割等多种障碍,从而促进区域经济的快速发展。为此,本节提出以下建议。

一　构建科技政策区域协同治理多元主体之间的伙伴关系

（一）地方政府之间建立伙伴关系

由于公共事务复杂繁多,单纯依靠地方政府部门的力量应对公共事务并不能很好地解决问题。在长株潭区域协同治理进程中,需要各平级政府

---

[1] Tureta C., Lima J. B. D., Paço–Cunha E., "Governança e mecanismos de controle social em redes organizacionais", Vol. 8, No. 1, 2006, pp. 58–70.

部门建立合作、互补的战略伙伴关系，多元主体共同治理才能取得更大的成效。与此同时，上下级政府部门之间还必须构建一种新型的伙伴关系，这种关系主要是在下级根据上级指示制定科技政策时能够充分发挥影响作用，见图8—1。

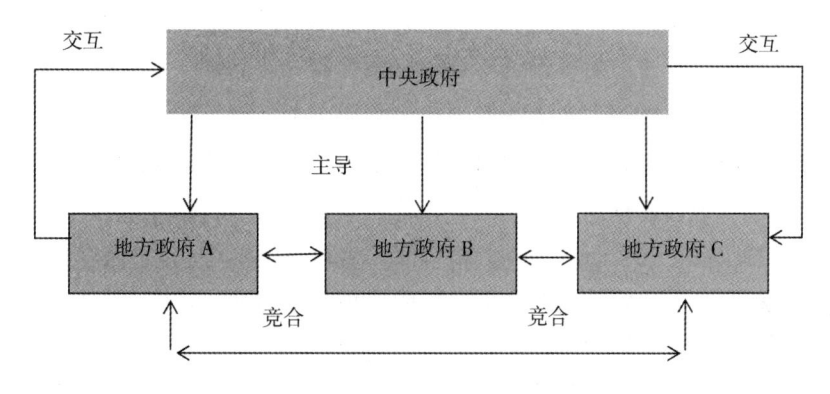

图8—1　上下级政府之间沟通模式

平级政府是指隶属于同一个上级政府的相同级别的地方政府。一般来说，政府层级的差异会导致各级政府之间合作的范围、领域与力度有所差异。由于各平级政府之间的权力相当、级别相等，所以在他们之间建立伙伴关系更为容易、简单。例如，在长株潭区域人才培育引进的相关政策协同治理的实践中，依据湖南省制定的科技人才计划体系，长株潭三地政府分别颁布实施方案和行动计划，启动"长株潭高层次人才聚集工程"，合力打造长株潭人才发展改革试验区。正是由于许多公共难题与公共事务不断涌现，才使得各平级政府紧密联系，时常交流经验与成果，共同进行治理，这样经常性的来往增进了双方的了解与信任，为进一步达成协议、解决难题打下了扎实基础，推进了其伙伴关系的形成。然而，目前，长株潭区域各平级部门的合作还停留在初级阶段，并未充分发挥最大作用，在长株潭各地方政府之间建立和谐、稳定的伙伴关系方面还有很大发展空间。

（二）地方政府与企业建立伙伴关系

现行的市场经济体制要求明确市场与政府部门之间的边界，减少政府部门对企业的干预，同时，要求政府部门出台一些有针对性的、科学的、合理的政策加快企业不断发展。① 当然,企业在面对社会公共事务时也必须承担一定的社会责任,充当好公共事务的治理主体。在长株潭科技政策的制定和规划中反映出,企业在科技决策中参与度不高。园区企业普遍反映在制定创新规划、政策、标准时,缺乏企业高层次专业人才的参与。企业话语权的缺失,使得一些科技决策脱离实际,难以落地。例如,有些科技项目的评估,评估指标设置不合理,与企业的实际情况不相符,评估方法的选取过于随意等。企业既有义务又有能力参与到长株潭区域科技政策的规划和制定中来,企业与政府在协同治理中建立伙伴关系,能对科技政策的实施效果提供保障。与此同时,政府部门也需对企业进行引导,让企业明白其职责,并履行好职责,充分发挥治理主体的作用。对有前景、有活力的企业给予一定的贷款资助、税收减免,进而加快经济发展步伐。政府大力扶持企业,不仅可以增加地方财政收入与创造就业机会,而且也能使企业获得政府部门提供的各种资助,两者互动互利,共同发展。

(三) 地方政府与非营利组织建立伙伴关系

作为除政府和企业之外的非营利组织,在提供公共产品服务与处理社会公共事务中的作用越来越突出,其在区域协同治理中的作用已得到社会公众与政府部门的充分肯定。它代表着群体利益,是汇集民意的有力平台,在治理过程中能有效弥补政府自身存在的局限性和避免市场"失灵现象"。深化改革要求地方政府必须与非营利组织建立牢固的伙伴关系,利用多种方式开展深入、广泛的相互合作,以此来加快经济发展步伐。在政府部门转变职能与深化改革的进程中,政府部门要学会将一些事项的管理权逐步移交到非营利组织手里,使政府部门与非营利组织共同对社会公共事务进行管理。②

由于非营利组织对当地地域文化特色、经济发展状况等背景情况较为熟悉,对政府一系列规划的可操作性具有很大的发言权,所以,在双方相互合作的过程中,非营利组织参与治理具有一定的公正性、客观性与可信

---

① Craig B. R., Jackson W. E., Thomson J. B., "On Government Intervention in the Small - Firm Credit Market and Economic Performance, Entrepreneurship in Emerging Domestic Markets", Springer US, 2008, pp. 47 - 67.

② 丁煌、叶汉雄:《论跨域治理多元主体间伙伴关系的构建》,《南京社会科学》2013 年第 1 期。张珊珊:《非营利组织在政府职能转变背景下的角色定位》,《天津经济》2013 年第 6 期。

度。因此，为制定科学的协同政策，地方政府部门应虚心接受非营利组织的意见。在双方合作中，政府可委托非营利组织，发挥其在治理过程中的管理和监督作用。例如，在出台相关政策前，非营利组织可多方面收集建议，对实际情况进行考察；在调研过程中，非营利组织可向政府反映企业、公众的利益诉求并进行协调；在执行政策中，非营利组织可对政策实施效果进行宣传与监督。这样不仅可以减轻政府部门的压力，而且可以充分发挥非营利组织的优势。非营利组织，在政府与社会公众之间搭建起有效沟通的桥梁，是稳定社会关系和调节社会矛盾的重要手段，是促进政府、企业、公众进行沟通的重要渠道。

（四）地方政府与社会公众建立伙伴关系

"被管理者"是社会公众传统的身份。目前，社会公众具有"治理主体"与"被管理者"双重身份，然而，依然需要地方政府部门运用多种手段进行完善。2002年3月，《政府工作报告》第一次指出政府部门的四项基本职能包括经济调节、公共服务、市场监管与社会管理。由于地方政府职能的局限性，使得政府没有足够精力应对全部公共服务，因此，政府部门必须与社会公众共同承担责任、履行义务，建立起良好、和谐的伙伴关系。如在相关政策制定前，地方政府要多征求社会公众的建议，这样出台政策和制定计划会更加具有针对性。社会公众提出的广泛建议与意见，政府部门要积极采纳、认真研究。如在制定强化人才引进的相关政策时，政府要多与科技人才一起进行探讨和研究。高层科技人才有什么需求，希望政府提供什么，怎样设置人才补贴，科研成果按什么比例奖励，地方政府都需要与科技人才一起进行研究。地方政府只有虚心听取社会公众的意见与建议，把建议落到实处，才能加强政策的可执行性与针对性，保证相关政策的实施取得良好效果。伴随着科技政策区域协同治理的发展与应用，社会公众的参与度不断提高。政府部门要采取适当方式，调动公众在参与科技政策制定过程中的主动性和积极性，营造良好的社会氛围，形成和谐、稳定的伙伴关系。

（五）非政府治理主体之间建立伙伴关系

为了能够更好地处理社会公共事务，地方政府应当与现代企业、非营利组织与社会公众等多种治理主体构建稳定、和谐的伙伴关系，与此同时，非营利组织、现代企业与社会公众等多种非政府治理主体也需要建立稳定和谐的伙伴关系。[①] 在长株潭区域经济一体化发展进程中，非营利组织、企业与社会公众等多元治理主体建立稳定的伙伴关系非常重要。只有多种协同治理主体共同合作、统一行动，才能达到良好的治理效果。例如，企业在推进"两型"社会建设综合配套改革试验区创新发展的进程中，非营利组织不仅能够提供技术支持，而且还拥有专业人才与资源优势。企业不仅可以听取政府部门的意见，还能够听取非营利组织的指导建议，从而更好、更快地推行"两型"社会建设综合配套改革试验区管理工作。综上所述，笔者将多元主体之间的协同治理特点总结如下，详见表 8—11。

表 8—11　　　　区域多元主体之间协同治理的特点分析

参与主体	参与度与区域利益相关度	支撑参与的资源以及投入	参与意图	影响因素
地方政府	常态化参与，关系重要利益	行政性资金和人力的投入	贯彻科技政策，落实协同治理	起主导作用
企业	常态化参与，关系重要利益	专门的活动项目和资金	承担相应社会责任	公共事务治理
非营利组织	定期性介入，较小关系重要利益	草根精英的热情及投入	建立组织，影响特定人群	转变政府职能
社会公众	间歇性介入，较少关系重要利益	专项的活动资金	协助政府承担相应社会责任	为政府提供更深入化建议
非政府治理主体	偶发性介入，不涉及重要利益	援助性资金	满足社会公共利益	政府与社会公众之间的桥梁和纽带

[①] Ichiro Tsukamoto, Mariko Nishimura, "The Emergence of Local Non‑profit‑government Partnerships and the Role of Intermediary Organizations in Japan", *Public Management Review*, Vol. 8, No. 4, 2006, pp. 567–581. Perkins D. F., "Providing Spark and Stability: The Role of Intermediary Organizations in Establishing School‑Based Youth‑Adult Partnerships", *Applied Developmental Science*, Vol. 14, No. 2, 2010, pp. 106–123.

二 完善科技政策区域协同治理信息共享网络

(一) 搭建科技政策区域协同治理的信息共享平台

当前,长株潭区域各类众创空间和孵化器等创新服务平台的发展虽处于上升阶段,但随着众创空间总量与种类的不断增加,部分众创空间开始显示内容同质化、经营者能力差异大,以及盈利困难等诸多问题。[1] 其中一个重要原因便是对出台的政策宣传力度不够,导致参与主体较少,没有真正实现"大众创业、万众创新"。基于此,长株潭迫切需要构建一个协同创新的信息共享平台,其内容具体包括建立企业服务平台、信息服务平台与银政企合作平台等。

第一,建立公共信息服务平台。推进区域经济的数据采集、统计与整理工作,构建有关区域治理的信息服务平台,为政府、企业、公众等多元治理主体更好、更快地参与治理提供数据支撑。如根据长株潭科技资源配置,建立长株潭科研成果数据库及科研仪器、科研设施统一开发平台,为多元主体提供信息查询、服务推介、技术培训等服务。第二,搭建企业服务平台。以企业创新创业需求为导向,按照"政府引导、市场主导、合作共赢"的原则,委托第三方专业机构负责管理,搭建长株潭一体化的企业服务平台,整合信息资源,建立科技政策服务体系,针对企业在融资、财务管理、人力资源、技术创新等方面的困难,为企业提供创业孵化、财税、金融、技术创新、管理咨询等方面的服务,实现互联互通、信息共享、服务协同,激发创新创业活力,积极发挥企业推动"大众创业、万众创新"的影响作用。第三,推进创新创业银政企合作平台。创新组织构架、管理方式和金融产品,鼓励银行通过银政企合作,支持示范区建设。与此同时,利用国家各种财政、税收等优惠政策来鼓励金融机构对创新创业企业提供融资、结算、理财等多种金融服务。通过在多元治理主体之间建立起信息共享平台,逐步提高长株潭区域科技自主创新能力,整合共享资源成果,减少不同区域、不同科技领域之间科研成果与信息开放共享的差异,逐步推动跨地区、跨领域的科技政策与治理信息的共享利用,进一步促进资源利用效率的提高。

---

[1] 张威奕:《定位把握、建设方略与国家自主创新示范区取向》,《改革》2016年第11期。

(二) 完善科技政策区域协同治理的信息整合机制

从经典的科技政策区域协同治理案例可知，在纵向层面上地方与中央之间存在着科技政策信息不对称、政策理解不透彻等现象。在横向层面上各地方政府部门之间存在信息沟通不畅、信任不足与信息交流不及时的现象，导致各地区科技政策口径不一致、政策目标不明确、政策内容不整合等问题的存在。由此，要尽快建立科技政策区域信息网络整合机制，实时交流与反馈信息，减少科技政策区域协同治理中横向与纵向中出现的各类问题。

要建立、完善好共享数据库，增加资源共享跨度，全面收集各项资源，推行电子政务，构建全国联网的实时信息平台，保证各类信息得到完全整合。要加大政务公开力度，完善区域在招商引资、政务服务与项目审批等多方面的政策法规，利用门户网站对所有公众与企业提供全面、及时的信息服务。同时，针对区域规划、土地使用、基础设施、公用事业等重点信息领域，进行整合和统一，开设专栏，提高区域整体的信息化水平。要完善信息整合与协调机制。由于长株潭区域的信息共享内容复杂、资料众多，因此，需要各政府部门与社会组织、公众相互配合，形成稳定的支援体系，建立具体的、有针对性的协同组织与高效的协调机制，从而保证区域内各类信息共享的顺利实现。

(三) 创新科技政策区域协同治理的信息服务方式

目前，长株潭区域企业普遍存在信息服务资源辨识能力低、碎片化的状况。从企业服务问题导向出发，转变信息服务方式，发展专业科技中介服务机构成为促进产业发展的重要抓手。只有大量引进优质科技中介服务机构，联通各创新创业企业、创新创业项目和创新创业平台，才能激活各类创新服务平台的生机和活力，形成通畅的联系网络。

一方面，以企业的问题和困难为导向，重点引进科技金融、知识产权、企业孵化、技术转移等方面的专业科技中介机构，为企业进行高新技术企业资格认定、企业挂牌上市、园区"产学研"平台建设和企业科技人才引进、技术研发中心建设提供信息咨询及辅导服务。另一方面，加强对企业及科研人员的培训，利用网站、QQ、微信等互联网和园区企业俱乐部，定期或不定期举办多种形式的培训、讲堂和沙龙活动，促进信息服务方式多样化交流。同时，加强与区域内高校和科研机构的联系，签订合作协议，鼓励高校人员在企业锻炼实习，定向培养科研人员，支持高校开设科技服务相关课程，并联合高校开设多种形式的科技服务培训班。

三 健全科技政策区域协同治理保障机制

（一）建立定期会商机制

区域协同治理是多元化的治理体系，搭建和通畅有效的沟通渠道是治理主体之间实现良好合作前景的基础。① 因此，长株潭科技政策区域协同治理中，构建定期会商机制是实现区域各治理主体之间良好沟通的前提。

首先，为便于实现沟通的常态性与有效性，长株潭区域应成立非官方或官方性质的沟通与协调委员会，不定期地召开会议对区域科技创新协同发展的详细事项进行深入交流与探讨，促进问题及时有效解决。通过形成制度化的会议，实现沟通的常态化，使不同参与主体之间的沟通更具实际意义。政府管理层面的组织、不同地方政府部门的跨区域协调与沟通，对于加快政策衔接具有十分重要的影响。其次，会议应具有多样性，根据规格、模式、主题和参与主体的不同，可选择主题会议、碰头会议、座谈会、茶话会等多种多样的沟通模式，有助于治理主体之间的广泛和真诚参与。同时，根据沟通的不同阶段和目的，可划分为定期沟通和短期沟通，会期也应根据时间的长短进行合理的选择。最后，长株潭区域各政府部门之间，地方政府与企业、非政府组织之间也应当构建顺畅的交流与沟通渠道。如举办地方政府与企业之间的联谊、交流会等多样化的活动，增进双方互动交流。在建立顺畅有效的沟通机制的过程中，3市地方政府部门应发挥指导作用，加快多元主体之间的沟通与交流，从而营造出健康和谐的沟通氛围。通过建立定期的沟通机制，促进资源的交流和互通，形成"智库"团队，打造政策"洼地"，释放企业、科研机构、高校的创新创业活力与动力。

（二）建立利益共享机制

建立利益共享机制，可以有效发挥长株潭区域科技资源优势，加强长

---

① Mendoza D. R., Johnson R., "A Leveraged Approach to Systems Management in a Highly Diversified Government Research and Development Environment", Aerospace Conference, 2003. Proceedings. IEEE Xplore, 2003, pp. 3763–3768.

株潭示范区园区之间的技术交流和合作，共享科研成果。区域协同治理市场化的具体体现是完善利益共享机制，在进行利益分配的过程中，要全面权衡参与主体之间各项资源的贡献份额与投入总量，依据"谁投入谁受益"的基本原则，按贡献的多少来分配利益，这样的模式才能有效实现区域合作治理。

长株潭3市可以通过资源互补、经济合作、人才交流与产业转移等多种方式实现区域之间的利益共享，并且重点围绕产业升级转移、生态治理、节能减排、环境资源保护等领域，开展关键技术突破，共享科研成果，使长株潭区域既有协同治理的动力，又能实现治理目标，达到双赢。如在培育引进高层次人才方面，可对在长株潭区域购房的高层次人才，分等级提供购房安家补助，由省市财政统筹安排专项资金，长株潭三市根据专项资金的支持重点方向，统筹安排，支持区域内人才培育和发展。与此同时，要建立健全利益补偿机制。各治理主体要以区域整体利益、共同利益与未来利益为方向，强调公共利益至上与责任至上。在生态环境建设中，往往要求各区域必须以牺牲自身发展为前提来换取区域整体利益的实现，可在现实中，利益损失一方并没有获得利益收益一方或者政府的经济或其他补偿，导致区域恶性竞争现象凸显，区域间贫富差距增大。长株潭要实现区域的整体发展，必须要打破3市原有的利益分配格局，这就要求3市政府要想办法、拿措施来平衡整体与局部利益之间的冲突。构建利益共享机制将成为长株潭区域协同治理顺利实现的关键要素，在推进长株潭区域产业转型升级中，可通过比例税收分红、基金补偿等方式，促进区域经济和社会协调发展。

（三）建立整体规划机制

长株潭区域治理目前超越了单一的行政区划，体现了区域化的长远眼光与整体思维。随着三地的发展，区域内科技水平梯度的差异越来越明显，与其他城市群相比，长株潭的创新资源不占优势。实践证明，资源整合若缺乏可行性的长远规划与政策保障体系，将不利于区域整体规划发展。因此，建立一个完善的整体规划机制，是当前必须予以考虑的，一般来说，构建与完善整体规划机制主要包括三个方面：

一是要找准区域在全国的战略定位，科学制定发展区域的方向和产业布局。目前，《长株潭国家自主创新示范区发展规划纲要（2015—2025

年)》中明确提出，长株潭示范区要重点围绕"长沙·麓谷创新谷""株洲·中国动力谷""湘潭智造谷"的发展定位和产业布局，按照"一区三谷多园"的构架，逐步优化完善空间布局。目前，湘潭高新区与长沙、株洲高新区相比，园区规划面积仅占长沙的1/3、株洲的1/2，在发展战略上，长沙、株洲高新区已实现"一区四园"的发展格局，而湘潭高新区至今仍是"一区一园"。这种园区发展模式导致不同利益主体以自我利益为重，很难形成各园区之间资源要素的自由流动，进而无法对区域内的各种资源进行整合，严重制约了示范区自主创新作用的发挥。为此，湘潭高新区应利用示范区发展契机，通过整体规划布局，进行区域扩容，尽快实现"一区多园"发展格局，这是提升示范区整体自主创新水平的必然选择。二要积极探寻差异化的发展模式。长株潭应以3市高新区为载体，发挥各自优势，形成合力，推动各种创新资源向高新示范区聚拢，逐步形成创业链、产业链与资源链之间的协同发展格局。长沙高新区要充分利用高端装备制造业所特有的优势，积极促进电子信息与新能源等多领域的协调发展；株洲高新区要以动力谷自主创新园、轨道交通产业园为抓手，搭建特色产业集聚的创新平台；湘潭高新区要依托矿山装备产业集聚，打造集研发服务、试验服务、信息服务、金融服务于一体的创新服务平台，为示范区企业提供服务。通过长株潭产业发展差异化，实现资源的最优化利用，从而达到整体功能的最大化效益。三是在建立区域整体规划发展的过程中，还要注意科学、合理地分配各区域的公共设施资源，进一步减少各区域发展水平不一的问题。同时，有效协调区域发展与环境、资源之间的关系，稳步推行"两型"社会建设综合配套改革试验区的科学发展。

第九章　长江中游城市群自主创新绩效测度与影响因素分析

增强科技自主创新绩效、建设创新型国家，是经济新常态条件下培育经济增长新动能、提升国家产业竞争力的国家战略，是推进经济增长方式由要素驱动型、投资驱动型向创新驱动型增长转变的基础。作为涵盖武汉城市圈、长株潭城市群、江淮城市群、环鄱阳湖经济圈等中部经济区域的国家重点规划区，长江中游城市群的自主创新能力与创新绩效在中部地区有着显著的比较优势，在推动中部区域经济发展过程中发挥着重要的支撑与引领作用。但由于城市群内部各地区经济发展的不均衡、科技投入量不同、创新能力参差不齐等，导致了长江中游城市群内部区域自主创新绩效的差异，一定程度上制约着长江中游城市群整体创新能力的提升。目前，国内学术界关于长三角、珠三角和京津冀等区域和城市群科技创新绩效评价的成果比较多，但对长江中游城市群的自主创新绩效测度的研究还比较少见。那么，长江中游城市群自主创新绩效处在什么样的水平？长江中游城市群区域发展的不平衡性是否造成创新绩效的区域差异？究竟是哪些因素在影响这些区域的自主创新绩效？科学测度长江中游城市群自主创新绩效空间分布规律，研究长江中游城市群自主创新绩效的关键影响因素，进而提出有针对性的自主创新绩效改进措施，对于更好地发挥长江中游城市群创新示范引领作用、推动中部经济可持续发展，具有重要的理论和现实意义。基于此，本章在借鉴单阶段 DEA 模型的长江中游城市群创新效率研究[1]的基础上，构建共享型关联两阶段 DEA 模型，在综合考虑两阶段

---

[1] 李梦琦、胡树华、王利军：《基于 DEA 模型的长江中游城市群创新效率研究》，《软科学》2016 年第 4 期。

创新整体性和规模报酬可变情形下，试图考察自主创新绩效中间产出在两阶段中的作用，将创新绩效的重点放在创新成果转化和对经济增长的贡献上，以期更加科学客观地测评长江中游城市群的自主创新绩效水平。

第一节　长江中游城市群自主创新绩效测评模型构建与指标遴选

一　自主创新绩效的概念界定

城市自主创新绩效是自主创新体系的运行机制，在投入创新资源后获得创新产出。它是衡量城市自主创新投入和产出的综合性指标。因此，创新投入和产出是影响城市自主创新绩效的两个主要因素。城市自主创新投入是指为提高城市创新效率所投入的人员和资金，体现了城市本身所拥有的创新资源能力；创新产出是指城市将创新投入转化为创新产品、服务等创新成果，体现了城市创新转化能力。城市自主创新绩效的重点是创新成果转化为创新经济的效率。

这里采用关联两阶段 DEA 方法来构建城市自主创新绩效测评模型，将长江中游城市群中所包含的城市视为决策单元，将影响城市创新效率的多项投入和产出视为输入和输出，再依据指标体系构建的原则确定创新效率评价指标，最后对测评模型指标化，得出长江中游城市群的创新效率。

二　自主创新绩效的测评模型

在确定评价方法的前提下，将创新过程分为创新投入—创新成果产出、创新成果产出—创新效益两个阶段。从第一阶段来看，各城市或区域自主创新属于科技研发阶段，是创新活动从财政投入到知识性的创新成果产出的过程。这一阶段反映的是各城市或区域人力和投入资本到知识创新的能力；第二阶段可以认为是创新成果转化为创新经济，即创新科技成果产业化，该阶段反映了科技成果市场化的创新技术应用能力。这两个阶段构成整个创新过程，最后综合两个阶段的创新效率对长江中游城市群的整体创新效率进行研究。

模型中的评价指标应该遵循目标导向原则、科学性与可行性相结合原则、绝对指标与相对指标相结合原则。再结合数据的可获取性、可操作性以及少重复原则来选取评价指标。

根据上述评价指标原则确定创新效率评价指标，由于理论还未对创新评价指标有统一的规定。根据现有的参考文献，创新资本投入一般分为人员投入和资金投入，所以选取 R&D 活动人员量、R&D 内部经费和新产品研发经费作为创新资本投入；选取登记省级以上科技成果量、专利授权量和技术合同成交额作为创新成果产出；最后选取人均 GDP 和高新技术产业增加比例作为创新成果转化为创新经济的评价指标。综上所述理论分析，构建出两阶段的创新效率评价概念图，如图 9—1 所示。

第一阶段　　　　　第二阶段

R&D 活动人员量　　　登记省级科技成果量　　　人均 GDP

R&D 内部经费　　　专利授权量　　　高新技术产业额增加比例

新产品研发经费　　　科技合同交易额

创新投入—创新产出　　　创新产出—创新效益

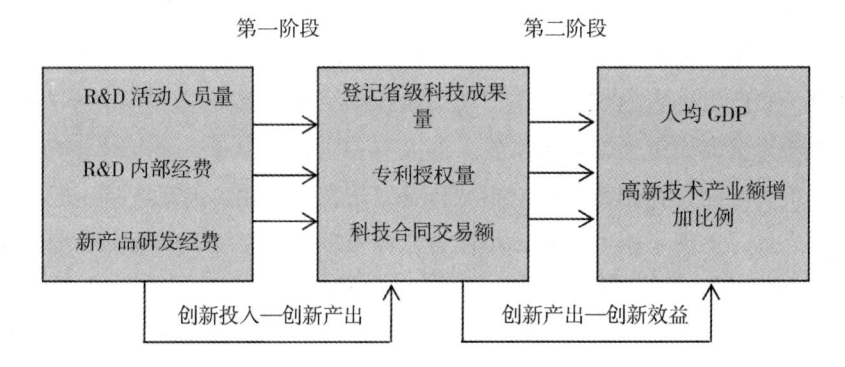

图 9—1　长江中游城市群创新绩效关联两阶段概念模型

三　自主创新绩效的测评方法

笔者所选用的是关联两阶段 DEA 模型，该模型的主要特点是充分考虑中间成果作为产出和投入的双重角色作用，重点可以测算出创新成果转化为创新经济的效率。

关联两阶段 DEA 创新效率评价模型，假设共有 n 个决策单元 DMU，第一阶段中每个 DMJ_j $(j=1, 2, \cdots n)$ 有 m 个创新资本投入 X_{ij} $(i=1, 2, \cdots m)$，q 个中间产出 Z_{pj} $(p=1, 2, \cdots q)$；第二阶段有 s 个最终产出 Y_{rj} $(r=1, 2, \cdots s)$。由于不同阶段具有不同的生产技术，所以假设两个阶段的规模报酬不同，借鉴叶锐、Banker 等学者的思路，基于可变规模报酬假设下建立如下的两阶段创新效率评价模型：用 v^1 $(i=1, 2, \cdots m)$ 作为创新资本投入在创新成果产出阶段的权重，w_p^1 和 w_p^2 $(p=1, 2, \cdots q)$ 作为中间产出（创新成果产出）Z_{pj} 创新产出和第二阶段的成果转化投入权重，u_r $(r=1, 2, \cdots s)$ 作为最终科技成果产出 Y_{sj} 的权重。

基于 BCC 模型,可以得到第一阶段的纯技术效率模型:

$$\theta^1 = \max \frac{\sum_{p=1}^{q} w_p^1 Z_{pk} - \mu_k^1}{\sum_{i=1}^{m} v_i X_{ij}}$$

$$s.t. \begin{cases} \dfrac{\sum_{p=1}^{q} w_p^1 Z_{pj} - \mu_k^1}{\sum_{i=1}^{m} v_i X_{ij}} \leq 1, j = 1,2,\cdots,n \\ v_i \text{、} w_p^1 \geq 0, i = 1,2,\cdots,m \end{cases}$$

第二阶段的纯技术效率模型:

$$\theta^2 = \max \frac{\sum_{r=1}^{s} u_r Y_{rk} - \mu_k^2}{\sum_{p=1}^{q} w_p^2 Z_{pk}}$$

$$s.t. \begin{cases} \dfrac{\sum_{r=1}^{s} u_r Y_{rk} - \mu_k^2}{\sum_{p=1}^{q} w_p^2 Z_{pk}} \leq 1, j = 1,2,\cdots,n \\ w_p^2 \geq 0, i = 1,2,\cdots,m \end{cases}$$

综合两阶段的组合投入,整体纯技术效率即整体创新效率(E)在产出扩大方向可以表示为:

$$E = \max \frac{\sum_{p=1}^{q} w_p^1 Z_{pk} \sum_{r=1}^{s} u_r Y_{rk} - \mu_k^1 - \mu_k^2}{\sum_{i=1}^{m} v_i X_{ij} + \sum_{p=1}^{q} w_p^2 Z_{pk}}$$

该模型的整体创新效率充分考虑了中间产品 Z_{pk} 在创新过程中的双重角色使资源分配更加具体化。令 $t = \dfrac{1}{\sum_{i=1}^{m} v_i X_{ij} + \sum_{p=1}^{q} w_p^2 Z_{pk}}$ 可以直接获得可变规模报酬假设下的两阶段 DEA 模型的整体创新效率规划模型:

$$E = \max \sum_{p=1}^{q} W_p^1 Z_{pk} + \sum_{r=1}^{s} U_r Y_{rk} - \mu_k^A - \mu_k^B$$

$$s.t. \begin{cases} \sum_{i=1}^{m} V_i X_{ij} + \sum_{p=1}^{q} W_p^2 Z_{pk} = 1 \\ \sum_{i=1}^{m} V_i X_{ij} - \sum_{p=1}^{q} W_p^1 Z_{pj} + \mu_k^A \geq 0 \\ \sum_{p=1}^{q} W_p^2 Z_{pj} - \sum_{r=1}^{s} U_r Y_{rj} + \mu_k^B \geq 0 \\ V_i \,\, W_p^1 \,\, W_p^2 \,\, U_r \geq \varepsilon, \\ j = 1,2,\cdots,n, i = 1,2,\cdots,m \end{cases}$$

其中 $V_i = tv_i$、$W_p^1 = tw_p^1$、$W_p^2 = tw_p^2$、$U_r = ru_r$、$\mu_k^A = t\mu_k^1$、$\mu_k^B = t\mu_k^2$ 当决策变量 W_p^1、W_p^2、U_r、μ_k^A、μ_k^B 由上述模型获得最优组合后可以分别求出第一阶段、第二阶段的创新效率值：

$$E^1 = \frac{\sum_{p=1}^{q} W_p^1 Z_{pk} - \mu_k^A}{\sum_{i=1}^{m} V_i X_{ik}} = \theta^1 = \max \frac{\sum_{p=1}^{q} w_p^1 Z_{pk} - \mu_k^1}{\sum_{i=1}^{m} v_i X_{ij}}$$

$$E^2 = \frac{\sum_{r=1}^{s} U_r Y_{rk} - \mu_k^B}{\sum_{p=1}^{q} W_p^2 Z_{pk}} = \theta^2 = \max \frac{\sum_{r=1}^{s} u_r Y_{rk} - \mu_k^2}{\sum_{p=1}^{q} w_p^2 Z_{pk}}$$

第二节　长江中游城市群自主创新绩效测评的实证分析

一　样本与数据选取

选取 31 个长江中游城市群中具有代表性的城市作为基本单元，考虑到创新资本投入到创新成果产出再到成果转化为创新经济需要一段时间，因此数据具有滞后性，所以在搜集数据的过程中，创新资本投入—成果产出采用 2014 年的数据，实际经济表现采用 2015 年的数据。数据主要来自各省市 2014 年的统计年鉴、各省市 2015 年统计公报等。具体的代表城市见下表：

表 9—1 具有代表性的长江中游城市群城市名称

城市群名称	城市名称
武汉城市群	武汉、黄石、鄂州、黄冈、孝感、咸宁、仙桃、潜江、襄阳、宜昌、荆州、荆门、
长株潭城市群	长沙、岳阳、益阳、常德、株洲、湘潭、衡阳、娄底
环鄱阳湖城市群	南昌、九江、景德镇、鹰潭、新余、宜春、萍乡、上饶、抚州、吉安

二 创新投入—产出测评结果分析

将收集到的数据用 DEAP2.1 软件，依照投入导向模式对长江中游城市群城市第一阶段创新效率进行测评，具体结果如表 9—2 所示。

表 9—2 长江中游城市群第一阶段创新投入—产出测评结果

城 市	综合效率	纯技术效率	规模效率	规模报酬状态
长沙	0.32	1.00	0.32	递减
岳阳	0.70	1.00	0.70	递减
益阳	0.98	1.00	0.98	递增
常德	1.00	1.00	1.00	不变
株洲	0.58	0.85	0.69	递减
湘潭	0.54	0.96	0.56	递减
衡阳	0.99	1.00	0.99	递减
娄底	0.79	0.81	0.97	递增
武汉	1.00	1.00	1.00	不变
黄石	0.70	0.78	0.89	递减
鄂州	1.00	1.00	1.00	不变
黄冈	0.64	0.65	0.99	递增
孝感	1.00	1.00	1.00	不变
咸宁	0.42	0.43	0.97	递减
仙桃	1.00	1.00	1.00	不变
潜江	1.00	1.00	1.00	不变

续表

城市	综合效率	纯技术效率	规模效率	规模报酬状态
天门	0.93	1.00	0.93	递增
襄阳	0.61	0.93	0.66	递减
宜昌	1.00	1.00	1.00	不变
荆州	1.00	1.00	1.00	不变
荆门	1.00	1.00	1.00	不变
南昌	0.31	0.62	0.50	递减
九江	0.80	1.00	0.80	递减
景德镇	0.70	1.00	0.70	递增
鹰潭	0.97	1.00	0.97	递增
新余	1.00	1.00	1.00	不变
宜春	1.00	1.00	1.00	不变
萍乡	0.47	1.00	0.47	递增
上饶	0.42	1.00	0.42	递增
抚州	1.00	1.00	1.00	不变
吉安	0.97	1.00	0.97	递增

表9—2反映出：常德、武汉、鄂州、孝感、仙桃、宜昌、荆州、新余等12个城市第一阶段的创新综合效率为1，说明这些城市既技术有效又规模有效。长沙、岳阳、衡阳、天门、景德镇、鹰潭、吉安等11个城市的纯技术效率为1，但综合效率没有到达1，说明这些城市只是纯技术DEA有效。同时还说明这些城市目前投入产出较合理，但是规模没有达到最优，应该根据规模效率适当地增加或减少规模以达到规模最优的效果。

从规模收益来看，益阳、娄底、黄冈、天门、景德镇、吉安等9个城市在第一阶段的规模收益递增，说明这些城市的投资力度不够或者存在资源投入不合理的现象。而长沙、湘潭、黄石、咸宁、南昌、九江等10个城市的规模收益递减，说明这些城市存在资源浪费、重复投资现象，导致创新资源利用不充分。

三 创新产出—效益测评结果分析

继续用 DEAP2.1 软件对第二阶段创新产出—效益测评，具体测评结果如下表 9—3 所示：

表 9—3　长江中游城市群第二阶段创新产出—效益测评结果

城市	综合效率	纯技术效率	规模效率	规模报酬状态
长沙	0.32	1.00	0.32	递减
岳阳	0.27	0.39	0.69	递减
益阳	0.64	0.68	0.95	递减
常德	0.26	0.30	0.87	递减
株洲	0.51	0.60	0.85	递减
湘潭	0.37	0.66	0.55	递减
衡阳	0.87	0.93	0.94	递减
娄底	0.66	0.72	0.92	递增
武汉	1.00	1.00	1.00	不变
黄石	0.68	0.77	0.88	递减
鄂州	0.16	0.18	0.91	递减
黄冈	0.64	0.65	0.99	递增
孝感	1.00	1.00	1.00	不变
咸宁	0.19	0.26	0.73	递减
仙桃	1.00	1.00	1.00	不变
潜江	1.00	1.00	1.00	不变
天门	0.93	1.00	0.93	递增
襄阳	0.39	0.92	0.42	递减
宜昌	1.00	1.00	1.00	不变
荆州	1.00	1.00	1.00	不变
荆门	1.00	1.00	1.00	不变
南昌	0.31	0.62	0.50	递减
九江	0.92	1.00	0.92	递减
景德镇	0.13	0.14	0.93	递减

续表

城市	综合效率	纯技术效率	规模效率	规模报酬状态
鹰潭	0.61	0.64	0.96	递减
新余	1.00	1.00	1.00	不变
宜春	1.00	1.00	1.00	不变
萍乡	0.47	1.00	0.47	递增
上饶	0.42	1.00	0.42	递增
抚州	1.00	1.00	1.00	不变
吉安	0.97	1.00	0.97	递增

从表9—3的结果可以看出，在第二阶段中，武汉、孝感、宜昌、新余等10个城市的综合效率、纯技术效率和规模效率均为1，即DEA有效。从规模收益来看，娄底、黄冈、天门、萍乡、上饶、吉安6个城市是规模收益递增的。这些城市应加大创新成果的投入、扩大生产规模取得最优。长沙、株洲、湘潭、黄石、咸宁、南昌、襄阳等15个城市是规模递减的。这些城市应该减小生产规模以减少规模过大的损失以达到规模最优的效果。

综合长江中游城市群的创新资本投入转化为创新成果产出效率和成果产出转化为实际经济的效率，可以得到两个阶段的总效率，具体结果如表9—4所示。

表9—4　　　　长江中游城市群总创新效率测评结果

城市	综合效率	纯技术效率	规模效率	规模报酬状态
长沙	0.84	1.00	0.84	递减
岳阳	0.77	0.92	0.84	递减
益阳	0.63	0.68	0.93	递减
常德	0.26	0.30	0.87	递增
株洲	0.82	0.92	0.89	递减
湘潭	0.20	0.64	0.31	递减
衡阳	0.86	0.93	0.93	递减
娄底	0.52	0.58	0.89	递增

续表

城市	综合效率	纯技术效率	规模效率	规模报酬状态
武汉	1.00	1.00	1.00	不变
黄石	0.47	0.60	0.78	递减
鄂州	0.72	0.79	0.91	递减
黄冈	0.41	0.43	0.98	递增
孝感	1.00	1.00	1.00	不变
咸宁	0.58	0.82	0.71	递减
仙桃	1.00	1.00	1.00	不变
潜江	1.00	1.00	1.00	不变
天门	0.87	1.00	0.87	递增
襄阳	0.24	0.86	0.28	递减
宜昌	1.00	1.00	1.00	不变
荆州	1.00	1.00	1.00	不变
荆门	1.00	1.00	1.00	不变
南昌	0.10	0.39	0.25	递减
九江	0.73	1.00	0.73	递减
景德镇	0.65	1.00	0.65	递增
鹰潭	0.59	0.64	0.93	递增
新余	1.00	1.00	1.00	不变
宜春	1.00	1.00	1.00	不变
萍乡	0.22	1.00	0.22	递增
上饶	0.18	1.00	0.18	递增
抚州	1.00	1.00	1.00	不变
吉安	0.94	1.00	0.94	递增

根据表9—4测评结果，从整体创新效率角度分析，长江中游城市群31个城市中有武汉、孝感、宜昌、荆州、抚州等10个城市达到DEA有效，占城市群的32.3%。平均整体创新效率约为0.7，可以看出长江中游城市群整体创新有效，创新投入到创新经济的效率较高。但是也存在个别

城市如常德、湘潭、娄底、南昌、萍乡等城市的创新效率低制约着整个长江中游城市群的发展。

四 创新效率综合评价及影响因素 Tobit 回归分析

根据上表中的总效率可以把长江中游城市群的 31 个城市按效率的高低分为创新高效区（总效率值为 0.82—1）、创新有效区（总效率值为 0.6—0.82）、创新无效区（总效率值为 0—0.6）结果如下表：

表 9—5　　　　　　　　长江中游城市群创新效率划分

创新效率划分	城　市
高效区	武汉、孝感、仙桃、潜江、宜昌、荆州、荆门、新余、宜春、抚州、长沙、株洲、衡阳、天门、吉安
有效区	岳阳、益阳、鄂州、九江、景德镇
无效区	常德、湘潭、娄底、黄石、黄冈、襄阳、南昌、鹰潭、萍乡、上饶、咸宁

从上表可以看出长江中游城市群中属于创新高效的城市有 15 个，处于创新有效的城市有 5 个，处于创新无效区的城市有 11 个。为了更清楚地知道高效率城市的分布情况，画出了下面的创新效率分布图。可以清楚地看出武汉城市群拥有数量最多的高创新效率城市，这也符合湖北省经济相对发达的实际情况。长株潭城市圈和环鄱阳湖城市圈的创新高效率城市个数相对较少，大多分布在省中心位置，其中作为江西省会的南昌创新效率很低，应该引起重视。

从综合效率分析，长江中游城市群中的综合效率为 1 的城市有 10 个。这些城市的纯技术效率和规模效率也为 1，被称为强 DEA 有效。这些城市的资源合理分配，使用效率高，创新能力高，以创新驱动发展，创新能力处于领先地位。其余 21 个城市均未达到强 DEA 有效，创新效率有待提高，需要改进创新技术。

从纯技术效率分析，长江中游城市群中有长沙、武汉、孝感、宜昌、吉安等 17 个城市处于纯技术有效，这些城市重视产业发展，注重创新技术的利用。处于创新技术无效的有岳阳、黄石、南昌、襄阳等 14 个城市，

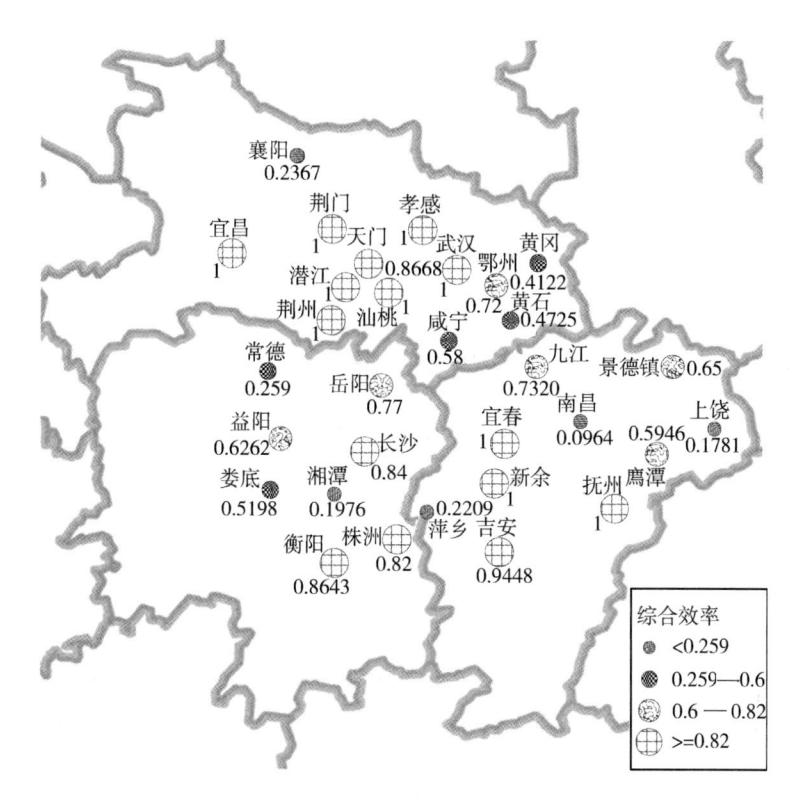

第九章 长江中游城市群自主创新绩效测度与影响因素分析　185

图 9—2　长江中游城市群创新效率分布图

这些城市应该根据自身的实际情况，优化资源、以创新驱动技术发展，提高创新效率。

从规模效率分析，长江中游城市群中有武汉、仙桃、潜江等 10 个城市的规模效率为 1，达到了投入与产出的最优水平。这些城市在保持现有的状态的情况下，应适应发展趋势。长沙、岳阳、黄石、南昌等 12 个城市的规模报酬处于递减状态，说明这些城市不能用扩大规模来提高产能，应该提高技术效率，用创新能力来提高产出。常德、黄冈、景德镇等 9 个城市处于规模报酬递增状态，说明这些城市要加大创新投入来提高产出。

在对长江中游城市群创新效率评价的基础上，进一步分析影响创新效率的因素，选用长江中游城市群的创新效率作为被解释变量，以影响创新效率的因素为解释变量做 Tobit 回归分析。

影响城市创新效率（E）的因素考虑有创新资本投入、专利授权量、科技成果量等。因此选择 R&D 经费占 GDP 比例（X_1）、专利授权量占专利申请量比例（X_2）、R&D人员量（X_3）、省级以上科技成果量（X_4）、科技合同成交额（X_5）五个解释变量。

Tobit回归模型可以应用于被解释变量介于（0，1）之间的计算模型，计算过程用极大似然估计法估计。构建的Tobit回归模型如下：

$$E = \beta_0 + \beta_1 X_1 + \beta_2 X_2 + \beta_3 X_3 + \beta_4 X_4 + \beta_5 X_5$$

其中β_0为截距项，β_1、β_2、β_3、β_4、β_5为变量系数。

用Stata对上式进行回归分析得到下表结果：

表9—6　　　　　　　　　　Tobit回归分析结果

Tobit regression

Number of obs = 31
LR chi2 (5) = 13.24
Prob > chi2 = 0.0212
Log likelihood = −13.577153　　　　Pseudo R2 = 0.3278

X_1	coef.	Std. Err.	t	p>|t|	[95% conf. Interval]	
rdbl	−24.04487	13.96775	−1.72	0.097	−52.75598	4.66625
zlbi	−.4033412	.5733973	−0.70	0.488	−1.581976	.7752938
rdry	−.0000218	.000014	−1.56	0.132	−.0000506	7.00e−06
cgl	.0024359	.0017325	1.41	0.172	−.0011254	.0059973
htcje	2.40e−06	1.19e−05	2.01	0.054	−4.91e−08	4.85e−06
_cons	1.076411	.3461786	3.11	0.005	.3648309	1.787992
/sigma	.3480429	.0568907			.2311023	.4649834

Obs. summary：　　0　left−censored observations

21 uncensored observations

10 right−censored observations at X_1 > = 1

该模型整体来看是显著的，从该模型中可以看出，创新效率与R&D人员投入量、R&D占GDP的比例存在负相关，这说明急于提高创新效率，盲目加大资本投资，而后续的管理经营不能与规模扩大相匹配，造成投入资本浪费，不能合理应用，导致创新效率低。因此各城市应该根据自己的实际情况，提高生产技能，提高创新能力合理配置创新资源，将创新效率做到最高。

第三节　提升长江中游城市群自主创新绩效的建议与对策

通过对长江中游城市群中31个城市的创新效率进行研究，结果表明其中15个城市有高创新效率，5个城市创新有效，11个城市创新无效。总的来说长江中游城市群的创新效率良好，但是也存在个别城市的创新效率极低，如常德、湘潭、襄阳、萍乡、南昌5个城市的平均创新效率约为0.2，这些城市的低创新效率制约了长江中游城市群的整体创新效率。为了使长江中游城市群的整体创新效率有所提升，需从以下几个方面予以突破。

一　创新无效城市提升自主创新绩效的建议

针对11个创新无效的城市而言，首先政府要认清城市现状，再根据实际问题发布措施。比如常德、娄底、黄石、黄冈这4个城市处于规模效率高、技术效率低的状态，政府应该提高创新技术能力，提高技术成交合同额，引进先进技术，改造吸收以提高技术利用率。常德在第一阶段处于DEA有效，但是第二阶段的成果转化为实际经济的效率低，当地政府要提高技术转化能力，提高经济发展和技术支持能力；娄底、黄冈这两个城市两个阶段的效率均未达到DEA有效，由于两地的科研能力较低，导致成果转化率低，政府要科学合理地增加创新经费和人员投入，提升创新成果产出量和成果转化能力，扩大市场化程度。黄石处于规模递减状态，是由于创新资源投入量太大对创新效率起了反作用，造成资源利用率低，资源浪费，所以应该缩小投入规模，减少损失。

湘潭、襄阳两个城市处于高技术效率，低规模效率状态，政府盲目过度地加大投入规模，对创新效率起了反作用。两地地理位置较偏僻，技术市场成交额相对较少，市场化程度低，创新成果转化为实际经济的能力不足，应该减小生产规模，减少资金人员的投入，提高创新资源利用率，同时提高技术效率，最终达到最优。萍乡、上饶两个城市技术有效，说明此时政府的创新技术效率高，但是规模无效。两地远离中心位置，科研人员缺乏，为了充分利用创新资源和成果，两城市政府应该加大创新资源投入，如：加大经费、人员投入，使创新成果产出量增加，即创新成果转化为实际经济的投入量增加，生产规模扩大。鹰潭、咸宁两个城市创新规模最优，技术无效，两地政府应该积极引进先进技术，提高创新生产能力。南昌虽为江西省会，但是地理位置不好，经济水平较低，城市创新效率处于技术无效和规模无效的状态，在创新效率低的情况下，不能一味地靠扩大投入量来提高效率，政府应该改变生产策略，提高技术利用能力，合理投入创新资源，提高资源利用率，提高创新成果产出量和成果转化为实际经济的能力。

二　创新有效城市提升自主创新绩效的对策

就5个创新有效城市而言，各地政府也应该及时发现城市发展的不足，比如岳阳现在是高技术效率、低规模效率状态，政府要减少人员、资金投入规模，在第二阶段创新成果转化为实际经济中的效率较低，主要是对成果的应用转化能力较低，实际操作能力弱，投入规模较大，造成成果利用不充分而效率低。总的来说应该减少投入规模使两个阶段的规模状态达到最优，提高技术利用能力、提高成果利用率；益阳、鄂州2个城市创新状态为高规模效率，低技术效率，政府要不断提高技术利用能力，积极引进先进的科学技术，提高创新成果量转化为实际经济的能力。九江的成果转化为实际经济的效率较高、技术效率最优，但是总体的规模效率较低，规模状态递减，要减少投入规模，以减少规模过大导致的创新效率过低的损失。景德镇城市的技术最优，但是规模效率偏低，处于规模递增的状态，政府应在保持现有技术的条件下，扩大生产规模，加大创新资源的投入，以获得更大的规模效率，最后达到规模最优状态。

三　高创新效率城市提升自主创新绩效的路径

5个处于高创新效率但没有达到DEA有效的城市，其中长沙、吉安、天门3个城市的技术效率最优，创新技术处于最佳状态，但是规模效率相对较低，长沙处于规模递减状态，原因是投入的生产规模过大，即创新人员、资金的投入量太大，资源没有得到充分利用，应该缩小第一阶段的资源投入规模，使创新成果量在第二阶段能够得到充分转化，最终达到规模和技术均优状态。株洲、衡阳两城市虽然拥有高创新效率,但是技术效率和规模效率均没有达到最优,两地的规模处于递减状态,投入生产规模太大,应该减少资源投入,减少规模过大的损失,引进先进技术,提升成果产出量和成果转化为实际经济的能力,充分利用资源,提高资源利用率,最终达到 DEA 有效。

四　长江中游城市群整体提升自主创新绩效的对策

就长江中游城市群整体而言,长江中游城市群是一个大整体,各省市政府应该有互帮互助的意识,对周边创新效率低的城市提供技术帮助和资金投入,营造一个团结合作的创新环境。提高长江中游城市群的自主创新绩效的目的就是要促进经济和社会发展。所以各地政府要重视第二阶段即创新成果转化为实际经济的能力建设,要积极鼓励创新,提高创新资源的使用率,并最终转化为经济效益。长江中游城市整体创新效率的提高,不仅要依靠各城市政策、人员、资金的支持,还需要各城市间的科技合作、协同创新、优势互补、资源共享,帮助低效率城市共同发展。推动科技资源共同利用、共同培养、促进长江中游城市群协同创新意识的形成。共同打造创新平台,提高创新成果产出量和成果转化为实际经济的能力,实施创新合作项目,共同打造高创新效率城市群。

附录　长株潭国家自主创新示范区发展规划纲要(2015—2025年)

前　言

长沙、株洲、湘潭国家高新技术产业开发区分别于1991年、1992年、2009年获国务院批准建立。2014年12月，国务院批复同意支持长沙、株洲、湘潭3个国家高新区建设国家自主创新示范区（以下简称"示范区"）。为加快建设好示范区，根据《国务院关于同意支持长株潭国家高新区建设国家自主创新示范区的批复》（国函〔2014〕164号）精神，制定本规划。

一　基础和形势

（一）现实基础

长沙、株洲、湘潭高新区历经多年发展，高新技术产业发展迅速，科技创新能力显著增强，科技体制改革取得重大突破，科技创新引领"两型"社会建设成效明显，城市群协同创新格局形成，有力带动了地方产业结构调整，促进了经济社会发展，成为我国重要的创新创业中心之一，为示范区建设奠定了坚实的基础。

长株潭已经成为长江经济带创新驱动发展的重要动力源。近5年，示范区高新技术产业增加值年均增长36%以上，带动全省年均增速达到33.6%，位居全国第一，成为引领中西部发展的重要高新技术产业基地。2014年，示范区实现高新技术产业增加值占长沙、株洲、湘潭三市总量的47.3%，占全省总量的29.3%。高端装备制造产业具备全球竞争力，长沙高新区是全球重要的工程机械制造基地，株洲高新区是全国最大的电力机车研发生产基地，湘潭高新区是我国重要的能源装备产业基地。文化创意产业领跑全国，建成全国首批国家文化和科技融合示范基地。新材料产业特色突出，形成了先进电池材料、高性能结构材料、先进复合材料等产业集群。新一代信息技术产业发展迅猛，以手机游戏、移动电商、移动阅读为主导的移动互联网产业异军突起。生物健康产业后来居上，以生物制药、现代中药及数字化医院等为代表的生物健康产业呈高速增长态势。国际标准制定具有世界话语权，起重机国际标准化技术委员会（ISO/TC96）和烟花国际标准化技术委员会（ISO/TC264）秘书处相继落户长沙。

长株潭已经成为我国科技创新资源的重要聚集区。人才智力资源富集，2014年底，已汇聚两院院士54名，国家千人计划专家73名，引进留学归国人员和海外专家1000多名。创新创业平台密集，拥有国防科技大学、中南大学等高等院校69所，省级及以上科研机构1000余家，国家级孵化器、加速器载体面积300多万平方米。科技金融体系完善，成立了科技支行、创投基金、天使基金、人才基金等服务平台。科技合作交流活跃，建成欧洲工业园、西班牙工业园、德国工业园等对外合作基地，举办了八届中国（长沙）科技成果转化交易会。世界级创新成果不断涌现，取得了世界运算速度最快的"天河二号"亿亿次超级计算机、世界大面积亩产最高的超级杂交稻、碳/碳复合刹车材料等多项国内和世界领先的科研成果。

长株潭已经成为科研院所转制改革和体制创新的先行区。科研院所转制成为全国亮点，内生培育出中联重科、南车时代等具有国际竞争力的高新技术企业。目前，长株潭72家科研院所已有39家转制为企业，近5年取得应用类科技成果3850项、转化成果2690项、制定国家标准150个，成为全省成果产出与转化的重要力量。产学研结合模式全国领先，以产业技术链为中心组建产业技术创新联盟，以高校、科研院所为依托共建企业研发中心。军民融合创新发展模式具有示范效应，建立湖南省产业技术协同创新研究院，建成南方宇航非航产业园、中航湖南通用航空发动机产业园等一批军民融合产业园，探索出军民融合、成果转化的新路径。

长株潭已经成为我国两型社会建设的引领区。两型产业发展机制不断完善，三市实施原创性改革106项，启动产业转型升级、排污权交易等重点改革，出台长株潭区域产业发展环境准入标准，探索建立两型社会综合评价指标体系。清洁低碳技术广泛推广，实施重大科技专项300多个，取得重大关键技术成果100多项，重点推广重金属污染治理、餐厨垃圾资源化利用和无害化处理等十大清洁低碳技术。

长株潭已经成为城市群协同创新的先导区。一体化加速协同创新步伐，长株潭已形成半小时交通圈，实现"交通同网、能源同体、电话同号、信息同享、金融同城、生态同建、污染同治"，构筑城市群协同创新的初步基础。知识产权协同共建保护创新活力，长株潭三市相继进入全国首批"国家知识产权示范城市"，截至2014年底，三市专利申请量和授权量分别为174472件和102477件，占全省的58.92％和60.99％。

示范区取得的成就主要得益于坚定不移地贯彻实施国家创新驱动发展战略，坚定不移地深化科技体制改革，坚定不移地推动创新链、产业链、资金链"三链融合"，坚定不移地构建以企业为主体的大协同创新格局，坚定不移地弘扬湖湘文化的创新精神，为中西部地区创新驱动发展提供了重要示范。

(二) 形势与机遇

新时期，国际国内经济环境正经历着深刻变化，国际金融危机加快催生了新一轮科技革命和产业变革，国内经济转型和调整步伐不断加快。示范区创新和发展面临新形势、新机遇、新要求和新挑战。

全球新一轮科技革命和产业变革正在兴起。金融危机后，以绿色、智能和可持续为主要特征的新一轮科技革命和产业变革的方向日益明晰，全球创新竞争日趋激烈。传统意义上的基础研究、应用研究、技术开发和产业化的边界日趋模糊，科技创新与金融资本、商业模式融合更加紧密，技术更新和成果转化更加快捷，产业更新换代不断加快。与历次科技产业革命不同的是，在此次科技产业革命的许多新兴领域中，中国与发达国家基本处于同一起跑线上，机遇难得。示范区在电子信息、地理信息、新材料、工程机械、能源装备、生物健康、轨道交通等战略性新兴产业领域优势突出，应积极抢占全球科技创新和高新技术产业发展战略制高点，为国家赢得创新发展主动权做出贡献。

中国经济发展进入创新驱动转型升级关键时期。我国经济发展正面临增长速度换挡期、结构调整阵痛期、前期刺激政策消化期"三期"叠加的新常态，必须科学认识新常态，主动适应新常态，积极引领新常态，把转方式、调结构放在更加突出的位置，加快从要素驱动、投资驱动发展为主向以创新驱动发展为主转变，让科技创新成为引领新常态的新引擎。要深化科技体制改革，破除制约科技创新的思想障碍和制度藩篱，处理好政府和市场的关系，以改革释放创新活力，推动科技和经济社会发展深度融合，真正实现大众创业万众创新。示范区作为中国创新驱动发展的重要高地，需要进一步深化科技体制改革，优化创新创业生态，提升自主创新能力，培育发展战略性新兴产业，引领中西部地区创新驱动发展。

"一带一部"区位优势为湖南融入"一带一路"和长江经济带发展战略带来新机遇。习近平总书记在湖南视察时作出了湖南要发挥"一带一部"区位优势的重要讲话，深刻阐述了实施中部崛起战略和依托长江建设中国经济支撑带所赋予湖南的新的区位价值和优势，这将有利于湖南承接东部产业梯度转移和对接西部大市场，推动东中西部地区的产业、要素、市场有效对接和高效配置。示范区作为湖南创新驱动发展的核心引擎，要加快引领示范全省创新、开放发展，放大湖南"一带一部"融合效应，积极融入国家"一带一路"及长江经济带发展战略，促进我国东中西部地区协调发展，探索依靠科技创新支撑生态文明建设的新路径。

综合来看，示范区作为引领中西部地区创新驱动发展的先锋，必须进一步解放思想，深入把握宏观战略环境和趋势，立足现有基础和优势，以更具创新的气魄优化创新创业生态，以更大的决心与勇气推进体制机制改革，以更加开放的姿态汇聚全球高端创新资源，培育一批具有国际竞争力的创新型产业集群，探索城市群协同创新的新模式，在实施国家创新驱动发展战略中承担更多责任、发挥更大作用，为中西部地区创新驱动发展提供更加有效的示范。

二 总体发展战略

（一）指导思想

深入贯彻党的十八大和十八届三中、四中、五中全会精神，牢固树立创新、协调、绿色、开放、共享的发展理念，全面实施创新驱动发展战略，充分发挥长株潭地区科教资源集聚和体制机制灵活的优势，以优化创新创业生态为主线，以体制机制创新为动力，以创新人才为第一资源，按照"创新驱动、体制突破、以人为本、区域协同"的原则，积极开展激励创新政策先行先试，激发各类创新主体活力，强化知识产权保护，推进科技成果转移转化，最大程度释放创新潜力和创造活力，形成大众创业万众创新的良好局面。

创新驱动——强化科技创新的引领和支撑作用，充分整合社会资源和科技资源，优化创新创业生态，同时坚持高端引领与大众创新创业相结合，推动形成大众创业、万众创新的新浪潮。

体制突破——充分发挥市场在资源配置中的决定性作用，积极开展科技体制改革和机制创新，在科研院所转制、科技成果转化、科技金融、文化科技融合、人才引进、绿色发展等方面先行先试，全面激发各类创新主体活力。

以人为本——把更多资源投入到"人"身上而不是"物"上面，围绕激活"人"、解放"人"、服务"人"、保护"人"的创新成果，全方位、一体化设计创新创业服务链条，充分释放创业者的活力和创造力，激发科技人员的创业热情，在体制和机制上解决阻碍科技人员创业的壁垒，在制度上为高层次人才创新创业提供保障。

区域协同——优化示范区整体规划布局，探索长沙、株洲、湘潭三市差异化发展路径，形成有机发展整体；对外加强与周边园区、省市、东中西部地区乃至有关国家的联动与协作，增强企业、产业和创新要素的国际化水平。

（二）战略定位

坚持"创新驱动引领区、科技体制改革先行区、军民融合创新示范区、中西部地区发展新的增长极"的战略定位，力争用10年左右时间，建成具有全球影响力的创新创业之都。

创新驱动引领区。深入实施创新驱动发展战略，通过技术创新、体制机制创新、管理创新和商业模式创新，促进传统产业转型升级、新兴产业培育壮大、社会和谐发展，辐射带动全省乃至中西部地区经济发展，由以要素驱动为主向以创新驱动为主转变。

科技体制改革先行区。大力推进科技体制改革和机制创新，探索建立综合性示范区政策法规体系，促进科技与经济紧密结合，在科研院所转制、科技成果转化等方面先行先试，形成可复制、可推广的科技体制改革模式，为中西部地区科技体制改革作出示范。

军民融合创新示范区。发挥军用创新资源丰富、军工企业较多的优势，依托国防科技大学和省产业技术协同创新研究院等，探索军民融合技术协同创新的新机制，建立军民融合技术协同创新平台和产业基地，完善具有长株潭特色的军民融合技术协同创新体系，为全国军民融合深度发展提供示范。

中西部地区发展新的增长极。充分发挥"一带一部"优势，集聚高端创新要素，优化创新创业生态系统，大力发展战略性新兴产业和现代服务业，构建特色鲜明的现代高新技术产业体系，培育创新型产业集群，成为引领中西部地区发展新的增长极。

（三）发展目标

按照"核心先行、拓展辐射、全面提升"的"三步走"路径，逐步实现示范区建设的近、中、远期目标。

近期目标（2015—2017 年）：第一步，核心先行。利用 3 年时间，实现技工贸总收入"翻一番"，由 2014 年的 6500 亿元增长到 1.3 万亿元，年均增长 25%以上，打造 1 个万亿核心区、形成 5 个千亿级创新型产业集群、新引进 100 个高端创新团队（其中 10 个以上国际顶尖创新团队），高新技术产业增加值占 GDP 比重达到 33%，全社会研发投入占 GDP 比重达到 3%。获得国家认定的高新技术企业数量达到 2000 家，其中，年销售收入超过 50 亿元、100 亿元的高新技术企业数量分别达到 20 家、15 家以上。重点建好示范区核心区，开展政策先行先试，将示范区初步建设成为湖南省创新驱动发展的重要引擎、中西部自主创新的战略高地、我国培育战略性新兴产业的重要载体、国内具有重要影响力的创新中心。

中期目标（至 2020 年）：第二步，拓展辐射。再用 3 年时间，到"十三五"末，实现示范区技工贸总收入"翻两番"，达到 2.6 万亿元，高新技术产业增加值占 GDP 比重达到 40%，全社会研发投入占 GDP 比重达到 4%。初步建立有利于创新创业的政策支撑体系、技术服务体系和城市群协同创新体系，推进军民融合、科研院所改制、科技与金融结合、文化与科技融合等特色试点示范，实现创新创业生态优化、创新资源高度集聚。促进示范区与其他园区联动发展，辐射带动全省率先实现全面小康。

远期目标（至 2025 年）：第三步，全面提升。通过 10 年时间，全面提升创新驱动发展能力。到 2025 年，力争示范区技工贸总收入实现"翻三番",达到 5 万亿元,年均增长 20% 以上,高新技术产业增加值占 GDP 比重达到 50%,全社会研发投入占 GDP 比重达到 5%,每万人发明专利拥有量达到 50 件,技术交易额达到 500 亿元规模,众创空间面积达到 2000 万平方米。探索形成一个有利于技术转移转化和创新创业的具有全国示范意义和推广价值的宏观政策架构,建立一套有利于调动创业者积极性的全社会系统响应激励机制,构建一个包括技术研发、技术转移、创业孵化、金融服务等在内的高水平创新创业服务体系,建设一批具有较强支撑能力的高端创新创业平台,集聚一批具有较强创新创业能力的高端创新人才和团队,培育出一批国际知名品牌和具有较强国际竞争力的骨干企业,打造一批拥有技术主导权的产业集群和新业态,培养一种"鼓励创新、支持创业"的文化及企业家精神,把示范区建设成为创新生态优化、创新资源丰富、创新产业集聚、创新实力雄厚的创新创业特区,成为具有全球影响力的创新创业之都。

三 重点任务

(一)增强自主创新能力

发挥长株潭科教资源集聚优势,强化企业技术创新主体地位,促进高等院校和科研院所成果转移转化,激发各类创新主体活力,推动产学研合作体制机制创新,构建优势突出、特色鲜明的区域创新体系,增强持续创新能力。

1. 提升创新基础能力

(1)积极承担国家科技重大专项。制定示范区主导产业、先导产业技术创新路线图,集成资源积极承接核高基、传染病防治、新药创制、水体污染治理、油气田、航空发动机等国家科技重大专项,加快 IGBT 及 SiC 等新一代电力电子器件、艾滋病和病毒性肝炎等重大传染病防治和重大新药创制、生物新品种培育、重金属污染防治等技术研发与产业化。承接实施好一批重大科技创新、重大产业化示范项目。

(2)布局一批科研基础设施和平台。以新材料、电子信息、生物健康等领域为重点,从预研、新建、推进和提升四个方面逐步完善重大科研基础设施和平台体系。强化国家超级计算长沙中心、亚欧水资源中心、国家计量检测研究院长沙分院等重大创新平台功能,整合长株潭检验检测资源，推进第三方检验检测机构规模化、专业化、市场化、国际化发展，加快建设一批重点（工程）实验室、工程（技术）研究中心、企业技术中心、检验检测中心、技术创新示范企业、院士工作站，组建长株潭公共科技服务平台和技术创新中心，创建国家标准创新中南基地，建设长株潭检验检测认证高技术服务业聚集区，提高科研检测装备水平，增强国家计量基标准研制能力，夯实重大科技问题解决的物质技术基础。

（3）健全产业创新平台体系。依托企业、高校院所、产业技术研究院等创新资源，围绕工程机械、先进轨道交通、航空航天、风力发电、海工装备、先进电池材料、北斗卫星导航、生物健康、节能环保、新材料、汽车及零部件等产业建立技术创新战略联盟等若干专业创新平台，提供科技研发、技术服务、设备共享、检验检测等服务。积极打造云制造服务平台，进一步整合先进制造资源，做大做强龙头企业，加速中小制造业企业发展。建立中小企业标准信息服务平台。依托湖南标准网，充实标准信息资料，提升标准服务水平，为中小企业提供针对性强的增值服务。完善技术性贸易措施服务平台，支撑企业提高国际竞争力。

2. 强化企业技术创新主体地位

（1）完善以企业为主体的技术创新体系。完善以企业为主体的产业技术创新机制，鼓励中小微企业开展技术创新、商业模式创新、管理模式创新等各类创新活动。扩大企业在创新决策中的话语权，支持龙头企业加大对产业关键核心技术和前沿技术的研发力度，参与国家重大科技专项，牵头组织实施国家、省、市重大科技产业化项目，承担重点（工程）实验室、工程（技术）研究中心、检验检测认证中心、企业技术中心等高水平研发中心建设任务。引导龙头企业生产、技术、服务外包，带动外围配套企业创新发展。引导龙头企业参与国际认证认可，增加国际间互认。

（2）深化企业主导的产学研合作。支持企业与高等院校、科研机构、上下游企业、行业协会等共建研发平台和产业技术创新战略联盟，建设产业关键共性技术创新平台，合作开展核心技术、共性技术、关键技术研发和攻关，联合申报国家、省、市重大科技产业化项目。鼓励和促进高等学校、科研机构、检验机构与企业之间进行人员交流。

（3）强化企业产品技术标准主体责任。放开搞活企业标准，建立企业产品和服务标准自我声明公开和监督制度。培育发展团体标准，鼓励具备相应能力的学会、协会、商会、联合会等社会组织和产业技术创新联盟，协调相关市场主体共同制定满足市场和创新需要的标准。支持和鼓励企业参与国际、国家标准制定，对新承担并完成战略性新兴产业领域国际、国家标准制定的牵头单位给予一定补助资金。

（4）推动企业新产品新技术开发应用。建立新产品新技术目录导向机制，针对产业研发重点，结合企业和市场需求，发布新产品、专利转化年度目录，引导社会力量对新产品、专利转化的研发。创新对企业新产品新技术新工艺开发和科技成果转化的支持方式，由立项补助向完成新产品开发和专利转化验收后支持转变。

3. 发挥高校和科研院所创新效能

（1）积极发展研究型大学与新型研发机构①。促进在湘高等院校和科研院所融入长株潭区域创新体系，建设一批面向应用、体制机制灵活的高水平研发机构、产业技术协同创新研究院和工业技术研究院，加快湖南省产业技术协同创新研究院、长株潭清华创新中心、国家计量检测研究院长沙分院、国家标准创新中南基地等新型研发机构的建设发展，提高示范区面向产业发展的创新能力。

（2）探索建设创业型大学。鼓励支持高校院所开设创业课程，设立创业学院、创业俱乐部，传播创业理念，营造青年科技人员和大学生敢于创业、乐于创业的氛围。鼓励成功创业者和企业家在大学内担任客座教授，开办演讲会，设立学分课程，支持高校院所向企业派遣科技特派专家，增进学术界和产业界的紧密交流。

（3）推进科研检测设施的开放共享。加强科技资源的开放服务，鼓励高校和科研院所以市场化方式向社会开放实验室、科研设备，提高科技资源使用效率。探索建立长株潭开放实验室和检验检测共享平台，为企业和高校、科研院所提供研发、设计、中试、检测等服务。

（二）优化创新创业生态

以构建市场化、专业化、集成化、网络化的众创空间为载体，有效整

---

① 新型研发机构是指主要从事研发及其相关活动，投资主体多元化，建设模式国际化，运行机制市场化，管理制度现代化，创新创业与孵化育成相结合，产学研紧密结合的独立法人组织。

合资源，培育创新创业主体，完善创新创业服务体系，弘扬创新创业文化，形成有利于创新创业的生态系统，释放蕴藏在"大众创业、万众创新"之中的无穷创意和无限财富。

1. 积极发展众创空间

（1）加快创业苗圃①建设。在长沙高新区创业苗圃计划的基础上，着力打造覆盖示范区全域的预孵化体系，依托企业、高校院所、投资机构等全社会各界力量，加快建设一批创业创新园、创业咖啡、创业社区等创业苗圃。强化商业计划咨询、注册指导等服务能力，完善精细化的"创业种苗"培育和专业化的"成长管理"运作模式，与示范区内的孵化器、加速器共同形成梯级创业孵化体系。

（2）建设创新型科技企业孵化器。借鉴车库咖啡、创新工场等新型孵化器模式，积极吸引社会资本参与，以"新服务、新生态、新潮流、新概念、新模式、新文化"为导向，打造一批投资促进型、培训辅导型、媒体延伸型、专业服务型、创客孵化型等创新型孵化器。建立健全孵化服务团队的激励机制和入驻企业流动机制，加快社会资本和创业孵化的深度融合，聚合各类创业要素，形成涵盖项目发现、团队构建、投资对接、商业加速、后续支撑的全过程孵化链条。

（3）培育生态化的创业示范社区、创业创新园。积极引进和建设一批 YOU+②等以"孵化器+宿舍"为特征的新型创业公寓，为创业者提供价廉宜居的创业空间。支持各园区、大型企业以产业转型升级为契机，通过盘活办公楼宇和厂房，集聚创业者、投资人、创业导师、服务机构、媒体等创业要素，营造有利于大众创新创业者交流思想、沟通信息、碰撞想法的工作空间、网络空间、社交空间和资源共享空间，打造形成一批创业创新文化浓郁的创业生态示范社区和示范园。

（4）扶持建设众创空间。推广新型孵化模式，鼓励发展众创、众包、众扶、众筹空间。加大政策扶持，适应众创空间等新型孵化机构集中办公等特点，简化企业登记手续，为创业企业工商注册提供便利。支持有条件

---

① 创业苗圃是在新经济条件下聚焦创业孵化前期，专门为创业者提供想法验证、创业计划打磨等服务的新型产业组织。

② YOU+是目前国内首创的专为创业团队打造的青年社区，社区内给入住的创业者们提供全方位的办公、创业、生活、娱乐配套设施。

的地方对众创空间的房租、宽带网络、公共软件等给予补贴。完善创业投融资机制，发挥政府创投引导基金和财税政策作用，积极探索创新券等扶持手段，对众创空间内的种子期、初创期科技型、创意型中小企业给予支持，促使更多"创客"①脱颖而出。

2. 大力培育创新创业主体

（1）推进大众创业。把握我国创业者发展的新特点和新趋势，大力支持大学生等年轻创业者、大企业高管及连续创业者、科技人员创业者、留学归国创业者等群体，不断增强示范区创业源动力。集聚一批由高端创业投资家和科技中介人领衔的创业服务团队。建立健全创业人才绿色通道，做好高层次人才引进、企业孵化服务和政策落实工作。

（2）引导龙头企业营造创业生态圈。借鉴百度、联想、腾讯等领军企业的经验，鼓励支持示范区龙头企业凭借技术优势和产业整合能力，开展新一代移动通信、大数据、节能环保、生物健康等新兴技术领域的产业孵化，面向企业内部员工和外部创业者提供资金、技术和平台，培育和孵化具有前沿技术和全新商业模式的创业企业，形成多个从领军企业走出来的具有长株潭特色的创业系。

（3）强化瞪羚企业②培育。实施瞪羚企业培育计划，建立示范区瞪羚企业筛选体系，利用省市各级相关专项资金，为瞪羚企业发展提供多方位支持。鼓励和支持社会民间资本参与建设科技企业加速器，为瞪羚企业提供标准化、通用型、可自我调整适应市场变化的物理空间，以及专业化和个性化的研发支撑、融资支持、市场拓展等加速服务，推动瞪羚企业快速成长。

3. 完善创新创业服务体系

（1）建立公开统一的公共服务平台。聚集统筹各类创新资源，建设公开统一的研究开发公共服务平台，利用大数据、云计算、移动互联网等现代信息技术开展政策咨询、研究开发、技术转移、知识产权、检验检测、认证认可、标准信息、创业孵化、科技咨询、科技金融等方面服务，

---

① "创客"是热衷于创意、设计、制造的个人设计制造群体，他们均以用户创新为核心理念。

② 瞪羚企业是对成长性好、具有跳跃式发展态势的高新技术企业的一种通称。

提高效率和质量。鼓励高校、科研院所、大企业向创业企业开放研发试验设施。

（2）推进市场化的产业组织创新。整合市场资源，积极与科技地产商等平台型企业开展战略合作，吸引社会民间资本广泛参与建设众创空间载体。在新一代信息技术、生物健康、节能环保、工业机器人、绿色住宅等领域建设产业技术创新联盟和产业服务联盟，推进产业关键共性技术合作研发和成果转化。支持创业企业与硅谷、中关村、上海、深圳等地的众筹、科技博客、众包、创客等新型社交化组织建立有效链接，打造开放式创新创业生态体系。

（3）培育高端化的创业导师队伍。支持各类创业服务平台聘请成功创业者、天使投资人、知名专家等担任创业导师，为创业企业提供有针对性的创业辅导。鼓励成功的创业者、企业家辅导投资新的创业者，形成创业者—企业家—天使投资人—创业导师的互助机制。

（三）深化科技体制改革

充分发挥市场在资源配置中的决定性作用，在科技成果转化、科研院所转制、检验检测认证机构整合、科技金融结合等领域强化体制机制创新，积极吸引社会民间资本参与创新创业，将自主创新优势转化为产业竞争优势，为全国科技体制改革提供示范。

1. 创新科技成果转化机制

（1）建立科技成果转移转化的市场定价机制。整合区域科技成果转移转化服务资源，规范开展科技成果与知识产权交易，组织科技成果展览展示、重点科技成果推介、招商对接洽谈等活动，探索协议定价和在技术交易市场挂牌交易、拍卖等市场化的科技成果市场定价机制和交易模式，提高科技成果转移转化效率。

（2）建设科技成果转移转化服务体系。积极创建国家中部技术转移中心，完善技术转移服务体系，促进创新能力提升和科技成果转化。发挥政府采购促进创新的作用，探索运用首购订购、非招标采购以及政府购买服务等方式，支持创新产品的研发和规模化应用。鼓励企业与研究开发机构、高等院校及其他组织采取联合建立研究开发平台、技术转移机构或者技术创新联盟等产学研合作方式，共同开展研究开发、成果应用与推广、标准研究与制定等活动。加强对研究开发机构、高等院校科技成果转化的管理、组织和协调，促进科技成果转化队伍建设，优化科技成果转化流程。大力培育和发展技术市场，鼓励创办科技中介服务机构，以政府购买服务的形式支持科技中介服务机构的科技成果转移转化活动。

2. 深化科研院所转制改革

（1）深化科研院所转企改制。赋予转制企业法人财产权和独立的民事权利责任。鼓励院所转制企业完善内部管理，以产权为纽带建立权责明确、管理科学的现代企业制度。支持科研院所吸引社会资本，探索混合所有制。

（2）创新科研机构市场化建设机制。鼓励市场主体创办科研机构，建立适应不同类型科研活动特点的管理体制和运行机制。借鉴中科院深圳先进技术研究院建设的创新模式，加快发展湖南省产业技术协同创新研究院。支持科学家吸引社会民间资本组建新型科研机构，提升原始创新能力，支持其承担国家、省科技计划。探索基础研究和前沿技术研发的组织模式，推动示范区科研机构创新能力进入世界前列。

（3）鼓励科技人员创业。制定鼓励高校、科研院所等事业单位科技人员在职离岗创办科技型企业、转化科技成果的政策。对于离岗创业科技人员，在一定期限内保留人事关系，享有相关权利。高校、院所在职称评聘和相关考核工作中，充分考虑科技人员创办科技型企业所取得的成效。

3. 探索军民融合深度发展路径

（1）对接军工集团军民融合项目。对接兵器集团、兵装集团、中航工业、航天科技、航天科工、中国电科等军工集团，把握其军民融合发展方向，结合示范区在航空航天、海工装备、电子信息、新能源装备、智能装备、新能源汽车等产业领域的发展导向，争取在示范区内布局一批军民融合重大项目。

（2）合作共建军民融合产业基地。依托军民融合骨干企业加强与国防科技大学、中南大学、湖南大学、湘潭大学、南华大学、湖南科技大学等高校及江南工业集团、江麓机电集团、608所、航天科工068基地、中国电科48所等军工企业协同创新，在北斗卫星导航、海工装备、风电装备、3D打印、物联网、智能控制系统等领域，打造一批集研发、生产孵化于一体的国家或省级新型工业化产业示范基地（军民结合），为军民融合特色产业发展提供有效支撑载体。

(3) 探索"军转民""民参军"的融合机制。搭建"民参军"综合服务平台。建设"民参军"信息发布综合服务平台，提供"民参军"流程咨询。鼓励支持具有较强科技创新实力和自主知识产权的民营企业取得"民参军"资质认证，简化手续做好"民参军"保密审查。加强北斗卫星导航等军民两用技术联合攻关，扩大民口科研机构和科技型企业对军用技术研发承接范围。探索开展军转民技术交易试点。以军转民技术交易有关政策重点支持的范围和工信部《军用技术转民用推广目录》的技术项目为重点，依托湖南省产业技术协同创新研究院，整合专业化科技中介服务机构，对军民两用技术成果和专利开展市场化推广和交易，促进军工技术向民用领域辐射和转移转化。

4. 推进科技与金融结合

(1) 完善创业金融服务体系。积极吸引社会资本投资于创业企业。支持早期创业企业，提高创业企业融资效率。鼓励各类金融机构通过天使投资、创业投资、融资租赁、小额贷款、担保、科技保险、多层次资本市场等多种形式为创业企业提供金融服务。扩大省科技成果转化引导基金规模，支持引导地方政府、民间资本发起设立各类针对科技型企业的创业投资基金。通过湖南省科技成果转化引导基金对示范区科技成果转化贷款给予风险补偿。

(2) 强化天使投资服务。结合下一步税制改革，对包括天使投资在内的投向种子期、初创期等创新活动的投资，统筹研究支持政策，引导社会创业投资机构及投资人对长株潭创业企业进行投资。制定年度科技创业重点产业导向目录，发布创业企业融资需求信息，建立天使投资对接通道。鼓励天使投资人（机构）成立天使俱乐部、天使投资联盟等交流网络，开展天使投资人培训、天使投资案例研究、天使投资与创业者对接会等天使投资公共服务活动。

(3) 拓宽科技型企业融资渠道。推动互联网和科技金融产业融合，鼓励互联网金融企业开展业务创新，与金融机构、创业投资机构、产业投资基金深度合作，发起设立产业基金、并购基金、风险补偿基金等。积极推动园区企业开展融资租赁业务，鼓励企业通过"售后回租"、电子商务的委托租赁等融资租赁产品获得贷款，并给予风险补偿基金、贴息等支持。发挥股权质押融资机制作用，支持符合条件的创新创业企业发行公司债券或发行项目收益债，募集资金用于加大创新投入。

（4）建立区域科技信用服务体系。引导建立科技企业信用评价标准，鼓励商业银行、担保机构、小额贷款机构积极参考科技企业信用评价报告，对符合条件的创业企业加大信贷支持力度。在政府采购、项目招标、财政资助等事项办理中，将科技企业信用评级纳入审核评价指标体系。加强企业投融资信息服务，广泛引进专业化水平高、公信力强的信用评级机构，整合科技资源、企业资源、中介资源和金融资源，加强企业信用信息共享，促进投融资双方信息互通，推进征信评级平台建设，以信用促融资、以融资促发展。

（5）扩大高新技术企业科技保险试点。在长沙高新区科技保险试点基础上，在示范区开展试点工作。鼓励保险机构不断创新和丰富科技保险产品，探索创新科技型企业在申请信用贷款或轻资产抵押贷款时，开展贷款保证保险、专利质押贷款保险、信用保险保理业务、小额贷款保证类等创新科技保险业务。建立知识产权质押融资市场化风险补偿机制，简化知识产权质押融资流程。加快发展科技保险，推进专利保险试点。

（四）建设长株潭人才发展改革试验区

以推动大众创业万众创新为重点，择天下英才而用之。坚持敢为人先、先行先试，注重高端引领、衔接带动，加快推进人才发展体制机制改革和政策创新，探索形成具有国际竞争力的人才制度优势，切实抓好重大人才工程实施，建设人才智力高度密集、创新创业繁荣活跃的人才发展改革试验区。

1. 加强高端人才引进培养

（1）实施"长株潭高层次人才聚集工程"。以领军人才等高层次人才为重点，充分发挥企业主体作用，在重点产业领域引进和培养掌握核心技术、引领产业跨越发展的海内外高层次人才。引进、支持一批海内外创客来湘创新创业。

（2）积极引进海内外高层次人才和团队。依托千人计划、长江学者奖励计划、百人计划等国家和省内重大人才工程，立足海外高层次人才创新创业基地、留学生创业园等平台，加快引进掌握国际先进技术、具有巨大发展潜力的科技领军人才和团队。在高端装备、新材料、新一代信息技术、生物健康、节能环保等领域引进10个以上国际顶尖创新团队。

（3）大力培养省内领军人才。依托万人计划、创新人才推进计划、湖湘人才发展支持计划等国家和省内重大人才工程，立足创新人才培养示范基地、重大科研项目、国际科技合作项目及重点实验室、重点学科、工程（技术）中心等平台建设，培养一批创新能力突出、熟悉国际前沿动态的学科带头人、科技领军人才和团队，培养一批懂技术、善经营的现代企业家和跨界复合型人才。

（4）培育引进产业高技能人才。实施产业高技能人才振兴计划，依托大型骨干企业、职业院校和职业培训机构，培育引进具有创新意识的高技能人才。开展校企联合招生、联合培养试点，大力发展职业技能培训，拓展校企合作育人途径和方式。

（5）大力推进柔性引才用才。完善柔性引才用才机制，坚持不求所有、但求所用，打破国籍、地域等人才流动刚性制约，推动刚性引才和柔性引才并举，依托国际技术转移中心，发现、吸引海内外高层次人才来示范区开展协同创新、科技研发、项目合作。

2. 完善人才发展体制机制

（1）健全人才评价机制。改进人才评价方式方法，探索建立重业绩、重贡献的科学化社会化专业化人才评价机制。探索建立政府荣誉制度，对作出杰出贡献的优秀人才聘请其担任相关领域的咨询专家、顾问，推荐参选各级人大代表、政协委员，组织参与示范区经济社会发展重大政策、重要科研计划、重要项目的咨询论证等。

（2）完善人才激励机制。鼓励各类企业通过股权、期权、分红等激励方式，调动科研人员创新积极性。对高等学校和科研院所等事业单位以科技成果作价入股的国有科技型企业，放宽股权出售对企业设立年限和盈利水平的限制。建立促进国有企业创新的激励制度，对在创新中作出重要贡献的技术人员和经营管理人员实施股权和分红激励。

（3）创新外籍高端人才使用机制。在示范区开展外籍高端人才技术移民和投资移民试点，为符合条件的外籍专业技术人才申请办理"永久居留证"。逐步放开对外籍留学人才创业就业的限制，提供申请就业许可、工作居留许可的便利。

3. 提高人才联系服务水平

（1）建设高层次人才创新创业平台。鼓励有条件的地区和单位建立高层次人才工作站、高层次人才创新创业基地、创业服务中心、留学人员创业园、企业院士工作站、中小微企业博士后科研人员产学研创新平台，对新认定的国家工程（技术）中心、国家工程技术研究中心、国家检验检测认证中心、企业技术中心、新认定设在企业的重点实验室给予配套资金支持。

（2）完善生活配套服务。完善人才综合服务平台，建设高端人才社区，实现各类人才服务"一站式"办理，对引进的紧缺急需人才特别是国际顶尖人才，在签证居留、配偶安置、子女入学等工作条件和生活待遇方面给予优惠政策，提供全方位服务。

（五）培育创新型产业集群

立足现有产业基础和创新资源禀赋，根据科技、产业发展趋势，按照"做强主导产业、做大先导产业、培育新兴业态"的发展思路，培育一批企业集聚、要素完善、协作紧密、具有国际竞争力的创新型产业集群，形成"5＋5＋X"的产业格局和分工明确、优势互补、良性互动的空间布局，在以智能制造为主导的"工业4.0"战略和"中国制造2025"行动以及全球新一轮产业革命中抢占先机，确立竞争优势。

1. 做强主导产业

（1）高端装备产业

工程机械。以长沙高新区麓谷园区及星沙园区为核心，全面推动制造与服务融合和以互联网为纽带的产业跨界融合，重点发展一批高端特种工程机械、大型工程机械及盾构装备，利用信息化技术，研发具有感知、决策、执行等智能化功能新产品，推进液压元器件及系统、行走传动控制等关键零部件自主研制，提高工程机械产业整体研发、系统设计和技术服务总承包能力，支持发展租赁服务、设备再制造、二手机流通、技术信息咨询等生产性服务业，健全产业链条，走自主化、国际化发展道路，打造具有国际一流的工程机械装备制造研发和产业化基地。

动力装备。以株洲高新区为核心，重点发展先进轨道交通、通用航空、新能源汽车三大动力装备制造及安全防护产业。先进轨道交通产业，重点发展电力机车、动车组列车、城市轨道交通车辆等整车，加大车轴、转向架等关键零部件研发力度，提升在电气控制装置、牵引电机与电器等领域的高端制造优势。通用航空产业，重点发展中小型航空发动机、飞机着陆系统、航空传动系统等零部件研制。新能源汽车产业，主攻纯电动汽车整车的研发、生产与推广示范，加快在锂电池、电动机、电控系统等领域的关键产品和技术开发，打造具有国际影响力的"中国动力谷"。

能源及矿山装备。以湘潭高新区及九华园区为核心，重点发展新能源装备、先进矿山装备等能源装备制造产业。新能源装备产业，以风电装备、太阳能利用装备为核心，坚持以应用带市场，推动制造与服务跨界融合，重点研发大型风电机组，打造材料—叶片、轴承和主齿轮箱—整机—发电并网的风电装备产业链；聚焦光伏光热发电装备，加大光伏发电应用推广，打造晶硅材料—光伏电池及组件—系统集成的光伏产业链。先进矿山装备产业，以突破大型化、绿色化、智能化、液压化等先进矿山装备发展的关键技术瓶颈为核心，创新发展矿山提升运输装备、矿山通风与环境控制装备、矿山安全生产等领域，打造全国领先的能源装备产业基地。

（2）新材料产业。坚持"市场导向、延伸链条、产业协同、高端发展"的原则，重点发展先进储能材料、复合材料、先进硬质材料为主导，以新型功能材料、高端金属结构材料为支撑的新材料产业体系。以基础研究和应用研究为核心，以深度加工及终端产品开发为抓手，进一步提升先进电池材料、碳材料、钢材料、硬质合金材料、超硬材料等领域的研发和高端制造优势，重点突破纳米技术、高性能合金技术、金属特种加工技术等一批关键技术，大力发展适应电子信息、新能源、生物、航空航天、装备等产业发展的新材料产业集群，建设全国领先的新材料产业创新示范基地。

（3）新一代信息技术产业。坚持电子信息制造业与软件及信息技术服务业融合发展，重点培育发展移动智能终端及配套、物联网、基础软件、信息技术服务、高性能集成电路、地理信息、新一代电力电子器件、激光陀螺等领域。加强政府引导，大力增强物联网产业的系统集成能力，深入推进信息技术创新、新兴应用拓展和网络建设的互动结合。加快突破核心基础软件、高端通用芯片、新一代电力电子器件、传感器等领域关键技术。大力推进智能终端、工业控制、先进轨道交通、汽车电子等领域的芯片研发及产业化，加快构建"芯片—软件—整机—系统—信息服务"产业生态链。以功率器件为突破口，发展壮大集成电路特色制造业，推动国产装备和材料在生产线上规模应用，着力提升集成电路领域的生产、设计、封装、测试工艺和水平，打造特色明显、创新体系完善的新一代信息技术产业集群，进一步提升我省电子信息产业的核心竞争力。

（4）生物（健康与种业）产业。大力发展生物健康产业，以打造"健康中国"为引领，充分发挥基因检测等技术和平台优势，推动生物医药、医疗器械、健康服务等生物健康产业向高科技化、高集聚化、高统筹化方向发展。以"资源汇聚+资金支持+全球链接"为手段，着力突破新型疫苗、基因工程药物、诊断试剂等生物制药领域关键技术，推进抗肿瘤、心血管疾病、糖尿病类等重大疾病治疗用的新药研发及仿制药开发。加快中药保健品、药用辅料、高端医疗器械等领域关键产品和技术研发，建设湖南省健康产业园。构筑人才集聚高地，打造生物健康"湘军"，全面促进自主创新成果的产业化，打造"科技领先、产业领先"的健康制造国际品牌。积极发展现代种业，充分发挥我省杂交育种平台与技术优势，大力推广杂交育种技术在粮食、果蔬、药材等领域的应用，打造一批生产加工技术先进、市场营销网络健全、技术服务到位的"育繁推一体化"现代种业集团。

（5）文化创意产业。充分发挥长沙国家文化科技融合示范基地的辐射带动作用，积极促进文化和科技融合，推进数字技术、信息技术在文化创意产业中的应用，引进培育文化科技复合型人才，构建具有竞争力的产业服务平台和产业载体，提高文化创意产业的创新能力，打造长株潭文化产业发展集聚区。重点支持数字媒体、数字出版、动漫游戏、数字旅游和工业设计等向高端化、网络化方向发展，形成具有湖湘特色的文化创意产品生产、经营、服务、运作新模式，推动特色文化产业园区和基地建设，打造中西部文化创意产业发展新高地，带动和促进全国文化创意产业跨越发展、特色发展。

2. 做大先导产业

（1）移动互联网产业。以市场需求为导向，强化政府规划引导，坚持以应用服务创新牵引带动技术创新、产品创新、模式创新，大力发展移动视频、移动音乐、移动游戏、移动广告、电子商务等领域，积极推动移动社交网络、移动安全、人机交互、位置服务、健康服务、智能家居等基础性、趋势性应用加速发展。结合智慧城市建设，鼓励发展移动政务、移动教育、移动金融、数字旅游等行业信息化应用，支持"智慧旅游"建设。鼓励传统产业应用移动互联网，促进转型升级。着力打造一批国际先进、国内领先的移动互联网示范龙头企业，成为面向世界、辐射全国的移动互联网应用服务中心、全国领先的移动互联网应用创新产业基地。

（2）绿色建筑产业。以实现建筑绿色化、提高建筑质量、提升建筑业生产效率为主要目标，以生产方式工业化为主要手段，推进建筑产业的现代化，大力推进住宅产业化工程，做大做强绿色住宅产业。重点发展预制装配式混凝土结构、钢结构，积极推广木结构建筑，重点推广部品部件工业化、土建装修一体化、可再生能源建筑一体化，全面推进绿色住宅、公共建筑、工业厂房、市政设施的建设，带动绿色建筑设计咨询、绿色建筑制造、绿色建材、新能源、节能设备、建筑运行管理服务、智能建筑等相关产业的发展。不断发展和完善"联盟＋园区＋项目"的创新模式，加强产业链的资源整合，建立和完善涵盖科研、设计、开发、生产、装备、施工、建材、装修、物流、物业等方面的省建筑产业现代化联盟；推进产业集群的发展，科学布局，打造住宅产业化千亿级园区；大力推动项目建设，完善建筑产业现代化技术标准体系，提升全寿命周期内建设项目的整体价值。

（3）北斗卫星导航应用产业。以维护国家战略安全、促进信息消费为导向，发挥长沙在北斗卫星导航系统核心技术研发和建设运营等方面的领先优势，重点推进北斗卫星导航核心芯片及模块的研发与产业化、地面增强系统、遥感应用平台、区域级检定中心、平台运营服务、终端产业化等项目建设。引导北斗卫星导航应用骨干企业、重大成果、重大项目等进一步向示范区聚集，形成集高端技术、高端终端与装备、特色应用示范、产品检测为一体的北斗卫星导航应用产业集群。大力推动北斗卫星导航兼容终端的配备与替代，鼓励社会车辆使用北斗卫星导航产品。将示范区建成国内领先的北斗卫星导航系统技术研究和产业化应用基地。

（4）节能环保产业。以"集群化、高端化、服务化"为导向，以满足区域内环境治理和节能升级为切入点，重点在节能技术与装备、环保技术与装备、节能服务和环境服务等领域取得突破。以政策扶持助推产业发展、以标准提升释放区域需求，重点发展重金属污染防治、烟气除尘和脱硫脱硝、垃圾综合处理处置等技术和装备。加快突破资源循环利用关键共性技术，研制大宗固体废弃物综合利用技术与装备。强化非晶高效节能电机、三相异步电机、稀土永磁电机等高效节能装备的高端制造优势,探索培育合同能源管理和合同环境服务等服务模式,坚持"做强龙头企业、引驻大型企业、孵化特色企业"的思路,打造国内领先的节能环保产业集群。

(5) 高技术服务业。坚持"政府引导与市场配置相结合、科技创新与服务创新相融合"的发展原则,依托本地丰富的科技文化资源、优越的区位交通条件,重点发展研发服务、创业孵化、检测认证、科技咨询和技术转移等高技术服务业以及地质灾害预防、防暴恐检测等公共服务业,大力发展现代物流、科技金融、高端商务等生产性服务业,积极培育发展电子商务、在线教育、大数据、O2O等利用信息化技术的新型服务业态。推进商业模式创新、服务流程创新与科技创新的相互结合,建立带动湖南、辐射中部地区乃至全国的充满活力、各具特色的高技术服务业集群。

3. 培育新兴业态

把握当前全球第三次工业革命发展趋势,聚焦互联网信息技术、新材料技术、可再生能源技术等先进技术的演进态势,在三大技术相互融合发展催生巨量新兴产业的背景下,坚持市场主导与政府扶持相结合、整体推进与重点突破相结合、科技创新与产业化相结合、技术创新与商业模式创新相结合,前瞻把握未来市场需求,抢抓机遇、积极布局,培育发展互联网+、3D打印、工业机器人、大数据、云计算、可穿戴设备、干细胞、石墨烯、碳化硅纤维等一批产业新业态,全面提升产业智能化、高端化、绿色化发展水平,努力培育新的经济增长点。

4. 统筹规划空间布局

坚持"资源共享、事业共创、利益共赢"的发展理念,围绕产业集群发展,按照法定城乡规划及"一区三谷多园"的架构,逐步完善空间布局,在三市形成产业链、创新链、服务链、资金链协同互动的发展格局。统筹资源配置,优化产业布局,统一组织协调,鼓励和促进各分园科技资源开放共享、创新要素合理流动、产业发展优势互补。

"一区"即长株潭国家自主创新示范区。"三谷"为示范区核心区,分别是:"长沙·麓谷创新谷",发挥长沙高新区的科研资源优势和创意产业优势,鼓励科技创新、汇聚一流人才,重点建设研发总部、新兴产业创新与设计中心、现代服务业集聚区等三大功能区;"株洲·中国动力谷",依托株洲高新区在先进轨道交通、航空航天等领域的产业基础及研发优势,集聚资源、突出特色,着重打造新能源汽车、高端动力装备制造产业密集区;"湘潭智造谷",立足于湘潭高新区机电一体化、电控技术优势,着力发展智能装备制造与高端生产性服务业,形成机器人及智能装备"研发+制造+服务"全产业链的核心产业集群。

同时,按照"产业发展差异化、资源利用最优化、整体功能最大化"的思路,以国家级和省级开发区、工业园区、新型工业化产业示范基地等为载体,在长株潭三市规划建设若干园区,统筹产业布局。长沙以麓谷、星沙、浏阳等国家级产业园区为载体,重点发展工程机械、工业机器人等高端装备制造产业集群;株洲以高新区为载体,重点发展动力装备产业集群;湘潭以高新区、九华等国家级园区等为载体,重点发展能源及矿山装备产业集群;辐射带动雨花、宁乡、金州、望城、暮云、天心、韶山、昭山等一批省级以上特色产业园区,重点发展新一代信息技术产业集群、文化创意产业集群和现代服务业集群;隆平、浏阳、荷塘、昭山、天易、湘乡等园区,重点发展生物健康产业集群;宁乡、望城、金州、天元、醴陵、茶陵、雨湖等园区,重点发展新材料产业集群;雨花、湘乡等园区,重点发展节能环保产业集群;金霞、临空、岳塘等园区,重点发展现代物流产业集群;以株洲、平江、湘潭雨湖等国家和省级新型工业化产业示范基地为载体,重点发展军民融合产业集群。

构建科学评价机制,加强对各园区创新资源集聚利用和经济效益的统计分析、动态监测、考核评估,根据考核评估结果对各分园实行动态管理,建立相应的激励和退出机制。

(六) 推动区域开放协同

根据长株潭在长江中游城市群中的核心地位和"一带一部"区位中的优势,以深度融入长江经济带和"一带一路"为重点,全面推进跨区域开放合作,对接东中西部大市场,面向全国创造发展新空间,面向世界加快推进国际化,建设中部地区开放发展的先锋区域,打造成为推动东中西部地区开放融合发展的重要引擎。

1. 推进长株潭城市群协同创新

建立城市群协同推进机制和考核评估体系。坚持以制度创新突破行政管理体制障碍,建立省统筹、市建设、区域协同、部门协作的工作机制,加强城与城、园与园、部门与部门之间的协同。改变传统"GDP"考核导向，建立责任分工明确的示范区动态评估考核体系，重点突出对示范区合作项目、交流互动、科技创新、创业孵化、国际化等方面的考核，增加对省相关部门、所在市地方政府支持示范区建设的考核，将考核结果纳入绩效考核。

2. 强化与东西部地区创新合作交流

加强与京津冀、长三角、泛珠三角的产业与科技对接。进一步推动长株潭国家自主创新示范区与中关村、东湖、张江、深圳、苏南、天津等国家自主创新示范区之间的合作交流，共同探索示范区建设的有效做法。推动与中部和长江经济带各类科技园区建立更为紧密的战略合作关系，在创新合作模式、招商引资、品牌输出、产业转移等方面加强衔接合作。推动长株潭城市群、武汉城市圈、环鄱阳湖经济圈融合发展，促进长江中游区域经济一体化。

3. 引领带动中西部地区转型创新发展

（1）合作共建创新型创业服务机构。发挥示范区在"众创空间"建设发展方面的经验优势，支持长株潭三市高新区创业服务中心等机构与中西部地区各地方开展合作，采取设立分支机构、输出服务、人员培训等模式共建创业苗圃、创新型孵化器、加速器、创业社区等"众创空间"，引领中西部地区创新创业发展。

（2）推动创新资源跨区域流动共享。搭建"长株潭创新资源共享平台"，提供创新资源数据库、科技成果资讯等线上服务，举办长株潭创新资源流动与共享论坛、创新资源交流会、高层次科技人才行等线下服务，推动人才、技术、资金等创新资源在长株潭示范区与中西部地区各区域间自由流动。

（3）探索园区共建等异地合作模式。积极与中西部各市地区开展合作，共建产业园区，完善现有产业链配套，开展新兴产业的区域分工协作。鼓励支持长株潭高等院校与中西部地区地方政府共建大学科技园，提升地方科技发展水平。鼓励长株潭示范区龙头企业与中西部地方政府共建企业园，健全下游及内部配套体系。

4. 提升国际化发展水平

（1）建设国际创新园。以产业国际化、人才国际化和公共配套服务国际化为原则，主动与国外园区开展合作，于示范区内规划建设国际创新园，打造长株潭承接国际高新技术转移与项目引进及产业化的专业基地。

（2）组建国际联合研究中心。积极与海外顶尖高校共建国际联合研究中心，为示范区培养"国际型、复合型、创业型"高层次技术人才和管理人才，打造能够直触产业前沿、具备承担重大科技专项实力的特色产业创新基地。

（3）强化国际科技合作交流。吸引国际优秀企业在示范区设立研发中心，支持优秀海外人才在示范区创新创业。鼓励示范区内高校院所开展对外合作交流，参与国际重大科技计划，鼓励企业设立海外研发、销售与生产网络。

（4）加强国际人脉网络链接。实施华人创新社群链接计划，与创新资源尖峰地区的华人社群建立长效联络机制，邀请海外高端创新人才到长株潭示范区参观调研、互动交流，实现与全球创新高地的开放合作和紧密链接。

（七）引领绿色发展

完善节能、环保产业发展机制，通过政府绿色采购推广应用节能环保新技术、新产品，加强生态建设和环境保护，合理节约集约利用土地资源，倡导绿色生产生活方式，引领示范区绿色发展。

1. 强化土地节约集约利用

（1）完善土地准入制度。严格执行城市总体规划和土地利用总体规划，合理利用土地资源。完善入园项目审核制度，建立项目准入指标体系，提高准入门槛。严格执行土地使用标准，积极组织节地评价，加强企业用地合同管理，明确企业用地建设规范与违约处置办法。

（2）创新土地集约利用方式。鼓励发展孵化器、加速器、创业空间等集约式开发建设模式。制定严格的企业用地退出管理流程与实施办法。加大建成区土地资源挖潜力度，采取多种方式促进土地资源向效益好、集约利用率高的企业流转。

（3）严格保护耕地和基本农田。严格控制项目建设占用耕地。确实无法避免的，要按照占补平衡、占优补优、占水田补水田的原则，提前落实补充耕地。优先划定永久基本农田，严格管理，特殊保护，除国家重大项目确实无法避让外，不得涉及基本农田。

2. 倡导绿色生产生活方式

（1）推广绿色节能技术。构建政府引导、市场主导的协同推进机制，依托亚欧水资源研究和利用中心、中南大学国家重金属污染防治工程技术研究中心、国家城市能源计量中心（湖南）、湖南省节能服务产业联盟等科研平台，集中突破一批节能环保关键技术，推广应用重金属污染治理、餐厨垃圾资源化利用和无害化处理等十大清洁低碳技术，以及清洁发展机制（CDM）和合同能源管理（EMC）等市场化节能减排机制。通过推行政府绿色采购制度，引导和促进企业开发清洁低碳产品。

（2）发展循环经济。按照"资源集约使用、产品互为共生、废物循环利用、污染集中处理"的要求，推动产业循环式组合。鼓励企业建立循环经济联合体，开展循环经济标准化试点示范，实行清洁生产，推行产品生态设计，强化原料消耗管理，实现内部工艺间能源梯级利用和物料循环使用。

（3）倡导绿色低碳生活。引导、培养公众低碳消费习惯，提倡步行、自行车、公共交通等低碳出行方式，鼓励购买新能源汽车。以绿色节能标准建设商务建筑，改进已有商务楼的供暖、制冷、照明系统。营造示范区电子办公环境，推行无纸化办公，合理回收和再利用电子垃圾。

四　保障措施

（一）完善共建机制

加强组织领导。湖南省政府成立长株潭国家自主创新示范区建设领导小组，在示范区部际协调小组的指导下负责组织规划纲要的具体实施，明确职责分工，完善工作机制，并做好本规划与其他规划在实施过程中的协调衔接。领导小组下设办公室，设省科技厅。长沙、株洲、湘潭三市作为建设主体，分别建立相应的工作机制。

密切部省联系。湖南省政府加强与部际协调小组相关部门的联系和协作配合，积极开展体制机制创新，落实各项专项改革工作和先行先试政策，共同推动示范区的建设与发展。

强化监督考核与宣传。部际协调小组负责对规划实施情况进行监督检查，示范区建设领导小组及办公室具体组织示范区建设情况评估，并向国务院报告进展情况，对建设经验进行总结宣传与推广。

(二) 建设服务型政府

加快政府职能转变。推动政府职能从研发管理向创新服务转变，从服务提供者向服务组织者转变，制定政府购买社会公共服务的指导意见和管理制度，做好政府购买公共服务的评估、监督和公示。

深化行政审批制度改革。进一步理顺"三谷多园"及省级以上园区管理体制，加大简政放权力度，深入推进行政审批制度改革，精简审批项目，优化审批流程，实行跨部门串并联组合审批，提高审批效率，着力营造低成本、高效率的投资环境。

推动社会组织发展。发挥社会力量，重点培育和发展经济类、服务类、公益慈善类、城乡社区类等社会组织。深化社会公共事务服务方式改革，探索建立企业、社会组织、公众和政府良性互动的公共管理机制，对劳动者创办社会组织符合条件的，给予相应创业扶持政策，促进社会组织发展壮大。

(三) 加强知识产权保护

完善知识产权体制机制。完善知识产权协同保护机制，进一步加强知识产权行政执法能力建设，支持探索知识产权综合行政执法模式，争取成立知识产权法院。加强"两法衔接"，完善打击侵犯知识产权和制售假冒伪劣商品工作长效机制，加大依法查处知识产权侵权案件力度。完善知识产权纠纷多途径解决机制，积极推进专利纠纷行政调解协议司法确认工作。健全知识产权维权援助体系，建立"12330"知识产权投诉举报通道，建立24小时接受举报的快速反应机制。建立健全创新创业、技术交易、成果转化中的专利维权机制，加强应对专利纠纷尤其是重大、涉外专利案件的维权援助工作。探索国内生产总值核算方法，体现创新的经济价值；研究建立科技创新、知识产权与产业发展相结合的创新驱动发展评价指标。

加强科技创新活动的知识产权保护。加强自主创新的知识产权保护管理，把知识产权保护贯穿到科技创新各个阶段，重大科技项目、产业创新工程项目在申报和验收环节应提交知识产权分析和总结报告。有效保护职务发明人合法权益，兑现职务发明奖励报酬，切实保障职务发明人收益权、署名权，鼓励职务发明人合理受让单位拟放弃的专利权等相关知识产权。切实加强创新成果的专利保护，强化科技创新活动中的知识产权政策导向，坚持技术成果的权利化、专利管理和保护的规范化，强化科技成果转化的法律保护。

加强重大经济活动的知识产权保护。引导企事业单位建立重大经济活动的知识产权评议机制，对重大攻关、重大引进、重大并购及重大产业化项目，应加强以评估分析为重点的知识产权评议工作。推进重大经济活动知识产权评议工作，健全政府投入项目和涉及国有资产的重大经济活动知识产权评议机制；积极开展知识产权专项评估和论证，促进决策科学化，有效防止技术盲目引进和自主知识产权流失，确保国家安全。

加强重点领域的知识产权保护。加强战略性新兴产业知识产权保护，针对示范区具有比较优势和发展潜力的战略性新兴产业发展需求，加强知识产权战略布局和保护；加大核心专利和重大技术标准的融合力度及品牌建设，指导建立战略性新兴产业重点领域知识产权联盟；完善重点产业领域知识产权风险防控与预警机制。推进知识产权优势企业培育、工业企业知识产权运用能力培育、国有企业知识产权战略实施等工作。加强文化产业、涉农、贸易和展会中的知识产权保护。

加强知识产权文化建设。大力开展宣传教育活动，努力形成尊重知识、崇尚创新、诚信守法的知识产权文化氛围。大力培育行政管理、司法审判、企业管理、中介服务、教学研究等各类知识产权人才。

（四）完善质量标准体系

强化企业质量主体责任，建立健全质量管理体系，加强全员、全过程、全方位的质量管理，严格质量检验和计量检测。建设长株潭标准信息统一公共服务平台，开展标准信息检索、标准提供服务，及时通报WTO/TBT信息，搭建企业产品走出去桥梁。鼓励企业积极参与国际、国家标准化活动。鼓励企业、科研院所承担国际、国家标准化技术组织，对主导、参与国际、国家标准制修订的企业分别给予不同程度的资金支持和奖励。

（五）建立新型实用科技智库

成立示范区科技战略咨询和评估委员会。整合咨询公司、投资机构、会计师事务所、律师事务所、检验检测认证机构、知识产权机构等专业化服务机构，邀请国内外科技创新、产业发展、城市建设等领域的专家学者，组成智库，开展长株潭示范区重大战略需求专题调研与论证，发挥其在战略规划、政策制定、重大立项决策等方面的咨询作用。

加强软科学研究。以促进科技进步和经济社会发展为根本目的，围绕示范区创新创业生态、体制机制创新、创新型产业发展、城市群协同创新等战略问题持续开展研究，为示范区相关部门科学化决策、精细化管理提供支撑。研究项目完成后，在保护知识产权的前提下，加强研究成果的宣传、推广和应用。

（六）加大政策扶持和财政投入力度

研究出台加快示范区建设的若干意见，构建推进科技成果转化、科研院所转制、军民融合、科技金融结合、人才发展、绿色发展、创新创业的政策体系，支持示范区在体制机制改革和激励创新政策等方面率先突破。加大财政科技投入力度，由地方研究在优化整合各类技术创新专项资金和新增资金的基础上设立示范区建设专项资金，制订并完善资金管理办法，统筹用于示范区创新能力建设、创新创业扶持、人才队伍建设、科技服务购买、政策补贴等。

（七）营造创新创业文化氛围

加大对成功创业者、青年创业者、天使投资人、创业导师、创业服务机构的宣传力度，推广优秀创业企业及创业团队的先进模式和经验，推出一批长株潭创业形象大使，树立一批新时代创业者的偶像，传播长株潭创业精神，使创业在长株潭地区成为一种价值导向。引入专业培训团队，借助众创空间平台，开展创新创业培训。组织实施"创业中国"行动计划，积极承办跨地区跨领域的全国性、国际性创业活动。利用科交会、湘洽会等会展平台，邀请世界知名企业家、创业者、企业导师和创投机构对投资趋势、技术潮流和商业模式展开互动交流。支持举办湖南青年创业大赛、创业训练营、科技创新大讲堂等活动，吸引更多的社会力量参与和支持创新创业。弘扬"敢为人先"的湖湘文化，营造"鼓励创新、宽容失败"的创业氛围，吸引更多海内外优秀人才和创业团队落户长株潭。

（八）强化法治保障

加强示范区建设的立法工作，及时把一些成熟做法和政策上升到法律法规层面，研究制定《长株潭国家自主创新示范区条例》和相关配套文件，为建设长株潭国家自主创新示范区提供法制保障。

参考文献

一 中文文献

［1］卞鹰:《新愿景 新战略 新湖南:2017年湖南发展研究报告》,社会科学文献出版社2017年版。

［2］金芳、黄烨青:《创新型国家建设:进程、障碍与出路》,上海人民出版社2007年版。

［3］仲伟俊、胡钰等:《自主培育发展新兴产业的路径与政策》,科学出版社2014年版。

［4］陈宇学:《创新驱动发展战略》,新华出版社2014年版。

［5］万威武、陈伟忠:《可行性研究与项目评价》,西安交通大学出版社1998年版。

［6］李林:《中部省份区域科技协同创新研究——以湖南为例》,湖南人民出版社2014年版。

［7］彭洁、赵伟、屈宝强:《科技资源管理基础》,科学技术文献出版社2014年版。

［8］北京市科学技术委员会:《破冰之旅——科技资源开放共享的"北京模式"》,北京科学技术出版社2012年版。

［9］［美］加里·D.利贝卡普:《产权的缔约分析》,陈宇东等译,中国社会科学出版社2001年版。

［10］［美］N.格里高利·曼昆:《经济学原理》,梁小民译,机械工业出版社2003年版。

［11］徐林明:《基于改进理想解法的区域自主创新效率评价研究》,《科技和产业》2012年第11期。

［12］刘凤朝、潘雄锋、施定国:《基于集对分析法的区域自主创新

能力评价研究》,《中国软科学》2005 年第 11 期。

[13] 范秋芳、陈潇:《创新驱动战略下山东省区域自主创新效率评价研究》,《河南科学》2014 年第 9 期。

[14] 李美娟:《基于理想解的区域自主创新效率动态评价研究》,《科学学与科学技术管理》2014 年第 2 期。

[15] 焦少飞、刘延松等:《区域自主创新能力的内涵解析与模式分析》,《科技进步与对策》2009 年第 6 期。

[16] 池仁勇、虞晓芬、李正卫:《我国东西部地区技术创新效率差异及其原因分析》,《中国软科学》2004 年第 8 期。

[17] 白敏怡:《基于共同前沿函数法的中国区域创新体系效率的评估》,《上海管理科学》2007 年第 3 期。

[18] 王犁、张焕明:《区域科技自主创新效率及其收敛性研究》,《云南财经大学学报》2009 年第 6 期。

[19] 李美娟、徐林明:《区域自主创新效率动态评价与分析》,《福州大学学报》(哲学社会科学版) 2012 年第 6 期。

[20] 程郁、吕佳龄:《高新区与行政区合并:是体制复归,还是创新选择?》,《科学学与科学技术管理》2013 年第 6 期。

[21] 王书林、王树恩、陈士俊:《当代科技进步促进经济增长的内在机制与对策选择》,《自然辩证法研究》1998 年第 9 期。

[22] 赵金龙:《面向自主创新的区域科技资源优化配置》,《学术交流》2012 年第 6 期。

[23] 孙恒有、张丽叶:《我国区域自主创新能力评价指标体系的构建——以河南省 18 地市为例》,《郑州大学学报》(哲学社会科学版) 2010 年第 2 期。

[24] 周德群:《资源概念拓展和面向可持续发展的经济学》,《当代经济科学》1999 年第 1 期。

[25] 黄海霞、张治河:《基于 DEA 模型的我国战略性新兴产业科技资源配置效率研究》,《中国软科学》2015 年第 1 期。

[26] 刘玲利:《科技资源要素的内涵、分类及特征研究》,《情报杂志》2008 年第 8 期。

[27] 华瑶、刘春波、朱林生:《层次分析法在科技资源配置能力综

合评价中的应用》，《东北电力学院学报》2004 年第 2 期。

［28］苏屹、姜雪松、雷家骕、林周周：《区域创新系统协同演进研究》，《中国软科学》2016 年第 3 期。

［29］史小宁：《产权理论的演变：一个文献述评》，《经济研究导刊》2007 年第 7 期。

［30］余晓、杜晓：《浙江省科技人力资源配置现状及创新能力评价研究》，《科技管理研究》2010 年第 12 期。

［31］刘立：《科技资源配置：好钢用在刀刃上》，《科学新闻》2014 年第 3 期。

［32］王天骄：《中国科技体制改革、科技资源配置与创新效率》，《经济问题》2014 年第 2 期。

［33］栾恩杰：《深化科技体制改革推进科技资源共享》，《中国科技产业》2004 年第 4 期。

［34］眭纪刚：《科学与技术：关系演进与政策涵义》，《科学学研究》2009 年第 6 期。

［35］张学文：《面向创新型国家的开放科学技术政策——理论内涵及建构逻辑与社会效应》，《科学学研究》2013 年第 10 期。

［36］赵筱媛、苏竣：《基于政策工具的公共科技政策分析框架研究》，《科学学研究》2007 年第 1 期。

［37］李丹、廉玉金：《政策工具视阈下国际科技合作政策研究》，《科技进步与对策》2014 年第 19 期。

［38］解学梅、曾赛星：《创新集群跨区域协同创新网络研究述评》，《研究与发展管理》2009 年第 1 期。

［39］余晓钟、辜穗：《跨区域低碳经济发展管理协同机制研究》，《科技进步与对策》2013 年第 21 期。

［40］李荣娟：《协同视角下的区域公共治理：契机选择与政策供给》，《中国行政管理》2011 年第 6 期。

［41］肖林：《全球治理改革与中国供给侧改革的协同》，《科学发展》2016 年第 10 期。

［42］褚宏启：《教育治理：以共治求善治》，《教育研究》2014 年第 10 期。

[43] 周正祥、张桢祯:《长江中游城市群可持续发展对策研究》,《中国软科学》2016 年第 11 期。

[44] 杜家毫:《不忘初心,继续前进,为建设富饶美丽幸福新湖南而努力奋斗——在中国共产党湖南省第十一次代表大会上的报告》,《新湘评论》2016 年第 23 期。

[45] 丁煌、叶汉雄:《论跨域治理多元主体间伙伴关系的构建》,《南京社会科学》2013 年第 1 期。

[46] 张珊珊:《非营利组织在政府职能转变背景下的角色定位》,《天津经济》2013 年第 6 期。

[47] 张威奕:《定位把握、建设方略与国家自主创新示范区取向》,《改革》2016 年第 11 期。

[48] 李梦琦、胡树华、王利军:《基于 DEA 模型的长江中游城市群创新效率研究》,《软科学》2016 年第 4 期。

[49] 唐婷:《审议长株潭国家自主创新示范区发展的〈规划纲要〉和〈政策意见〉》,《湖南日报》2015 年 9 月 11 日。

[50] 付淳宇:《区域创新系统理论研究》,吉林大学博士学位论文,2015 年。

[51] 刘玲利:《科技资源配置理论与配置效率研究》,吉林大学博士学位论文,2007 年。

[52] 贺灵:《区域协同创新能力测评及增进机制研究》,中南大学博士学位论文,2013 年。

[53] 任宗强:《基于创新网络协同提升企业创新能力的机制与规律研究》,浙江大学博士学位论文,2012 年。

二 英文文献

[54] Craig B. R., Jackson W. E., Thomson J. B., "On Government Intervention in the Small – Firm Credit Market and Economic Performance, Entrepreneurship in Emerging Domestic Markets", *Springer US*, 2008.

[55] Asheim B. T., *European Planning Studies*, London: Routledge, 2006.

[56] Farrell J., "Intergration and Independent Innovation Waves and E-

conomic Growth", *Structural Change and Economic Dynamics*, Vol. 16, No. 4, 2005.

[57] COOKE P., "Regional Innovation Systems: Institutional and Organizational Dimensions", *Research Policy*, Vol. 26, 1997.

[58] D. Doloreux, "What We should Know about Regional Systems of Innovation", *Technology*, Vol. 24, No. 3, 2002.

[59] Sheng L. and Wang X. Y., "Collaborative Governance on Transboundary Pollution: Theoretical Logic and Policy Orientation", *Journal of Fujian Administration Institute*, 2012.

[60] Kleemola S. and Forsius M., "18th Annual Report 2009: Convention on Long - range Transboundary Air Pollution. International Cooperative Programme on Integrated Monitoring of Air Pollution Effects on Ecosystems", *Systems Man & Cybernetics Part C Applications & Reviews IEEE Transactions on*, Vol. 39, No. 4, 2009.

[61] Wei Z. Y., Lu Y. M., Wei C. L., "Current Status of Independent Innovation System for Agricultural Science and Technology in Guangxi and the Strategies for its Development", *Journal of Southern Agriculture*, 2011.

[62] Dehkordy S. R., Bahrami F., Janahmadi M., "Computational Study of the Role of Calcium in Late Long - term Potentiation Induction on the Basis of Tripartite Synapse Structure", *Electrical Engineering IEEE*, 2014.

[63] Wolff F. C. and Prouteau L., "Donner Son Temps: Les bénévoles dans la vie Associative", *Economie Et Statistique*, Vol. 372, No. 1, 2004.

[64] Collins J., Baer B., Weber E. J., "Population, Technological Progress and the Evolution of Innovative Potential", *Ssrn Electronic Journal*, 2013.

[65] Milton S., Siddique M. A. B., "Trade Creation and Diversion Under the Thailand - Australia Free Trade Agreement (TAFTA)", *Economics Discussion*, No. 6, 2014.

[66] Tureta C., Lima J. B. D., Paço - Cunha E., "Governança e mecanismos de controle social em redes organizacionais", Vol. 8, No. 1, 2006.

[67] Craig B. R., Jackson W. E., Thomson J. B., "*On Government Intervention in the Small - Firm Credit Market and Economic Performance*", Springer US, 2008.

[68] Ichiro Tsukamoto, Mariko Nishimura, "The Emergence of Local non - Profit - government Partnerships and the Role of Intermediary Organizations in Japan", *Public Management Review*, Vol. 8, No. 4, 2006.

[69] Perkins D. F., "Providing Spark and Stability: The Role of Intermediary Organizations in Establishing School - Based Youth - Adult Partnerships", *Applied Developmental Science*, Vol. 14, No. 2, 2010.

后 记

党的十九大明确提出,"创新是引领发展的第一动力,是建设现代化经济体系的战略支撑。"近年来,长株潭依托长沙、株洲、湘潭三个国家高新技术产业开发区,涌现出超级稻、超级计算机等一批世界级的科技成果,培育了一批创新能力强的优秀企业,带动了区域自主创新能力和创新绩效快速提升,催生出广受瞩目的"自主创新长株潭现象"。究竟是什么体制要素促成区域科技创新与产业发展形成良性横向联合体?是什么机制激励区域科技自主创新能力持续提升?长株潭区域自主创新背后的体制活力与机制推力是否具有独特性、典型性?这是本书结合对这些问题的思考,在国家软科学项目"长株潭区域自主创新体制机制研究"(2014GXS2D026)资助下形成的最终成果。

正值项目研究过程中,长株潭国家自主创新示范区被国务院批复为国家级自主创新示范区。长株潭国家自主创新示范区的获批和建设,就是为湖南装上了创新发展的"超级引擎"。作为中国中部首个以城市群为基本单元的国家自主创新示范区,长株潭国家自主创新示范区如何按照具有全球影响力的"一带一部"创新创业中心的战略目标,如何坚持"创新驱动、产业集聚、军民融合、协同发展"的总体思路,促进自主创新能力和产业竞争力的提升,更是值得进一步研究的理论与实践课题。本书对这一课题的研究和探讨还不够系统和深入,与当初的预期相比仍然存在一些遗憾和不足,仅仅力争为这一重大时代课题引出话题和喊出自己的声音。

成果属集体智慧的结晶。本项目的研究和成果的出版,要衷心感谢导师彭国甫教授。方向的把握,观点的引领,思路的启迪,均获益不少。各章作者为:前言和导论,盛明科;第一章,盛明科、朱玉梅;第二章,刘叶;第三章,蔡振华;第四章,盛明科;第五章,盛明科、蔡振华;第六章，朱玉梅；第七章，王镒霖；第八章，盛明科、孟佳。全书最后由盛明科统稿、改定！

　　本项目的研究、调研、资料收集等，还得到了国家科技部办公厅调研室、中国科学技术发展战略研究院等专家领导的指导，受益于湖南省科技厅原副厅长姜郁文、尹文辉处长等实践部门领导的鼎力支持，研究生杨满凤、李悦鸣、罗娟的资料收集和辛苦校对，湖南省科技厅、湘潭大学公共管理学院等给予的大力支持，一并致谢！

　　书中不当之处，敬请各位读者批评指正。

盛明科
2017 年 7 月 19 日